المدخل إلى

علم الاجتماع العام

تأليف

الأستاذ أحمد طاهر مسعود

دار جليس الزمان للنشر والتوزيع

شارع الملكة رانيا- مقابل كلية الزراعة- عمارة العساف- الطابق الأرضي, هاتف:

0096265356219 -- فاكس 009626 5343052

الطبعة الأولى

2011

المملكة الأردنية الهاشمية
رقم الإيداع لدى دائرة
المكتبة الوطنية
(2010/12/4844)

301
مسعود، احمد طاهر
المدخل إلى علم الاجتماع / احمد طاهر مسعود
عمان : دار جليس الزمان 2011.
الواصفات: علم الاجتماع العام

ردمك: ISBN978- 9957 -81- 137 -2

يتحمل المؤلف كامل المسؤولية القانونية عن محتوى مصنفه ولا يعبر هذا المصنف عن رأي دائرة المكتبة الوطنية أو أي جهة حكومية أخرى

الإهـــــداء

بأوضح السبل وأكثرها إيجازاً وفائدة لكل باحث
في هذا العلم الجليل أقدم هذا الجهّد المتواضع راجياً أن يحقّق الفائدة
المنشودة وداعياً المولى بالتوفيق والسّداد.

المقدمة

لم يعد خافياً ما لعلم الاجتماع من أهمية وأثر في حياة الافراد والجماعات، كذلك في تطور الافكار وتقدم المجتمع، ويمكن التعرف إلى أهم المواضيع التي يدرسها من العلاقات الاجتماعية المتبادلة بين الناس، ومن خلال عمليات التفاعل الاجتماعي، من أجل معرفة مظاهر التماثل والاختلاف، والمجتمع وظواهره وبنائه ووظيفته، و المقارنة بين الظواهر والحقائق الاجتماعية المختلفة، ومكونات الأبنية الاجتماعية المختلفة، مثل الجماعات العامة. ومن ابرز العلماء الذين كان لهم الفضل في تطوير علم الاجتماع: (ماكس فيبر ، وفلفر يدو باريتو، وثور شتاين فيبلن ، و تالكوت بارسونز. و نيل سملسر).

كما أن علم الاجتماع يدرس البناء الاجتماعي للمجتمع والعلاقات المتبادلة بين أجزائه، وما يطرأ على ذلك من تغير، ويدرس الحياة الاجتماعية للبشر سواء بشكل مجموعات، أو مجتمعات ، وقد عرّفَ أحياناً كدراسة التفاعلات الاجتماعية. وهو توجه أكاديمي جديد نسبياً تطور في أوائل القرن التاسع عشرِ ويهتم بالقواعد والعمليات الاجتماعية التي تربط وتفصل الناس ليسوا فقط كأفراد، لكن كأعضاء جمعيات ومجموعات ومؤسسات.

وهذا وقد جاءت مواضيع الكتاب من خلال فصوله :

- **الفصل الاول: المدخل الى علم الاجتماع.**
- **الفصل الثاني: التخطيط والضبط الاجتماعي .**
- **الفصل الثالث: التعلم الاجتماعي والخدمة الاجتماعية في المجال المدرسي .**
- **الفصل الرابع: الاستقرار والتدرج الاجتماعي.**

- الفصل الخامس: الوعي الاجتماعي.
- الفصل السادس: الثقافة والقِيم.
- الفصل السابع: الاتصال الجماهيري.
- الفصل الثامن: علم الاجتماع الاسلامي والالتزام الايديولوجي.
- الفصل التاسع: علم النفس الاجتماعي.
- الفصل العاشر: علم الاجتماع العائلي.
- الفصل الحادي عشر: علم الاجتماع الاقتصادي.

الفصل الأول

المدخل إلى علم الاجتماع

نشأة علم الاجتماع وتطوره

يتشبع علم الاجتماع من بين العلوم الاجتماعية، بالعقائد والمذاهب والفلسفات المتعددة، المبثوثة داخل الأبحاث النظرية والتطبيقية، التي تعكس الخلفيات العقائدية والفكرية لكتابها وواضعيها. وهذا يخالف الظن الشائع والسمعة الرائجة عن هذا العلم، إذْ يظن أنه يقدم نظريات وآراء ونتائج علمية، بعيدة عن الشكوك والأوهام من نتاج العلم وحده، وهذا ما جعل كثيراً من أبناء المسلمين يقبل ما فيه من أفكار ونظريات وآراء، على أنها حقائق علمية، يجب التسليم بها، حتى ولو عارضت مبادئ دينهم، فأصبح علم الاجتماع إشكالية تبحث عن حل.

ويمكن تلخيص مشكلة علم الاجتماع بوضعه الراهن في أمرين:

الأول: أن هذا العلم يحمل، مع حقائقه العلمية، وفائدته الملموسة، عقائد وأفكار ومبادئ واضعيه، وأن هذا العلم منذ دخوله إلى العالم الإسلامي، كان يعزز من حالة فقدان الهوية، التي تعني التخلي عن الإسلام، كمبدأ عام يحكم المجتمعات الإسلامية.

الثاني: أن نظريات هذا العلم، وضعت لفهم مشكلات وقضايا خاصة بالغرب، لا يمكن تعميمها على المشكلات المماثلة في العالم الإسلامي، ولا تؤدي إلى فهم واقع المجتمعات الإسلامية.

وقد طُرحت هذه الإشكالية على بساط البحث من قبل كثير من علماء الاجتماع في العالم العربي، والعالم الإسلامي، وكانت النتيجة اتجاهين مختلفين:

أحدهما: ينادي بعلم اجتماع عربي قومي لم تحدد ملامحه، وهذا الاتجاه لم يكن يلتفت كثيراً إلى المشكلة الأولى، وهي تشبع علم الاجتماع بالعقائد والأفكار،

التي تصطدم بالإسلام، وإنما يركز ويهتم بالمشكلة الثانية وهي: أن نظريات علم الاجتماع أخفقت في فهم المشكلات المطروحة في العالم العربي.

وثانيهما: ينادي بعلم اجتماع إسلامي، أو علم اجتماع المجتمعات الإسلامية، وهو اتجاه لا يخلو من ملاحظات العالم المتخصص، التي يسهل الجواب عنها، ولكنه لا يهمل أياً من المشكلتين السابقتين، وهو الاتجاه الذي يجب أن يتبناه علماء الاجتماع، لأنه اتجاه وثيق الصلة بثقافة المجتمعات الإسلامية وهويتها, إذْ يتخذ من الإسلام إطاراً عاماً، يدور في فلكه، ويجب أن تتضافر الجهود للعناية به.

على الرغم من أن التفكير الاجتماعي قديم قدم الإنسان نفسه، فإن الاجتماع الإنساني لم يصبح موضوعاً لعلمٍ إلا في فترة لاحقة، وكان أول من نبه إلى وجود هذا العلم، واستقلال موضوعه عن غيره، هو ابن خلدون، فقد صرح في عبارات واضحة أنه اكتشف علماً مستقلاً، لم يتكلم فيه السابقون، إذ يقول: وكأن هذا علم مستقل بنفسه، فإنه ذو موضوع وهو العمران البشري، والاجتماع الإنساني، وذو مسائل، وهي بيان ما يلحقه من العوارض والأحوال لذاته، واحدة بعد أخرى، وهذا شأن كل علم من العلوم، وضعياً كان أو عقلياً. ويقول أيضاً: واعلم أن الكلام في هذا الغرض مستحدث الصنعة، غريب النزعة، أعثر عليه البحث، وأدى إليه الغوص ولعمري لم أقف على الكلام في منحاه لأحد من الخليقة، ما أدري: ألغفلتهم عن ذلك، وليس الظن بهم؟ أو لعلهم كتبوا في هذا الغرض، واستوفوه، ولم يصل إلينا. كما أنه لم يكتفِ بذلك، بل دعا القادرين إلى استكمال ما نقص منه : ولعل من يأتي بعدنا ممن يؤيده الله بفكر صحيح، وعلم مبين، يغوص في مسائله على أكثر مما كتبنا.

و إضافة إلى ذلك فإن مقدمته شملت على أقل تقدير سبعة من فروع علم الاجتماع المعاصر، ناقشها ابن خلدون في وضوح تام. ولكن على الرغم من ذلك، وعلى الرغم من قول عالم الاجتماع الشهير جمبلوفتش : لقد أردنا أن ندلل على أنه

قبل أوجست كونت، بل قبل فيكو الذي أراد الإيطاليون أن يجعلوا منه أول اجتماعي أوروبي، جاء مسلم تقي فدرس الظواهر الاجتماعية بعقل متزن، وأتى في هذا الموضوع بآراء عميقة، وإن ما كتبه هو ما نسميه اليوم علم الاجتماع، على الرغم من ذلك كله، فإن التأريخ لعلم الاجتماع يقف عند كونت الفرنسي- باعتباره المنشئ الأول لهذا العلم. ويتجاهل بذلك المؤسس الحقيقي لهذا العلم الذي نبه عن وعي وفي وضوح إلى اكتشافه لهذا العلم، ومهما كانت ظروف النشأة الجديدة فإن من النكران للجميل، والظلم أيضاً عدم الاعتراف لابن خلدون بفضله في هذا المجال.

وعلى كل حال، فإن ابن خلدون لم يخلفه خلف يتمم ما بدأ، ويبني على ما أسس. لقد نشأ علم الاجتماع المعاصر نشأة مستقلة، في بيئة أخرى غير بيئة ابن خلدون. لقد نشأ العلم الحديث في أوروبا على يد أوجست كونت، حيث نحت له هذا الاسم: "علم الاجتماع "، وقد كانت هذه النشأة الغربية مرتبطة أشد الارتباط بظروف التحول الاقتصادي والاجتماعي والسياسي والفكري، التي كان يمر بها المجتمع الأوروبي في ذلك الوقت، بحيث نستطيع أن نقول: " إن علم الاجتماع الغربي بكافة اتجاهاته وفروعه النظرية، قد تطور استجابة للتطورات والمشكلات الاجتماعية في مرحلة الانتقال من النظام القديم إلى النظام الجديد" .

و علم الاجتماع الغربي هذا هو الذي كتب له الاتصال والاستمرار والسيطرة، كنظام فكري وعلمي، بحكم ارتباطه بالحضارة المسيطرة ، ولهذا فقد أصبح عالمياً، وفرض نفسه على الآخرين، كالحضارة الغربية تماماً.

ويذكر بعض المؤرخين لعلم الاجتماع، أن له أربعة أصول فكرية، تتمثل في : **الفلسفة السياسية، وفلسفة التاريخ، والنظريات البيولوجية في التطور، والحركات التي قامت تنادي بالإصلاح الاجتماعي والسياسي**، ووجدت أنه من الضروري أن تجري لهذا الغرض دراسات مسحية للظروف الاجتماعية ، وكان التأثير الأكبر

والأهم، من قبل فلسفة التاريخ التي قدمت لعلم الاجتماع أفكار النمو والتقدم، ومفاهيم المراحل التاريخية، والأنماط الاجتماعية.

ومن قبل المسح الاجتماعي أيضاً، الذي قدم لعلم الاجتماع إمكانية دراسة الشؤون الإنسانية بمناهج العلوم الطبيعية، فالظواهر الإنسانية أيضاً يمكن تصنيفها وقياسها، ويمكن إصلاح المجتمع بوساطتها، حيث اهتمت المسوح الاجتماعية بمشكلة الفقر، انطلاقاً من أنها مشكلة نتجت عن الجهل الإنساني أو الاستغلال. ومن ناحية أخرى، فلا يزال المسح الاجتماعي من أهم طرق البحث في علم الاجتماع.

كما أن الحديث عن نشأة علم الاجتماع، لا بد أن يتطرق إلى فلسفة التنوير العقلانية النقدية، التي أثارت كثيراً من مسائل علم الاجتماع، ثم بعد ذلك ، الموقف منها، هل هو: موقف المتقبل، كما هو الحال في علم الاجتماع الماركسي؟ أو موقف الرافض، كما هو الحال في علم الاجتماع المحافظ؟ أو موقف الموفق بينها وبين غيرها من الأفكار المعارضة؟

كما أن آثار الثورة الصناعية، والثورة الفرنسية، مهدت الطريق بشكل مباشر لتطور علم الاجتماع، حيث أفرزتا الكثير من المشكلات التي تبحث عن حل. وعلى كل حال، فإن كونت إضافة إلى وضعه لاسم علم الاجتماع، فقد دعا إلى الدراسة الوضعية للظواهر الاجتماعية، ووضع الفيزياء الاجتماعية على رأس العلوم قاطبة، وقد عني بعلم الاجتماع والفيزياء الاجتماعية ذلك العلم الذي يتخذ من الظواهر الاجتماعية موضوعاً لدراسته، باعتبار هذه الظواهر من روح الظواهر الفلكية، والطبيعية، والكيماوية والفسيولوجية نفسها، من حيث كونها موضوعاً للقوانين الطبيعية الثابتة.

ويعد هربرت سبنسر الإنجليزي، أحد رواد علم الاجتماع المعاصرين لكونت، وقد أدرك إمكانية تأسيس علم الاجتماع، وأخرج مؤلفات متعددة في هذا

العلـم "كالاسـتاتيكا الاجتماعيـة"، و "دراسـة علـم الاجـتماع" و "مبـادئ علـم الاجتماع". وقد سيطرت عليه فكرة التطور الاجتماعي المستمر عبر الزمان، وهو من رواد الفكر التطوري ".

كما أن ماركس الذي يعد القائد الأول للحركة العمالية الثورية، قدم وجهات نظر وآراء تعد داخلة في علم الاجتماع، بالمعنى الحديث، وقد أصبح أباً فيما بعد لعلم الاجتماع الماركسي، الذي تعد المادية التاريخية أساساً له.

ويذكر أحد المؤرخين لعلم الاجتماع، أنه خلال الربع الأخير من القرن التاسع عشر، انقسم هذا العلم إلى عدد من المدارس الرئيسة والفرعية، بحيث أصبح من العسير أن تجد أي قدر من الالتقاء بين علوم الاجتماع المتعددة، فمثلاً كان هناك من يعرف علم الاجتماع بأنه: دراسة العلاقة بين البناء الاقتصادي للمجتمع، والجوانب الأخلاقية، والقانونية، والسياسية، من بنائه العلوي. وهناك من يعتبر موضوع علم الاجتماع: دراسة صور الالتقاء الإنساني.

أسس علم الاجتماع

ستناول في هذه النقطة ثلاثة أمور تكوّن البنية الأساس لعلم الاجتماع، وهي:

أ - موضوع علم الاجتماع:

يعرف معجم مصطلحات العلوم الاجتماعية، علم الاجتماع بأنه: " دراسة وصفية تفسيرية مقارنة للمجتمعات الإنسانية، كما تبدو في الزمان والمكان، للتوصل إلى قوانين التطور، التي تخضع لها هذه المجتمعات الإنسانية في تقدمها وتغيرها ". وقد ذكرت الدكتورة سهير العطار في كتابها مدخل في علم الاجتماع تعريفاً هو الأشمل في نظرنا: "**هو العلم الذي يدرس الظواهر الاجتماعية دراسة علمية بهدف الكشف عن القوانين أو القواعد أو الاحتمالات التي تخضع لها هذه الظواهر في ترددها أو اتجاهها أو اختفائها**". ويحدد علماء الاجتماع موضوع علمهم، بالظواهر الاجتماعية، التي تظهر نتيجة لتجمع الناس معاً، وتفاعلهم مع بعضهم بعضاً، ودخولهم في علاقات متبادلة، وتكوين ما يطلق عليه الثقافة المشتركة. إذْ يتفق الناس على أساليب معينة في التعبير عن أفكارهم. كما أنهم يتفقون على قيم محددة، وأساليب معينة، في الاقتصاد، والحكم، والأخلاق، وغيرها.

وتبدأ الظواهر الاجتماعية بالتفاعل بين شخصين أو أكثر، والدخول في علاقات اجتماعية. وحينما تدوم هذه العلاقات وتستمر، تشكل جماعات اجتماعية. وتعد الجماعات الاجتماعية من المواضيع الأساسية التي يدرسها علم الاجتماع.

وهناك موضوع آخر يدرسه علم الاجتماع، يتمثل في العمليات الاجتماعية، كالصراع، والتعاون، والتنافس، والتوافق، والترتيب الطبقي، والحراك الاجتماعي وهناك أيضاً الثقافة التي تعرف بأنها: "الكل الذي يتألف من قوالب التفكير، والعمل

في مجتمع معين ". كما أن التغير في الثقافة وفي البناء الاجتماعي، أحد ميادين الدراسة في علم الاجتماع. كما أن هناك النظم الاجتماعية، وهي الأساليب المقننة والمقررة للسلوك الاجتماعي.

وكذلك الشخصية، وهي العامل الذي يشكل الثقافة، ويتشكل من خلالها. وتدل المؤلفات التي تؤلف في مادة علم الاجتماع، وأيضاً اهتمامات علماء الاجتماع البارزين، على أن الموضوعات الأساسية هي باختصار كما يلي:

1- التحليل الاجتماعي، ويشمل: الثقافة والمجتمع ومناهج البحث في العلوم الاجتماعية.

2- الوحدات الأولية للحياة الاجتماعية، وتشمل:

- الأفعال الاجتماعية والعلاقات الاجتماعية .
- شخصية الفرد .
- الجماعات.
- المجتمعات المحلية "الحضرية والريفية " .
- الروابط والتنظيمات .
- السكان .
- المجتمع.

3- المؤسسات الاجتماعية الأساسية، وتشمل: الأسرة، الاقتصاد، السياسة، القانون، الدين، التعليم، الرعاية الاجتماعية، المؤسسات التعبيرية والجمالية.

4- العمليات الاجتماعية الأساسية، وتشمل: التمايز والطبقات، التعاون والتلاؤم والتماثل، الاتصال، الصراع الاجتماعي، الضبط الاجتماعي، الانحراف "الجريمة والانتحار... "، التكامل الاجتماعي، التغير الاجتماعي.

ب- النظريات في علم الاجتماع:

يذكر علماء الاجتماع أن التيارات الفكرية التي صاحبت ظهور هذا العلم ونشأته، لا تزال تؤثر في توجهه النظري حتى الآن، والحقيقة أن مختلف النظريات في هذا العلم تصب في اتجاهين أساسيين، يتميز كل منهما برؤية خاصة للواقع الاجتماعي:

1) اتجاه محافظ.

2) اتجاه رافض وثوري.

والنظريات عبارة عن طرق مختلفة لإدراك الحقائق الاجتماعية وتفسيرها، وتعرف النظرية بأنها: "مجموعة مبادئ وتعريفات مترابطة، تفيد في تنظيم جوانب مختارة من العالم الأمبيريقي على نحو منسق ومنتظم "، فهي تتكون من قضايا مترابطة منطقياً وقابلة للتحقق الواقعي، وتنطوي على دعاوى وبدهيات أساسية. وتعد النظرية مسألة أساسية في العلم. ويرى المطلعون في ميدان النظرية، أن البحث دون سند من نظرية، أو دون اتجاه نظري، ليس إلا نوعاً من العبث، وذلك لأن النظرية في علم الاجتماع مستمدة أصلاً من نتائج دراسة عملية، أجريت فعلاً في الواقع الاجتماعي، وليست مستمدة من النظر العقلي المجرد، و تؤدي نظرية علم الاجتماع الوظائف التالية:

1- تصنيف الأحداث الواقعية وتنظيمها.

2- تفسير أسباب الأحداث التي تقع، والتنبؤ بما يمكن أن يحدث في المستقبل، في إطار شروط معينة.

3- تقديم فهم علمي شامل بالقوانين التي تحكم حركة الأحداث في الواقع الاجتماعي، وسوف نشير فيما يلي إشارة سريعة ومقتضبة إلى أبرز المواقف النظرية في علم الاجتماع:

أ- النظرية البنائية الوظيفية:

يلخص أحد علماء الاجتماع الأفكار الرئيسة التي تعتمد عليها هذه النظرية في ست نقاط هي :

1- يمكن النظر إلى أي شيء، سواء كان كائناً حياً، أو اجتماعياً، أو سواء كان فرداً، أو مجموعة صغيرة، أو تنظيماً رسمياً، أو مجتمعاً، أو حتى العالم بأسره، على أنه نسق أو نظام، وهذا النسق يتألف من عدد من الأجزاء المترابطة، فجسم الإنسان نسق، يتكون من مختلف الأعضاء والأجهزة، وكذلك شخصية الفرد، والمجتمع، والعالم.

2- لكل نسق احتياجات أساسية لا بد من الوفاء بها، وإلا فإن النسق سوف يفنى، أو يتغير تغيراً جوهرياً، فكل مجتمع مثلاً يحتاج أساليب لتنظيم السلوك "القانوني"، ومجموعة لرعاية أطفال "الأسرة"، وهكذا.

3- لا بد أن يكون النسق دائماً في حالة توازن، ولكي يبقى كذلك فلا بد أن تلبي أجزاؤه المختلفة احتياجاته، فإذا اختلت وظيفة أحد الأجزاء فإن الكل يصبح في حالة عدم اتزان.

4- كل جزء من أجزاء النسق قد يكون وظيفياً، أي يسهم في توازن النسق، وقد يكون ضاراً وظيفياً، أي يقلل من توازن النسق، وقد يكون غير وظيفي، أي عديم القيمة بالنسبة للنسق.

5- يمكن تحقيق كل حاجة من حاجات النسق بواسطة عدة متغيرات أو بدائل، فحاجة المجتمع لرعاية الأطفال مثلاً يمكن أن تقوم بها الأسرة، أو دار الحضانة، وحاجة المجتمع إلى التماسك، قد تتحقق عن طريق التمسك بالتقاليد، أو عن طريق الشعور بالتهديد من عدو خارجي.

6- وحدة التحليل يجب أن تكون الأنشطة أو النماذج المتكررة، فالتحليل الاجتماعي الوظيفي، لا يحاول أن يشرح كيف ترعى أسرة معينة أطفالها، ولكنه يهتم بكيفية تحقيق الأسرة كنظام لهذا الهدف، وهدف التفسير الوظيفي، هو الكشف عن كيفية إسهام أجزاء النسق في تحقيق النسق ككل، لاستمراريته، أو في الإضرار بهذه الاستمرارية. وقد سميت هذه النظرية بالبنائية الوظيفية لأنها تحاول فهم المجتمع في ضوء البنيات التي يتكون منها، والوظائف التي تؤديها هذه البنيات.

ب- النظرية الماركسية:

تقوم الماركسية بوصفها نظرية في علم الاجتماع على مُسَلَّمَتيْن أساسيتين هما:

1- أن العامل الاقتصادي: هو المحدد الأساسي لبناء المجتمع وتطوره، فعلاقات الإنتاج في مجتمع ما، هي التي تحكم وتحدد كافة مظاهر الحياة في هذا المجتمع، أي البناء الفوقي من سياسة، وقانون، ودين، وفلسفة، وأدب، وعلم، وأخلاق.

2- النظر إلى العالم بما فيه المجتمع، من خلال الإطار الجدلي: الموضوع ونقيض الموضوع، والمركب منها، وهو إطار مستمر لا يتوقف، ويقول تيماشيف: " إذا ركّبنا المسلّمتين الأساسيتين لماركس معاً، خرجنا ببعض النتائج، فكل نسق من الإنتاج يبدأ بحالة إثبات، حيث يكون أكثر النظم الممكنة كفاءة في ذلك الوقت، لكنه متى عزز اجتماعياً يصبح عقبة أمام تطبيق الاختراعات التكنولوجية، والإفادة من الأسواق الحديثة، والمواد الخام، ولا يمكن للتطور التاريخي أن يقف عند هذه المرحلة، فالنظام المعزز اجتماعياً ينبغي القضاء عليه بواسطة ثورة اجتماعية، تخلق نظاماً جديدا لإنتاج، مركب من القديم والجديد ".

وهذه النظرة تجعل أي مجتمع يتكون من طبقتين أساسيتين متناقضتي المصالح، مما يجعل الصراع بينهما حتمياً، فتحدث الثورة الاجتماعية التي تؤدي إلى تغيير علاقات الإنتاج. وعلى هذا فإن الصراع الطبقي هو المحرك الأساس للتغيير الاجتماعي، من أجل الوصول إلى مجتمع بلا طبقات، وهو مستمر في زعمهم على مدى التاريخ، فتاريخ أي مجتمع عند الماركسية هو تاريخ الصراع بين الطبقات المستغِلة والمستغَلة.

فيما سبق عرضنا لأهم نظريتين في علم الاجتماع، ومع ذلك فإنهما لا يمثلان إلا جزءاً بسيطاً من النظريات في هذا العلم، ويكفي أن نطالع كتاب تيماشيف "نظرية علم الاجتماع" مثلاً، لنعرف مدى سعة هذه النظريات وكثرتها وتعدّدها في هذا العلم.

ج- مناهج البحث في علم الاجتماع:

هناك مناهج للبحث يستخدمها علماء الاجتماع، ويتوقف استخدامها على الباحث، وطبيعة البحث، والإمكانات المتوفرة، ودرجة الدقة المطلوبة، وأغراض البحث، ولعل من أكثر الطرق المنهجية شيوعاً في الدراسات الاجتماعية، المنهج التاريخي المقارن، والتجريبي، والمنهج الوصفي وغيرها، مما قد تقتصر فيه النتائج على الوصف، أو تتعدى ذلك إلى التحليل والتفسير وقد لا يكتفي الباحث بأحد هذه المناهج، بل يتعدّاه إلى المزج بينها.

وفيما يلي نبذة عن هذه المناهج:

1- **المنهج التاريخي:** يستخدم علماء الاجتماع المنهج التاريخي، عند دراستهم للتغير الذي يطرأ على شبكة العلاقات الاجتماعية، وتطور النظم الاجتماعية، والتحول في المفاهيم والقيم الاجتماعية. وعند دراستهم لأصول الثقافات، وتطورها، وانتشارها، وعند عقد المقارنات المختلفة بين الثقافات

والنظم، بل إن معرفة تاريخ المجتمع ضرورية لفهم واقعه، وقد صاحب المنهج التاريخي نشأة علم الاجتماع، وقد كان في البداية تطورياً، يميل إلى وضع المراحل التطورية المختلفة للمجتمعات الإنسانية، كما هو عند كونت وسبنسر.

ولكن النزعة التطورية بدأت تتلاشى، نظراً لعدم موضوعيتها، وتعد الوثائق سواءً أكانت وثائق شخصية، أم رسمية، أم عامة، من أهم مصادر المعرفة الاجتماعية، كالتاريخ الاقتصادي، والسياسي، والديني، والتربوي، والسكاني وغيرها، ومثل ذلك الدراسات الوصفية المتكاملة لمجتمع ما في فترة تاريخية معينة، حيث تحتوي هذه الدراسات عادة على معلومات قيمة تفيد عند التحليل، ويمكن أن نمثل لهذا النوع من الدراسات، بالدراسة الضخمة، التي أعدتها مجموعة علماء الحملة الفرنسية على مصر بعنوان: وصف مصر، حيث تعد دراسة مسحية شاملة للبناء الاجتماعي لمصر في فترة تاريخية معينة.

2- **المنهج الوصفي:** "يعد المنهج الوصفي من أكثر مناهج البحث الاجتماعي ملاءمة للواقع الاجتماعي وخصائصه، وهو الخطوة الأولى نحو تحقيق الفهم الصحيح لهذا الواقع، إذ من خلاله نتمكن من الإحاطة بكل أبعاد هذا الواقع، محددة على خريطة، تصف وتصور بكل دقة كافة ظواهره وسماته "، وقد واكب المنهج الوصفي نشأة علم الاجتماع، إرتبطت نشأته بحركة المسح الاجتماعي في إنجلترا، أو منهج لوبلاي في دراسة الحالة، ونشأة الدراسات الأنثروبولوجية.

والفكرة الأساسية التي يقوم عليها المنهج الوصفي هي: أن المشكلة التي واجهت الدراسة العلمية للظواهر الاجتماعية، هي عدم وجود منهج علمي حقيقي، يصلح لتحليل هذه الظواهر. فلم تكن الملاحظة خاضعة لقواعد

تنظمها، بحيث نعرف بدقة كيفية الملاحظة، وأهمية الظواهر التي تُلاحظ، وأكثرها دلالة. ولذلك فإن المنهج الوصفي يعتمد على خطوات هي:

1) اختيار الوحدة الاجتماعية الأولية والأساس في الموضوع المدروس.

2) اكتشاف الطريقة الملائمة للقياس الكمي لمختلف عناصر مكونات وحدة الدراسة.

3) فحص العوامل المختلفة المؤثرة في تنظيم الظاهرة المدروسة في وظائفها.

وعلى هذا فإن البحوث الوصفية تتم على مرحلتين، مرحلة الاستكشاف والصياغة، ومرحلة التشخيص والوصف المتعمق، وهما مرحلتان مرتبطتان ببعضهما، ويعد المسح الاجتماعي ودراسة الحالة، والبحوث السكانية التي تصف المواليد، والوفيات، وتحركات السكان، وتوزيعهم، بحوثاً وصفية، تمثل المنهج الوصفي، ويوفر المنهج الوصفي كثيراً من البيانات والمعلومات التي تزيد المعرفة بالظواهر، وتنمي البصيرة بالواقع الاجتماعي بكل أبعاده.

3- **المنهج التجريبي:** " التجريب جزء من المنهج العلمي، فالعلم يسعى إلى صياغة النظريات التي تختبر الفروض التي تتألف منها، وتتحقق من مدى صحتها، والتجربة ببساطة: هي الطريقة التي تختبر بها صحة الفرض العلمي"، فالتجريب هو القدرة على توفير كافة الظروف، التي من شأنها أن تجعل ظاهرة معينة ممكنة الحدوث في الإطار الذي رسمه الباحث وحده بنفسه، والتجريب يبدأ بتساؤل يوجهه الباحث مثل: هل يرتبط ارتفاع المستوى الاقتصادي للفرد بإقباله على التعليم؟ أو هل هناك علاقة بين الدين والسلوك الاقتصادي؟، أو بين التنشئة الاجتماعية وانحراف الأحداث؟ ومن الواضح أن الإجابة على هذه التساؤلات، تقتضي اتباع أسلوب منظم لجمع البراهين والأدلة.

والتحكم في مختلف العوامل التي يمكن أن تؤثر في الظاهرة موضوع البحث، والوصول إلى إدراك للعلاقات بين الأسباب والنتائج، ويعتمد تصميم البحث التجريبي على عدة خطوات، هي تحديد المشكلة، وصياغة الفروض التي تمس المشكلة، ثم تحديد المتغير المستقل، والمتغير التابع، ثم كيفية قياس المتغير التابع، وتحديد الشروط الضرورية للضبط والتحكم، والوسائل المتبعة في إجراء التجربة. ومع صعوبة تطبيق هذا المنهج في العلوم الاجتماعية، إلا أنه طبق فيها، واستطاع أن يغزو علم الاجتماع والعلوم الاجتماعية، تحت تأثير النجاح الذي حققه في العلوم الطبيعية.

4- **المنهج المقارن:** يمكن القول بأن المنهج المقارن، يطبق في علم الاجتماع بكافة فروعه ومجالات دراسته، ذلك أن أي بحث في علم الاجتماع لا يخلو من الحاجة إلى عقد مقارنة ما. وقد استعان به أغلب علماء الاجتماع قديماً وحديثاً، ويمكن ذكر المجالات الرئيسة التي تخضع للبحث المقارن في علم الاجتماع فيما يلي:

1- دراسة أوجه الشبه والاختلاف، بين الأنماط الرئيسة للسلوك الاجتماعي.

2- دراسة نمو وتطور أنماط الشخصية، والاتجاهات النفسية والاجتماعية في مجتمعات، وثقافات متعددة، مثل بحوث الثقافة، والشخصية، ودراسات الطابع القومي.

3- دراسة النماذج المختلفة من التنظيمات، كالتنظيمات السياسية والصناعية.

4- دراسة النظم الاجتماعية في مجتمعات مختلفة، كدراسة معايير الزواج والأسرة والقرابة، أو دراسة المعتقدات الدينية، وكذلك دراسة العمليات والتطورات التي تطرأ على النظم الاجتماعية مثل التحضر.

5- تحليل مجتمعات كلية. و عادة ما تتم المقارنة بين المجتمعات وفقاً للنمط الرئيس السائد للنظم.

مفهوم علم الاجتماع Sociology

علم الاجتماع هو الدراسة العلمية للسلوك الاجتماعي للأفراد، والأساليب التي ينتظم بها المجتمع بإتباع خطوات المنهج العلمي.

يُلاحظ الفرد داخل المجتمع أن وسائل الإعلام المختلفة تطالعه بأنباء وأخبار معينة، منها ما يتعلق بكوارث طبيعية، وأخرى تتعلق بصراعات ومشكلات تحتاج إلى حلول، وقسم آخر يتحدث عن قضايا العمل واضطرابات العمال، وقسم يتعرض لاتجاهات مشجعي كرة القدم. مثل هذه الأحداث إذا صح أن نُطلق عليها هذه التسمية هي أحداث عامة تحدث في الحياة اليومية؛ ولكن أحياناً يتساءل المرء لِمَ أصبح الآن مشجعو كرة القدم أكثر عنفاً عما كانوا عليه في الماضي؟ ولِمَ يجد بعض الأزواج أن الحياة الزوجية أصبحت لا تُطاق؟

وعندما نسأل أنفسنا مثل هذه الأسئلة، فإننا نسأل سؤالاً "اجتماعياً"، بمعنى أننا معنيون أو مهتمون بالطريقة التي يسلك بها الأفراد في المجتمع، وتأثير ذلك السلوك على أنفسهم وعلى المجتمع. ومعنى ذلك، أن مفهوم " الاجتماعي" هو المفهوم الأساسي في علم الاجتماع، لأن الفرد لا يملك إلاّ أن يكون كائناً اجتماعياً يعيش في وسط اجتماعي وعلى اتصال مستمر ببقية أفراد المجتمع، بحيث يندمج في محيطهم ويتفاعل معهم بصورة إيجابية. وهذا يؤكد أنه من دون وجود تفاعل إنساني مستمر، لا يمكن أن يُطلق على ما يحدث صفة "اجتماعية"".

ويُعَد "أوجست كونت" الذي صك هذا المصطلح عام 1830 وربط فيه بين الكلمة اللاتينية Socius، وتعني شعباً أو قبيلة أو مدينة متحالفة مع روما (وأصبحت تعني فيما بعد كلمة المجتمع Society)، والكلمة اليونانية Logos، وتعني العقل أو المعرفة. وسرعان ما انتشر هذا المصطلح بشكل واسع، وأصبح يُستخدم فعلياً في جميع اللغات للدلالة على كل دراسة علمية واعية ودقيقة نسبياً للمجتمع.

أما موضوع علم الاجتماع، فهو من المسائل التي تناولها جدل ساخن ومستمر خلال القرنين التاسع عشر والعشرين، وقد انحصر نطاقه في دراسة موضوعَيْن رئيسيَيْنْ، هما: الحقائق الاجتماعية، والعمليات الاجتماعية، وعلى الرغم من أن هذين الموضوعين محوران أساسيان في علم الاجتماع دون غيره، إلا أن الجدل لا يزال ساخناً.

فقد ذهب "هربرت سبنسر" مثلاً إلى أن علم الاجتماع هو العلم الذي يصف ويفسر نشأة وتطور النظم الاجتماعية والضبط الاجتماعي والعلاقات بين النظم الاجتماعية؛ وأن عليه أن يقارن بين المجتمعات البشرية، على اختلاف أنواعها وأشكالها، أو بين المجتمعات على اختلاف نشأتها وتطورها، وأن يهتم بدراسة عمليتي البناء والوظيفة الاجتماعية.

ولكن "جورج زيمل" يرى ضرورة التفرقة بين ما هو اجتماعي Social، والعلم الاجتماعي Sociological؛ فالمجال الاجتماعي يتضمن ما يدور بين الناس، أما العلم الاجتماعي فهو المجال الذي يتناوله الدارس الاجتماعي، لتحديد الجوانب المهمة له وتحليلها.

وهذا ينقلنا إلى موضوع آخر يهتم به علم الاجتماع، وهو الحقائق العلمية Scientific Facts، فالحقائق تستدعي بالدرجة الأولى إثباتها؛ لأنها معلومات مؤكدة لحالة ما، ويمكن أن يُتفق عليها إذا كان علم الاجتماع يتوصل إلى الحقائق العلمية بالبحث العلمي المنظم، وإذا كانت وجهات النظر أو الآراء تتكون دون الرجوع إلى الحقيقة؛ فإن الاجتماعيين يقبلون الآراء ووجهات النظر، التي تستند إلى حقائق علمية، إن علم الاجتماع هو الدراسة العلمية لمظاهر أو جوانب الحياة الاجتماعية للفرد، فهو كم من المعرفة تكوّن خلال تراكم استخدام المنهج العلمي في دراسة أبنية الحياة الاجتماعية ومكوناتها.

يدرس علماء الاجتماع سلوك الأفراد في مضمونه الجمعي، فلا يوجد إنسان منعزل بذاته؛ ولكنه وغيره من الأفراد يتعاملون معاً في حدود الجماعات الاجتماعية، فكل إنسان يولد داخل جماعة ويمضي بقية حياته في علاقات اجتماعية منمطة، فكل عملية يقوم بها الفرد، كاختيار شريك للحياة أو شراء ملابس جديدة، ترتبط كثيراً بتوقعات الآخرين منه، فردود أفعالنا ومظاهر سلوكنا ما هي إلا نتيجة لتوقعات أفراد المجتمع الآخرين منا، من جهة، ونتيجة للتفاعل الاجتماعي بيننا وبينهم، من جهة أخرى، ويتوقع كل فرد منا سلوكاً معيناً من أقاربه وأصدقائه، وحتى من أولئك الأفراد الذين نلتقي بهم عبر الشارع؛ كذلك، فإن أولئك الأفراد يتوقعون منا سلوكاً معيناً في كل موقف.

إذن يمكن أن نطلق على حياة الجماعة أنها "نمطية"، فإذا حاول الإنسان فهم أفعال الآخرين وتفسيرها، فإنه يحتاج إلى وقت طويل لدراسة الأشكال التي تنظم بها الجماعات وظائفها وطرق تأديتها. وهذا النوع من دراسة الحياة الاجتماعية هو محور اهتمام علم الاجتماع. لذا، حدد كل من "كامبل يونج" و"ريموند ماك"، علم الاجتماع بأنه الدراسة العلمية للمظاهر الاجتماعية للحياة الإنسانية والمعرفة البشرية المرتبطة بها، من خلال عملية التفاعل الاجتماعي (ويعني بذلك المثير والاستجابة المتعاقبة أو المتبادلة بين اثنين أو أكثر من الناس)، ومن ثَم، يهتم علم الاجتماع بالإنسان والسياق الاجتماعي والجماعة الإنسانية.

أما "بيتريم سروكين"، فيرى أن علم الاجتماع هو ذلك المفهوم الذي يشير إلى جميع المعلومات الخاصة بالتشابه بين مختلف الجماعات الإنسانية، وأنماط التفاعل المشترك بين مختلف جوانب الحياة الاجتماعية الإنسانية؛ لذلك عرّفه بأنه العلم الذي يدرس الثقافة الاجتماعية، كما عرّفه بأنه دراسة الخصائص العامة المشتركة بين جميع أنواع المظاهر الاجتماعية والعلاقات بين هذه الأنواع، وكذلك العلاقات بين الظواهر الاجتماعية وغير الاجتماعية، أما "رايت ميلز"، فيرى أن علم الاجتماع

هو العلم الذي يدرس البناء الاجتماعي للمجتمع والعلاقات المتبادلة بين أجزائه، وما يطرأ على ذلك من تغير. أما "جورج ليندبرج"، فيرى أن علم الاجتماع هو علم المجتمع؛ بينما يرى "ماكيفر" أنه العلم الذي يدرس العلاقات الاجتماعية.

يتضح مما سبق مدى تعدد تعريفات علم الاجتماع وتباينها، وهذا إن دل على شيء فإنما يدل على أهمية هذا العلم واتساع معارفه ومجالاته المتنوعة، كما يُلاحظ أيضاً على هذه التعريفات أنها أحياناً توسّع نطاق هذا العلم حتى تجعله يشمل نطاق المجتمع كله، الأمر الذي يوضح صعوبة الاتفاق حول تعريف محدد ومتفق عليه بين المشتغلين بهذا العلم.

ومن أهم الأمور التي يتناولها هذا العلم:

1. العلاقات الاجتماعية المتبادلة بين الناس، من خلال عمليات التفاعل الاجتماعي، من أجل معرفة مظاهر التماثل والاختلاف.
2. المجتمع وظواهره وبناؤه ووظيفته.
3. مكونات الأبنية الاجتماعية المختلفة، مثل الجماعات العامة.
4. المقارنة بين الظواهر والحقائق الاجتماعية المختلفة.

خصائص علم الاجتماع

يتسم علم الاجتماع بخصائص أساسية:

أ. علم الاجتماع علم تجريبي يقوم على الملاحظة وإعمال الفكر في الظواهر الاجتماعية، لا على البحث في مسائل ميتافيزيقية (علم ما بعد الطبيعة)، كما أن نتائجه ليست تأملية بل تفسر العلاقات بين موضوعات البحث الاجتماعي تفسيراً علمياً.

ب. علم الاجتماع علم تراكمي، بمعنى أن النظريات الاجتماعية الجديدة تستند على نظريات أخرى سابقة عليها.

ج. علم الاجتماع ليس علماً أخلاقياً، بمعنى أن عالم الاجتماع لا يسأل عما إذا كانت الأفعال الاجتماعية خيراً أم شراً، ولا يصدر أحكاماً أخلاقية؛ ولكنه ينشد تفسيرها.

أشكال التطور ومؤشراته

يذهب بعض علماء الاجتماع إلى أن أشكال التطور، تقترن بالظواهر الاجتماعية والكونية والعضوية الموجودة، فهناك تطوُّر كوني، ويتضمن تطوّر العالم، والأجرام السماوية، من النشوء إلى الارتقاء، ثم الفناء والاضمحلال، وهناك تطور عضوي، ويُسمَّى عند بعض العلماء باسم نمو الكائن الحي، الذي يبدأ منذ تكوين الخلية الأولى، ثم الجنينية، فالطفولة، فالصبا، ثم فالشباب، ثم الشيخوخة. وهناك تطور عقلي وما يصاحبه من نمو وارتقاء في التفكير والشعور والإدراك، ثم نضج، واضمحلال وفناء؛ ويعتمد على ذلك قدرات البشر: الذهنية والعقلية.

كما قدم بعض العلماء وجُوْهاً أخرى للتطور، منها:

أ. التطور الخلاّق Creative Evolution

ويعني أن التطور خلق مستمر، وعملية تجديد متواصل، وتغير لا ينقطع حسب التوجيه، الذي تمليه الحياة الدافعة، الكامنة في الإنسان.

ب. التطور الثقافي Cultural Evolution

والمقصود به نمو الثقافة مع الأنماط البسيطة المفككة إلى أخرى معقدة متكاملة، بالتفاعل المستمر بين الإنسان والمجتمع.

ومعنى ذلك، أن أنماط التطور، تدل على التغير التدريجي، الذي يؤدي إلى تحولات منظمة، ومتلاحقة، تمر بمراحل مختلفة؛ فالنبات يتطور من بذرة، والرجل كان طفلاً، كما أن الجماعات الإنسانية، تخضع للتطور كذلك، فلا يمكن تخيُّل مجتمع بشري من دون تطوُّر؛ إلا أنه قد يتضح في مجتمع ما أكثر من غيره، وقد يتجلى في وقت أكثر من غيره؛ فتطوُّر المجتمعات، في العصر الحديث، أكثر سرعة منه في المراحل السابقة.

وعلى الرغم من أن مفهوم التطور من أكثر المفاهيم استعمالاً وشيوعاً، في الكتابات: الاقتصادية والاجتماعية والسياسية، التي تتناول أوضاع البلدان النامية؛ إلا أن العلماء قد اختلفوا في تحديد مؤشرات هذا المصطلح، فتوزعهم اتجاهان مختلفان، هما:

الاتجاه الأول: وهو اتجاه كمّي، يعتمد اعتماداً مطلقاً على المقاييس المادية الجامدة، كمستوى الدخل، والإنتاجية، ومعدل التراكم، ومعدل النمو، ومستوى المعيشة والاستهلاك والإنفاق، ويستخدم عدداً غير محدود من المؤشرات المساعدة، منها متوسط إنتاجية الإنسان العامل، أو نصيب المرء من بعض الموارد الأساسية،

مثل الحديد والأسمنت والكهرباء، أو من الإنتاج والدخل القوميَّين، أو من نفقات التعليم، أو الصحة أو أسِرَّة المستشفيات.

الاتجاه الثاني: وهو ينظر نظرة مثالية إلى الوضع الاجتماعي؛ إذ يرفض جميع المقاييس المادية، بل يكاد يعكس مدلولاتها، فيرى أن التطور المادي، يحمل الأخطار؛ لأنه يترافق مع الانحطاط الأخلاقي وانهيار القِيم والمبادئ المثالية، وينادي برفض كلّ ما هو مستورد، من فكر أو مادة؛ ويترفَّع عن مفاسد الحضارة المادية الغربية.

كما يستخدم كِلا الاتجاهَيْن المتناقضَيْن عدداً آخر من المؤشرات الاجتماعية للتطور، كتلك الديموجرافية (السكانية)، والثقافية، والأمنية، والسياسية، والصحية، والأخلاقية وغيرها.

وإذا كان كلٌّ من هذَين الاتجاهَين، يحمل بعض الحقيقة؛ إلا أن زمناً طويلاً قد ضاع من عمر البلدان النامية، قبل أن يتبين أصحاب الاتجاه الكمّي، أن المؤشرات الكمية، ليست دليلاً كافياً على مستوى التخلف أو التطور، بل إن الوقائع الجديدة في بعض بلدان العالم النامي، أكدت أن التطور الكمّي للمؤشرات المادية، قد يصبح من العوائق الشديدة الخطر على طريق التطور الاجتماعي، وتبيّن أصحاب الاتجاه المثالي أن القِيم والأخلاق والمبادئ المثالية، ولو تحققت بالمستوى الذي يرجونه؛ فإنها لا تقوى، بمفردها، على بناء حضارة.

إن التطور مفهوم تاريخي، نسبي؛ ففي كلّ مرحلة تاريخية، توجد على سلم الحضارة شعوب أو مناطق متطورة، وأخرى متخلفة.

اتجاهات دراسة التطور الاجتماعي

يمكن حصر الاتجاهات الأساسية للتطور الاجتماعي السائد بين علماء الاجتماع في ما يلي:

أ. اتجاه يركز البحث في أصل النظُم وتطوير المجتمعات؛ وقد أخذ به كلٌّ من أوجست كونت وهربرت سبنسر وهوبنهاوس، فحاول سبنسر، مثلاً اكتشاف نظرية تطورية، طبقها على الحياة الاجتماعية؛ إذ أشار إلى أنها تتطور من حياة بسيطة إلى حياة معقدة، ومن حياة متجانسة إلى حياة مختلفة ومتباينة، والمجتمع يتميز بتكامل الكلّ واختلاف الأجزاء.

ب. اتجاه يركز في دراسة الحياة الاجتماعية، على سيرها التقدمي؛ ويمثّله أوجست كونت بقانونه المعروف، قانون الأطوار الثلاثة، الذي ينص على أن التفكير البشري، قد مر بثلاث مراحل هي: مرحلة التفكير اللاهوتي (الديني)، وقوامه اعتماد العقل على التفسير الديني للظواهر؛ ثم مرحلة التفكير الميتافيزيقي (الفلسفي)، وعماده تفسير العقل للظواهر، ونسبها إلى معانٍ مجردة أو قوة عينية؛ ثم المرحلة (الوضعية)، التي يستند فيها تفسير العقل للظواهر إلى الأسباب والقوانين التي تحكمها. وقد أوضح كونت، أن هناك نوعاً من التوازن بين مراحل التطور العقلية وتلك الاجتماعية والسياسية.

ج. اتجاه يركز في دراسة حركة الحياة الاجتماعية، على خطها الدائري، كما عند ابن خلدون وفيكو وشبنجلر. فيرى الأخير، مثلاً، أن الحضارة كالكائن الحي، تمر في مراحل النمو نفسها التي يمر بها؛ إذ لكلٍّ منهما طفولته ونضجه، ثم شيخوخته. وشبّه مراحل العمر الأربع للحضارة، أحياناً، بفصول السنة الأربعة: الربيع، والصيف، والخريف، والشتاء. وهو يرى أن المدنية هي خاتمة كلّ حضارة.

د. اتجاه التطورية المحدثة، ومن أهم الذين أسهموا في هذا المنحى الجديد: فالكون بارسونز وولت روستو؛ فرأى أولهما أن العملية التطورية، تتمثل في ازدياد القدرة التكيفية للمجتمع، وهي تنشأ من خلال عملية الانتشار الثقافي، أو من داخلها، وتتمثل عواملها في التباين، والتكامل، والتعميم، واستنتج ثلاثة مستويات تطورية، ينطوي كلٌّ منها على مجتمعات مختلفة: بدائية، ووسطية، ومتقدمة، وتعتمد عملية التمييز بين هذه المجتمعات الثلاثة على التطورات الحاسمة، التي تطرأ على عوامل النسق القِيمي. فالتحول من المرحلة الأولى إلى الثانية (أي من المرحلة البدائية إلى المرحلة الوسطية)، يتطلب تطوراً في اللغة المكتوبة.

وهذا التطور، طبقاً لبارسونز، يزيد الفروق ويعمقها، بين الأنساق: الاجتماعية والثقافية؛ إذ يمنح الأنساق الثقافية استقلالاً أكبر. أمّا التحول من المرحلة الثانية إلى الثالثة، فإنه رهن بالتطور، الذي يطرأ على النسق القانوني؛ إذ إن النظام القانوني، يجب أن يكون على درجة عالية من العمومية والتنظيم. وبهذا، يلاحظ أن بارسونز، شأنه شأن التطوريين، قد اهتم بحصر مراحل تطورية معينة، تمر بها المجتمعات.

أمّا وولت روستو Rostow، فقد ذهب إلى أن المجتمعات البشرية، تمر بمراحل تطورية خمس أساسية، هي: المرحلة التقليدية البدائية، ثم مرحلة التهيؤ للانطلاق، ثم مرحلة الانطلاق؛ وما إن يستكمل المجتمع مقومات مرحلة الانطلاق، حتى يلج في مرحلة جديدة، هي مرحلة الاتجاه نحو النضج، وتُعد المراحل الأربع السابقة تمهيداً لمرحلة خامسة، هي مرحلة الاستهلاك الوفير.

ولكلّ مرحلة خواصّها ومتطلباتها، التي يسهب روستو في الحديث بها، وقد وُصفت نظريته بأنها لا تشبه نظرية ماركس؛ لأنها تعتمد على أسلوب سُلَّمِي في التطور، وليس مدخل الصراع الطبقي، كما في الماركسية، ومن الملاحظ أن هذه

النظرية تشابه نظرية بارسونز، في أنها تعمل على ترسيخ التخلف والتبعية في الدول النامية، كما أن أخطر ما تعانيه هو تجاهلها تاريخ كلٍّ من الدول: المتخلفة والمتقدمة على حد سواء، وفهْمه فهْماً خاطئاً؛ فللدول المتخلفة تاريخ، لا يقلّ عراقة وقدماً عن تاريخ الدول المتقدمة؛ كما أنها لا تعيش، الآن، الحياة التي كانت تحياها منذ قرون مضت.

العوامل المؤثرة في التفاعل

يتأثر التفاعل الاجتماعي بدرجة التشابه بين ثقافة الأشخاص المشاركين فيه، فكلّما ازداد التشابه الثقافي بين طرفَين، ازداد التفاعل بينهما؛ فتفاعل العربي مع العربي، يكون أكبر من تفاعل العربي مع الأمريكي.

ويتأثر التفاعل بصفات المتفاعلين وخصائصهم، فكلّما اتصف طرف التفاعل بالإخلاص والصراحة، وحُسن الخلق والتعاون والتسامح، وسعة الأفق، كان أكثر تقبلاً من الآخر؛ ممَّا يزيد التفاعل بينهما، وكلّما اتصف بالانحلال الأخلاقي، والحقد والأنانية، وسوء السمعة، وعدم احترام الآخرين وضيق الأفق، أمعن الطرف الآخر في نبذه. وكلما اتصف بالانصراف عن التفكير الجماعي، ولجأ إلى العزلة، وعدم المشاركة في الاهتمامات، والأخذ بالآراء الرجعية، أصبح معزولاً عن أطراف التفاعل.

يتضمن التفاعل التوقع، فالمدرس يشرح لتلاميذه، ويتوقع منهم الانتباه لما يقوله، ومناقشته في ما لا يفهمونه، وعند مقابلتك زميلك، تتوقع منه أن يحييك برفع يده، أو هز رأسه، فتستعد للاستجابة له، ولكن إذا حدث ما يخالف توقعك، فإن التفاعل يتزايد، ويأخذ وجهاً آخر، فإذا اتجهت نحو صديقك، ولكنه انصرف عنك، فإنك قد تناديه لتسأله، أو تندد به، وتنتقد تصرفه.

يتضمن التفاعل الاجتماعي إدراك الدور الاجتماعي، الذي يؤديه الطرف الآخر، في ضوء المعايير الاجتماعية، فإذا التبس ذلك الدور أو اختل، اتخذ التفاعل صورة مخالفة. فمن مكونات الدور الاجتماعي للأمّ رعاية وليدها، فإذا أعرضت عن ذلك، اتسم التفاعل بينها وبين وليدها من ناحية، وبينها وبين زوجها، بسِمة تخالف ما هو متعارف عليه، في ضوء المعايير الاجتماعية السائدة.

لكل امرئ منطقة، تحيط به، تعرف بالحيِّز الشخصي- Personal space، يحرص على إغلاقها دون أيّ شخص آخر، فإذا حدث العكس، واخترقها امرؤ آخر، عنوة، شعر بالضيق، وعمد إلى إجراءات، تعيد إلى الحيز الشخصي- وضعه الطبيعي، وتحقق له الراحة. هكذا، يتكون التفاعل الاجتماعي بناءً على مساحة ذلك الحيز، المحيط بالمرء، واختراقها أو عدمه، واحترام خصوصيتها، ففي الصف المنتظم أمام شباك تذاكر معين، يحرص كلٌّ على حيزه الشخصي؛ فإذا حدث خلل ما، طلب الشخص من الطرف الآخر إصلاحه، أو ابتعد عنه مسافة، تكفل له الراحة.

يتضمن التفاعل الاجتماعي تبادل رسائل: لفظية وغير لفظية، بين الطرفَين؛ وإذا حدث خلل في نقلها، يختل التفاعل، ففي حالة كف البصر أو الصمم، يتخذ وجهاً مغايراً لما هو متعارف عليه، كما يختل إذا قصد المرسل معنى معيناً لرسالته، فَهِمَه المستقبِل فهماً مغايراً أو مخالفاً للمقصود؛ لعدم وضوح الرسالة أو لغموضها، أو لنقص خبرة المستقبِل، أو لأخطاء في الإدراك.

للتنظيم المكاني، أو طريقة الجلوس أثرها في التفاعل الاجتماعي، فعندما يجلس أعضاء جماعة إلى مائدة مستديرة، تميل كلّ فئة منهم إلى مخاطبة تلك التي تواجهها، وليس الأشخاص المجاورين لها، وحينما تستخدم المناضد المستطيلة، تبين أن من يجلسون إلى رأس المائدة، تزداد مشاركتهم في قرار الجماعة، كلّما أَنِسوا في أنفسهم، أنهم أعمق تأثيراً فيه من أولئك الجالسين إلى الجانبَين.

مادام التفاعل الاجتماعي يتضمن إمكانية تأثير كلّ طرف في الآخر، فإن هذا التأثير رهن بنتائج التفاعل، التي يمكن تحديدها بالإثابات Rewards والتكاليف Costs، فعندما يتفاعل شخصان معاً، فإن كلاً منهما يستمتع بجانب من التفاعل، ويشعر بالسرور والرضا والإشباع (إثابات)؛ في حين أن جوانب أخرى، قد تكون أقلّ إمتاعاً، وتؤدي إلى كف أو منع الأداء (تكاليف). وتحدد الحصيلة النهائية للتفاعل بالإثابات مطروحاً منها التكاليف. وتقدّر كلتاهما بناء على عوامل مستمدة داخل علاقة الطرفين نفسها أو من خارجها. فلو أن موسيقيَّين يعزفان معاً لحناً معيناً، فقد يستمتعان بتفاعلهما، إذا كانا متجانسَيْن (إثابات)، أمّا إذا حاول أحدهما أداء أنغام غير متفق عليها، فإن ذلك سيكون مكلفاً لكلٍّ منهما. وفي هذه الحالة، تكون الإثابات والتكاليف مستمدتَيْن من داخل العلاقة بين الطرفَين.

ولو أن أحد الموسيقيَّين ماهر، فإنه قد يشعر بالمتعة في الأداء، بحضور الآخرين، أمّا إذا كان غير ماهر، فإنه لا يجد بحضورهم المتعة في الأداء (تكلفة)، وفي هذه الحالة، تكون الإثابات والتكاليف مستمدتَيْن من خارج العلاقة بين الطرفَين.

وللقيادة دور مهم في تكوين التفاعل الاجتماعي؛ فإذا كان القائد مسيطراً، اتصف التفاعل بالتواكلية، وعدم الاهتمام، والتبلّد الانفعالي، والعنف والمعاداة وعدم الرضا، وإذا كان القائد فوضوياً، ازداد قلق الأشخاص وتوترهم؛ نتيجة لفشلهم في إشباع حاجتهم إلى الانجاز والنجاح، وإذا كان القائد ديموقراطياً، اتسم التفاعل بالإيجابية والحماس والمشاركة، والشعور (بالنحن) أيْ بالجماعة المتحدة المتماسكة المترابطة، وبالعقل الجمعي، وبالصداقة.

تمر الجماعات بمراحل نمائية معينة، ويتميز التفاعل الاجتماعي، في كلّ مرحلة منها، بخصائص محددة، فيكون في البداية، عشوائياً، وفي ثنائيات أو جماعات صغيرة. ثم يصبح تجريبياً، إذ يختبر المتفاعلون أنماطاً منه وأساليب معينة. كما يكون

مضطرباً، ثم يقلّ الاضطراب، ويزداد التمركز حول العمل والجماعة؛ عندئذٍ، تصل إلى أعلى إنتاجيتها.

ينشأ عن التفاعل الاجتماعي ثلاثة أنماط من العلاقات الاجتماعية: علاقة إيجابية متبادلة (علاقة تجاذب)؛ أو علاقة سلبية متبادلة (علاقة تنافر)؛ أو علاقة مختلطة؛ تجمع بين السلب والإيجاب، أحد طرفَيها إيجابي، يقبِل على الآخر، والطرف الثاني سلبي، ينفر من الأول، وهذا معناه أن التفاعل الاجتماعي، يحدد درجة الجاذبية المتبادلة بين الأشخاص بعضهم مع بعض، وبينهم وبين الجماعات. فكلّما ازداد معدل الاتصال والتفاعل، بين إنسان وآخر، ازداد فهْماً له، وإدراكاً لخصائصه، ولدرجة التشابه أو الاختلاف بينهما؛ ممّا يؤثر، بالسلب أو الإيجاب، في الجاذبية المتبادلة بينهما، كذلك يمثل تفاعل المرء مع جماعته درجة انجذابه إليها؛ فالجماعة التي تُشْعِرُ أعضاءها بالاحترام والهيبة والنجاح، وتُتِيح فرص المشاركة الملائمة لكلٍّ منهم، يزداد انجذاب الأعضاء نحوها.

الفصل الثاني

التخطيط والضبط الاجتماعي

تعريف التخطيط

يُعرف التخطيط، بشكل عام، بوصفه منهجاً يتضمن عدة إجراءات، لتحقيق غايات أو أهداف مرغوب فيها، والتخطيط الكفء يعني اتخاذ قرارات رشيدة، في رسم السياسات المختلفة وتنفيذها، ويرى كارل مانهايم أن التخطيط هو أسلوب منظم للتفكير، يحاول أن يحيط بكل الأحداث الموجودة في موقف معين، فنحن نهتم بالظروف العامة بالبيئة والعمل والناس والحياة السياسية والاقتصادية والثقافية والجمالية في المجتمع، والخطة الصالحة أو الكفؤة هي التي تنجح في تحقيق التكامل، بين كل هذه الجوانب.

والواقع الاجتماعي هو نقطة البدء في عملية التخطيط؛ لأنه ينطوي على محصلة التطور التاريخي الطويل، الذي مرّ به المجتمع، وهذا التطور يتميز بالاستمرار والتواصل، وإذا كان التغير هو القانون العام للحياة الإنسانية أو هو سنة الحياة؛ فإن الاستمرار والتواصل هما عنصرا الربط بين مراحل هذا التغير؛ أي أن الحاضر قد تشكل من خلال الماضي وعبر أحداثه التاريخية، وفي الوقت ذاته يتضمن بذور المستقبل. ووسط ذلك كله يبرز التخطيط بوصفه محاولة علمية واعية للتعجيل بنضج العوامل الموضوعية، التي تدفع بعملية التغيير والتحول نحو غاياته المرتقبة، تلك الغايات التي تتمثل في تحقيق حياة أفضل لأبناء المجتمع.

ويذهب شارل بتلهيم في تعريفه للتخطيط إلى أنه نشاط اجتماعي، تُحدد بواسطته الأهداف التي نسعى إلى تحقيقها في مجال الإنتاج والاستهلاك وذلك بطريقة منسقة مع وضع القوانين الاقتصادية وخواص التنمية الاجتماعية في الاعتبار، والسعي لتحقيق هذه الأهداف بصورة أفضل. بمعنى آخر، يرى أن التخطيط يقوم على أسس ثلاثة، هي:

1. تحديد أهداف منسقة ووضع أولويات للتنمية الاقتصادية والاجتماعية.
2. تحديد الوسائل الملائمة لتحقيق هذه الأهداف.
3. تفعيل تلك الوسائل تحقيقاً للأهداف المنشودة.

او هو بشكل محدد، بوصفه وسيلة لتنظيم استخدام الموارد أكفأ استخدام بحيث تعطي أفضل إنتاج وأعلى دخل، في أقل فترة زمنية.

وبشكل شامل، بوصفه عمليات منظمة لإحداث تغييرات موجهة، ويتم ذلك عن طريق حصر إمكانات المجتمع وتحديد مطالبه وتقدير حاجاته تقديراً استاتيكياً وديناميكياً، ووضع خطة شاملة متكاملة ومتجددة، في الوقت نفسه، لتحقيق هذه المطالب والحاجات، خلال فترة زمنية معينة، كل ذلك في هدي الفلسفة الاجتماعية التي يريد المجتمع أن يتحرك وينمو في إطارها، مع التنبؤ بما قد يعترض سير المجتمع من عقبات، وتحديد أنسب الوسائل اللازمة لتخطي تلك المشكلات والعقبات، والسير في طريق التقدم المنشود. من هذا التعريف يتضح أن التخطيط يتضمن ما يلي:

4. تقدير موارد المجتمع تقديراً دقيقاً للوقوف على الإمكانات البشرية والمادية.

كثير من الكتابات العلمية تِصِفُهُ بأنه عصر العلم وعصر التخطيط، وهذه التسميات ليست إلا انعكاساً موضوعياً وتعبيراً واقعياً عما تلقاه حركة التخطيط، القائمة على الأسلوب العلمي من انتشار عالمي، واهتمام يتزايد يوماً بعد يوم.

فالتخطيط الكفؤ أصبح هو الضمان الوحيد لتحقيق الأهداف الاجتماعية، التي تسعى البلاد النامية إلى تحقيقها، فأهداف التنمية الاجتماعية الشاملة تتضمن توافر فرص العمل للأعداد المتزايدة من السكان، وتقليل التفاوت في توزيع الثروة والدخل بين الأفراد، ورفع مستويات المعيشة، والتنسيق بين هذه المستويات في مختلف المناطق، بحيث يكون تقدمها بمعدل واحد بقدر الإمكان، إن هذه الأهداف

لا يمكن تحقيقها بالوسائل التقليدية، أو بالاعتماد على الجهود الفردية، أو المنظمات الأهلية وحدها، بل لا بد من التخطيط الشامل لتحقيقها.

وإتباع سياسة التخطيط ضرورية لإحداث التوازن، بين مختلف الميادين الاقتصادية والثقافية والصحية والترويحية والسياسية، حتى لا يختل التوازن العام لنمو المجتمع؛ وكذلك، لإحداث التكامل بين مختلف الوحدات الجغرافية، التي يتكون منها المجتمع حتى يكون تقدمها بمعدل واحد بقدر الإمكان، وبحيث يتسنى القضاء على الثنائية الإقليمية، التي تتميز بها الدول النامية.

ويساعد التخطيط على تضييق الفجوة التي تفصل بين الدول النامية والدول المتقدمة، وذلك باستخدام الموارد بأكبر قدر ممكن من الكفاية، حتى لا يحدث فيها تعطل أو سوء تقدير، وبالمساعدة على تحقيق حياة أكثر رغداً للأجيال الحالية والمتعاقبة، وبإتاحة الفرص للمجتمعات النامية للتحرر والانطلاق، وبالتنسيق بين القرارات الاقتصادية المتباينة المتباعدة لتحقيق نمو عاجل وزيادة في الدخل القومي، وباستشعار مشكلات المجتمع وحسن استغلال الطاقات المادية والبشرية المتاحة والطاقات المعطلة خاصة في المجتمعات المحلية لعلاجها.

أهمية الضبط الاجتماعي، وتطور الاهتمام به

لقد نال موضوع الضبط الاجتماعي عناية كثير من علماء الاجتماع، منذ أن قرر ابن خلدون، أن الضبط الاجتماعي أساس للحياة الاجتماعية، وضمان لأمنها، واستمرار لبقائها. فهو يقول إن الاجتماع الإنساني ضروري، إذ إن الإنسان مدني بطبعه، أيْ لا بدّ له من الاجتماع، الذي هو المدنية. ثم إن هذا الاجتماع، إذا حصل للبشر؛ ومن ثَم، عمران العالم بهم، فلا بدّ من وازع، يدفع بعضهم عن بعض؛ لما في طباعهم الحيوانية من العدوان، والظلم. ويقول في موضع آخر، إنه لا بدّ للبشر من الحكم الوازع، أيْ الحكم بشرع مفروض من عند الله، يأتي به واحد من البشر؛

وإنه لا بدّ أن يكون متميزاً عنهم بما يودع الله فيه من خواصّ هدايته، ليقع التسليم له، والقبول منه؛ حتى يكون الحكم فيهم وعليهم من غير إنكار، ولا تزييف.

ومن العلماء، الذين أسهموا في دراسة عملية الضبط الاجتماعي والاجتماع القانوني، مونتسكيو Montesquieu، في كتابه "روح القوانين"، حيث أشار إلى أن لكلّ مجتمع قانونه، الذي يلائم بيئته، الطبيعية والاجتماعية؛ أيْ أنه أكد العلاقة بين القانون، والضبط، والظواهر الاجتماعية، والنظُم. وتنبثق من هذه العلاقة روح عامة، تؤثر في السلوك الاجتماعي، وتضبط التصرفات، وتؤثر في المؤسسات والمنظمات، الاجتماعية والقانونية. وقد ازداد الاهتمام بموضوع الضبط الاجتماعي، على يد عالم الاجتماع الأمريكي، إدوارد روس Edward Ross، الذي أكد أهمية الضبط الاجتماعي في الحياة الاجتماعية، وحفظ كيان المجتمع. ثم تطورت دراسة الضبط في الفترة الأخيرة، بازدياد الأبحاث التي أجريت على الجماعات وعمليات التفاعل الاجتماعي، وما تمخضت به من إبراز لموضوعات جديدة في علم الاجتماع، كمستويات الفعل الاجتماعي، والمعايير الاجتماعية، والقِيم والقواعد العامة للسلوك.

لذا رأى علماء الاجتماع، أن الضبط الاجتماعي أصبح في الواقع مرادفاً للتنظيم الاجتماعي Social Organization، على أساس أن التنظيم الاجتماعي، يشير إلى القيود والأنماط كافة التي يتولد منها الانضباط والنظام الاجتماعي؛ وإن كان الضبط الاجتماعي يقتصر، في أكثر أشكاله شيوعاً، على التأثير الناجم عن الأجهزة الرسمية، كما اهتم علماء الاجتماع بربط الضبط الاجتماعي ربطاً وثيقاً بالثقافة، وجعلوا من العسير دراسة الضبط الاجتماعي بعيداً عن علم اجتماع الثقافة. مثال ذلك أن جورفيتش Gorfetch، يرى أن الضبط هو مجموع الأنماط الثقافية، التي يعتمد عليها المجتمع عامة في ضبط التوتر والصراع. فالضبط إذاً وسيلة

اجتماعية أو ثقافية، تفرض قيوداً منظمة على السلوك الفردي أو الجماعي، لجعله مسايراً لِقِيم المجتمع وتقاليده.

وسائل الضبط الاجتماعي

من أهم وسائل الضبط الاجتماعي، وأكثرها انتشاراً في المجتمعات الإنسانية على اختلاف نوعياتها وتفاوتها الوسائل التالية:

أ. العُرف Mors:

العُرف هو أهم أساليب الضبط الاجتماعي الراسخة في المجتمع، لكونه أهم الطرائق والأساليب، التي توجدها الحياة الاجتماعية، تدريجاً، فينمو مع الزمن، ويزداد ثبوتاً وتأصلاً. ويخضع له أفراد المجتمع أجمعون؛ لأنه يستمد قوّته من فكر الجماعة وعقائدها؛ فضلاً عن تأصله تأصل رغباتها وظروف الحياة المعيشية؛ وإلا لما استقر زمناً طويلاً في المجتمع. والأعراف غالباً ما تستخدم في حالة الجمع، لأنها طرائق عمل الأشياء، التي تحمل في طياتها عامل الجبر والإلزام؛ لأنها تحقق رفاهية الجماعة. واستطراداً، فهي تأخذ طابع المحرمات Taboos، التي تمنع فعل أشياء معينة أو ممارسة معينة. ولذلك، تدين أعرافنا وأد البنات، وأكل لحوم البشر، وزواج المرأة برجلَين في وقت واحد. وقد ذكر سابير Sapir، أن اصطلاح العرف، يطلق على تلك العادات، التي يكتنفها الشعور بالصواب أو الخطأ في أساليب السلوك المختلفة. وعُرف أيّ جماعة هو أخلاقياتها غير المصوغة، وغير المقننة، كما تبدو في السلوك العملي.

بناء على ذلك، يعني العُرف المعتقدات الفكرية السائدة، التي غرست، نفسياً، لدى أفراد المجتمع. يمارسونه حتى يصبح أمراً مقدساً، على الرغم من انتفاء قيمته، أحياناً (هذا ما جرى عليه العُرف) (وده في عرفنا كده). وهو أقوى من العادات والتقاليد على التأثير في سلوك الناس.

ب. العادات والتقاليد:

العادات ظاهرة اجتماعية، تشير إلى كلّ ما يفعله الناس، وتعودوا فعله بالتكرار. وهي ضرورة اجتماعية، إذ تصدر عن غريزة اجتماعية، وليس عن حكومة أو سلطة تشريعية وتنفيذية؛ فهي تلقائية لأن أعضاء المجتمع الواحد، يتعارفون فيما بينهم على ما ينبغي أن يفعلوه؛ وذلك برضاء جميعهم. والعادة قد تكون أحدية، مثل: عادات الإنسان اليومية، في المأكل والملبس، وعادات النوم والاستذكار وغيرها. أمّا العادة الجمعية، فهي التي يتفق عليها أبناء الجماعة، وتنتشر بينهم، مثل عادات المصريين في الأعياد والمواسم الدينية. أمّا التقاليد، فهي خاصية، تتصف بالتوارث من جيل إلى جيل، وتنبع الرغبة في التمسك بها من أنها ميراث من الأسلاف والآباء نافع ومفيد.

بيد أن ثمة اختلافاً بين العادات والتقاليد، يتمثل في أن العادات الاجتماعية أنماط سلوكية، أَلِفها الناس وارتضوها، على مر الزمن؛ وساروا على هديها، وتصرفوا بمقتضاها، من دون تفكير فيها، وهي تختلف من مجتمع إلى آخر، وفقاً للظروف والخصائص التي تميز كل مجتمع، وهي لا تنشأ من مبادرة أمرئ واحد إلى عمل معين، مرة واحدة؛ بل إن السلوك لكي يصبح عادة اجتماعية، يجب أن يتكرر وينتشر، فيصبح نمطاً

أشكال الضبط

لما كان الضبط الاجتماعي هو القوة، التي بها يمتثل الأفراد ، لِنُظُم المجتمع الذي يعيشون فيه؛ فإن وسائل الضبط وأشكاله تختلف من مجتمع إلى آخر، بل في المجتمع الواحد نفسه، باختلاف الزمان والمكان، فالضبط في المجتمعات الشرقية المحافظة، يختلف عن الضبط في تلك الغربية المتحررة. ومن الممكن أن تختلف وسائل الضبط وأشكاله، داخل المجتمع الواحد؛ فهو في صعيد مصر، يكون، عادة، أكثر

صرامة وشدة منه في الوجه البحري. كما أن وسائل الضبط في العصور الماضية، هي غيرها في هذه الحديثة، من حيث درجة الشدة والصرامة، وعلى هذا يرى علماء الاجتماع، أن للضبط شكلَين رئيسيَّين، هما:

أ. الضبط القهري Coercive Control

وينشأ هذا الشكل من الضبط بناءً على فاعلية القانون والحكومة والقرارات واللوائح التنظيمية، سواء داخل المجتمع أو الجماعات؛ ويصاحب، عادة، بالقوة أو الخوف من استخدامها. فأنماط السلوك الرادعة، في حالات الجريمة، إنما هي نوع من الضبط القهري، الذي يمارسه المجتمع، لمنع الجريمة، وردع الآخرين عن اقتراف السلوك، الذي ينافي القِيم والمعايير الاجتماعية.

ب. الضبط المقنِع Persuasive Control

عماده التفاعلات الاجتماعية والوسائل الاجتماعية المختلفة، التي تقنع المرء بالتزام قيم المجتمع وقوانينه؛ وذلك بناءً على الانتماء إلى الجماعة، وعمليات التطبيع الاجتماعي منذ الصغر، وتعوُّد قِيم الطاعة، ومسايرة المعايير الاجتماعية السائدة داخل المجتمع. وعادة ما يكون الجزاء الاجتماعي على هذا النوع من الضبط الاجتماعي جزاءً معنوياً، بمعنى أن الخروج على قِيم المجتمع، يقابله بنُوهُ بالنبذ والاستهجان، أو البعد عن غير الملتزمين.

أيديولوجية التنمية

برزت ثلاثة اتجاهات، ذات طابع أيديولوجي؛ تسيطر على طبيعة التنمية، في العالم المعاصر:

أ. **الاتجاه المحافظ:** يرفض البعد التاريخي في دراسة المجتمعات، فلا يقرن بين النمو الاقتصادي والتنظيم الاجتماعي قرناً واضحاً. ويقترن بهذا الاتجاه المنظور

البرجماتي (النفعي)، الذي يرفض التحليل الجدلي للواقع الاجتماعي التاريخي؛ إذ يرى أن الواقع الاجتماعي الممكن، هو الواقع القائم.

ب. **الاتجاه الوضعي:** يقول بإمكانية تحقيق التنمية، من خلال تعديلات وظيفية، من دون المساس بتكامل النسق الاجتماعي القائم واستمراريته وتوازنه.

ج. **الاتجاه الماركسي:** يركز في تغيير الأساس الاقتصادي ـ المادي للمجتمع، وما يستتبع ذلك من تغيرات مصاحبة في بنائه الفوقي ونُظُمه الأساسية.

التنمية وعلماء الاجتماع والسياسة

يميل علماء الاجتماع والسياسة إلى جعْل التنمية عملية تحديث. ويركزون اهتمامهم في تطوير المؤسسات: الاجتماعية والسياسية. كما تعني لدى المصلحين الاجتماعيين: توفير التعليم، والصحة، والمسكن الملائم، والعمل الموائم لقدرات الإنسان، والدخل الذي يوفر له احتياجاته، والأمن، والتأمين الاجتماعي، والترويح المجدي، والقضاء على الاستغلال وعدم تكافؤ الفرص، والانتفاع بالخدمات الاجتماعية؛ مع الاحتفاظ لكل مواطن بحق الإدلاء برأيه في كلّ ما سبق، وفيما ينبغي أن يكون عليه مستوى أدائه.

التنمية هي التغير الشامل للمجتمع

وتعني التنمية، لدى المعنيين بالعلوم السياسية، الوصول بالإنسان إلى حدٍّ أدنى لمستوى المعيشة، لا ينبغي له أن ينزل عنه؛ لأنه حق لكلّ مواطن، تلتزم به الدولة، وتعززه الجهود الأهلية، لتحقيق كفاءة استخدام الإمكانيات المتاحة. ناهيك عن أنها تعني استنباط الحلول الذاتية، لسد الثغرات، التي تبدو على مستوى هذا الحدّ، مما لا تسعفها به موارد الدولة.

التنمية وأنصار التحديث

قدّم دوز ساندرز عدة مبادئ أساسية للتنمية:

أ. تعني التنمية التقدم نحو أهداف محددة تحديداً ملائماً، تمليه ظروف الإنسان والمجتمع الخاصة؛ فهي، إذاً، توجد في كلّ المجتمعات المعاصرة. وهذا النموذج، يعرف بأنه مجتمع حديث صناعي جماهيري.

ب. تحقق الدول النامية هذا النموذج (المجتمع الحديث)، في حالة القضاء على العوائق: السياسية والاجتماعية والثقافية والنظامية، مثل تلك الناجمة عن وجود الجماعات التقليدية أو الإقطاعية وغيرها.

ج. يسمح التركيز في العمليات: الاقتصادية والسياسية والسيكولوجية، بتعبئة الطاقات القومية الرشيدة.

د. يَسهم تنسيق القوى: الاجتماعية والسياسية والاقتصادية، في دعم التنمية، حتى تصبح نموذجاً يحتذى، ويوجه المشورة والنصح، في مجال التوجهات الأيديولوجية، التي تنظم إدارة الأمم للتنمية.

في ضوء ذلك، عمد ديفيد هاريسون إلى تعريف التنمية، من منطلق التحديث، بأنها تغير وتحسن جذريان، مقيّمان تقييماً إيجابياً في مجمل الخبرة الإنسانية. وهكذا، فإن التنمية حالة مرغوب فيها، سواء تحققت أو لم تتحقق في إطار اجتماعي، يخالف سابقه.

وعلى هذا الأساس، فإن التنمية تنطوي على توسع كبير، في كلّ مجالات القدرات والأنشطة الإنسانية، وبخاصة المجالات: الروحية والفكرية والتكنولوجية والاقتصادية والمادية والاجتماعية. ويقصد بالمجالات الاجتماعية تنشيط أعداد من البشر، متزايدة باستمرار، للمشاركة في مجالات العلاقات الإنسانية؛ لتحقيق أهداف متجددة، وأداء وظائف مستحدثة باستمرار؛ فضلاً عن المشاركة الإيجابية الفعالة في

المشاورات وعمليات اتخاذ القرار في شأن تحديد أهداف التنمية؛ وكذلك المشاركة في الانتفاع بثمرات الإنجازات التنموية.

إذاً، لا يجوز قصر التنمية على عملية النمو الاقتصادي، كما رأى الاقتصاديون؛ وإنما يجب أن تمتد، لتشمل ضرورة إحداث تغيير ثقافي عام، وتغييرات محددة في البناء الاجتماعي القائم؛ إذ إن كليهما يؤثر في الآخر ويتأثر به. وعلى هذا، عرّفت التنمية الاجتماعية Social Development بأنها الجهود، التي ترمي إلى إحداث سلسلة من التغيرات: الوظيفية والهيكلية، اللازمة لنمو المجتمع؛ وذلك بزيادة قدرة أبنائه على استغلال الطاقة المتاحة، إلى أقصى حدّ ممكن، ليحققوا أكبر قدر من الحرية والرفاهية، يتخطى معدل النمو الطبيعي.

وبقول آخر، إنَّ التنمية الاجتماعية في المجتمعات النامية، تتضمن تحريك الموارد كافة: المادية والبشرية والمالية، تحريكاً، يحقق أعلى مستوى اقتصادي ممكن، وأكبر قدر من العدالة الاجتماعية. ويرجع ذلك إلى أن التنمية، لا تقتصر على المجال الإنتاجي وحده؛ ولأن أسلوب توظيف عائد التنمية، ونوعية المشاركة السياسية، وتشكيل بناء القوى الاجتماعية، رهن باستقرار المجتمع، وحسم صراعاته الداخلية؛ الأمر الذي يمنح التنمية مزيداً من الطاقات الدافعة.

العوامل المؤثرة في النمو

يمكن لبعض العوامل أن تؤثر في النمو، سواء بالحدِّ منه، أو التشجيع عليه، أو التوسيع من نطاقه، وهي:

أ. البعد الثقافي

حيث يقتصر النمو على واحد فقط أو أكثر من المجالات أو ميادين النشاط الثقافي، فلا يتجاوز الثقافة المادية أو الروحية، أو أحد ميادينهما الفرعية.

ب. البعد الطبقي

تقتصر عمليات النمو على إحدى الطبقات أو الجماعات الاجتماعية دون غيرها. وعادة ما تكون تلك هي الطبقة ذات الوضع المسيطر، أو الطبقة صاحبة الحظوة الاجتماعية. وليس من اللازم أن تكون الطبقة المستفيدة من النمو هي، على الدوام، الطبقة الأعلى أو الطبقة المسيطرة.

ج. البعد الزمني

إن عمليات النمو، يمكن أن تسرع وتنشط، في فترة معينة؛ وتنكمش وتتباطأ، في فترة أخرى. والصورة الشائعة للنمو، عبْر الزمن، هي تلك التي يبدأ فيها بطيئاً، ضعيفاً، على استحياء ثم نشيطاً قوياً، ثم بعد ذلك متخاذلاً، هادئاً. وهي الصورة الدورية، التي أوضحتها دراسات التغير الاجتماعي، والتي ربما يسميها البعض مراحل الصعود- القمة - والهبوط.

د. البعد الجغرافي

ويتبدّى في ما يحيط بمكان المجتمع وظروفه الجغرافية. فالمناطق الغنية بالثروات الطبيعية، أو المناطق المركزية، يمكن أن تشهد نمواً سريعاً، في العادة؛ على حين تعاني المناطق المنعزلة أو الفقيرة الجمود أو بطء عمليات النمو الاجتماعي.

التطور التاريخي لمفهوم التقدم

بَدَرَت إلى فكرة التقدم الاجتماعي كتابات بعض مفكري عصر النهضة، من أمثال فرنسيس بيكون، وديكارت؛ فضلاً عن التطورات الثورية في المعرفة العلمية، والتي أكدت قدرة العقل على السيطرة على الطبيعة، والإيمان بأنه يكتسب، خلال التقدم، مزيدا من المنطق والرشد في التفكير. وفي القرن التاسع عشر ظهر اتجاه يميل إلى التسليم بأن القوانين الطبيعية، التي تنطوي عليها العملية التاريخية، تدعم فكرة التقدم، ويتأكد هذا الاعتقاد بظهور نظرية التطور، في نطاق علم الحياة، والتي أصبحت، بعد ذلك، تحظى بالقبول العام عند المتخصصين بالعلوم الاجتماعية المختلفة.

وقد اهتم العلماء الأوائل بدراسة مفهوم التقدم، وصاغوه في نظريات متعددة. وكان من أبرزهم كوندرسية Condercet، الذي تصور مراحل متعاقبة للتاريخ، للوصول إلى الكمال. أولى تلك المراحل المرحلة الطبيعية، التي تنشأ فيها الحياة الاجتماعية في صورتها الأولية، وصناعاتها البدائية؛ ثم مرحلة الرعي، وتدجين الحيوان؛ فمرحلة الاعتماد على الزراعة، والاستقرار؛ ثم مرحلة الحضارة (اليونانية والرومانية)؛ ثم مرحلة الإقطاع؛ ثم مرحلة اختراع الطباعة؛ وأخيراً مرحلة الآمال، التي يطلق عليها مستقبل الإنسانية. يسود مرحلة الآمال المساواة بين الأمم والشعوب. وتصل الإنسانية فيها إلى أرقى مراحل تطورها وأسمى غاياتها. ويتحقق فيها ارتقاء الإنسان، متمثلاً في تقدُّم الاختراعات ووسائل المعرفة، وتقدُّم العلوم: المعرفية والفلسفية والاجتماعية، والمساواة بين الرجل والمرأة، وتقدُّم الأحوال: المادية والصحية والمعيشية ومستوى الرفاهية الاجتماعية. ومعنى هذا أن كوندرسية، استخدم فكرة التقدم في الوصول إلى الكمال، والإدارة في بلوغ الحركة إلى الأمام في الاتجاه المرغوب فيه.

لذا، يتضح أن كثيراً من العلماء، اعتقدوا أن المجتمع، في إطار التقدم، يتحرك بصفة مستمرة نحو السعادة القصوى؛ وأن المستقبل سوف يمثّل عصراً ذهبياً. ولكن تعرضت فكرة التقدم للإهمال والازدراء، ليس في علم الاجتماع فقط؛ وإنما بصورة أهم في نظر مثقفي المجتمعات الغربية؛ لأنه على الرغم من أن كثيراً من أهداف دعاة التقدم، في القرن التاسع عشر، قد تحققت، إلا أنها لم تحقق الرضا المنشود. والدليل على ذلك هو الفروق الشاسعة بين البلاد الصناعية الغربية والبلدان النامية، وأن الشرور الاجتماعية، كالفقر والمرض والجهل، وأحياناً الظلم، ما زالت قائمة كما هي تقريباً.

معايير التقدم

يرى أندرسون Anderson، أن هناك معايير للتقدم الاجتماعي، يمكِن أن توجه المخططين الاجتماعيين، في إحداث نظام اجتماعي أفضل؛ من أهمها:

أ. التعقيد والقوة والاستعمال

إن التقدم هو الانتقال من البسيط إلى المعقد، في المجالات التي تحقق سعادة الإنسان. وهو يزيد القوة، التي تساعد الإنسان في السيطرة على الطبيعة. كما أن التنوع في استخدام ما يخترعه الإنسان، يُعَدّ معياراً رئيسياً للتقدم.

ب. الإشباع وتحقيق الرضا المادي

كلّما ازداد التقدم في المجتمع، ازداد الرضا المادي لأبنائه؛ وازدادت قدراتهم على إشباع حاجتهم المستمرة إلى الصحة والتعليم، والأمان الاقتصادي، والمعرفة والمال، وتحقيق الرفاهية الاجتماعية.

ج. تطاؤل العمر

إن متوسط عدد السنين، التي يحياها الإنسان، أمر يمكِن تحديده تحديداً قاطعاً؛ وهو يبين حالة الرفاهية والتقدم في المجتمع؛ اللذَين يمدّان في عمر الإنسان، بما يوفرانه من رعاية صحية جيدة.

د. التحسن: المعنوي والاجتماعي

يتحقق التقدم عندما يرقى خلُق الناس، وترقى المبادئ التي تحكم علاقاتهم الاجتماعية؛ ممّا يسهم في رِفعة السلوك الإنساني وسموّه.

هـ. تحقيق التقدم في المجالات المختلفة

يحدث التقدم في المجتمع، متى تحركت مظاهر الحياة الاجتماعية كافة تحركاً متوازناً، نحو غايات مدروسة؛ فلا تتقدم ناحية، وتتخلّف أخرى. بمعنى أنه لا بدّ من التكامل في المجالات: الصحية، والمادية، والمعرفية، والثقافية، والجمالية، والأخلاقية؛ حتى يحدث التقدم الشمولي.

إن التقدم مفهوم شمولي، يمكن تطبيقه في كلّ زمان ومكان؛ يتجاوز المفاهيم الجزئية العتيقة، التي باتت عاجزة عن الصمود للوقائع التي تدحضها، كلّ يوم. وهو مفهوم يدمج الجوانب الكمية وتلك الروحية والنوعية، في الحياة الإنسانية، بالقوة نفسها التي تندمج بها هذه الجوانب، في واقع الحياة. والتقدم، بالمقياس المعاصر، هو الوضع الذي يصبح عنده الإنسان (المجتمع) في موقف إيجابي فاعل تجاه شروط وجوده: الطبيعية والاجتماعية.

الفصل الثالث
التعلم الاجتماعي والخدمة الاجتماعية في المجال المدرسي

أولاً: التعلم الاجتماعي Social Learning

تعريف التعلم الاجتماعي

لمّا كان الإنسان في تفاعل دائم ومستمر مع بيئته، فإنه يتلقى عديداً من المثيرات التي تؤثر عليه وتدفعه للاستجابة لها، من هنا يُعرّف التعلم الاجتماعي بأنه نوع من أنواع التعلُم، الذي يهتم بدراسة المثيرات الاجتماعية الإنسانية.

ولمّا كان التعلم تغيراً شبه دائم في سلوك الفرد، أي أنه تغير قابل للمحو أو التقدم، وكذلك للإضافة أو الحذف؛ فإن التعلم الاجتماعي هو تغير شبه دائم نسبياً في المعرفة أو السلوك، يحدث من خلال المواقف التي تتضمن علاقة فرد بآخر، أو فرد بجماعة، حينما يحدث تأثير متبادل بينهما، وهكذا يتعلم الفرد المعايير والقيم والعادات الاجتماعية والمعارف والمهارات، التي تساعده على التوافق الاجتماعي.

وإذا كان الإنسان يولد على الفطرة، وتتولى الأسرة والرفاق وسائر المؤسسات الاجتماعية تنشئته؛ فإن التعلم الاجتماعي هو إكساب الطفل لعادات مجتمعه وقيمه، حتى يصطبغ فهمه وإدراكه للعالم الخارجي بإدراك هذا المجتمع، وحتى يفسر خبراته في إطار ذلك الإدراك.

مما سبق، يمكن تحديد التعلم الاجتماعي بأنه نوع من أنواع التعلم، أو تغير شبه دائم في السلوك، يحدث في سياق اجتماعي من خلال مواقف التفاعل الاجتماعي التي يمر بها الفرد، ومضمون هذا التعلم مضمون اجتماعي، أي يتضمن العادات والقيم والمعارف والمعايير والمهارات، التي تساعد الفرد على:

1. التخطيط واتخاذ القرارات سعياً لبلوغ الفرد أغراضاً وأهدافاً معينة.

2. زيادة فاعلية الفرد، ومسؤوليته، وزيادة وعيه بذاته والعالم الذي يعيش فيه، مع الاحتمالات أو الأحداث الحياتية المتوقعة، وذلك لحل المشكلات التي تواجهه وتعوق تقدمه نحو أهدافه وغاياته.
3. تحقيق الاتساق بين ماضي الفرد وحاضره ومستقبله.

خصائص التعلم الاجتماعي

1. يحدث التعلم في سياق اجتماعي، وهذا يعني أنه يتطلب مشاركة الآخرين ويعتمد على التفاعل الاجتماعي وعلى العلاقات المتبادلة بين الأفراد، ويتأثر التعلم بالعوامل الوجدانية والاجتماعية في الموقف الاجتماعي.

يحدث التعلم الاجتماعي حينما تتأثر استجابة شخص ما بإدراكه لوجود شخص أو أشخاص آخرين، وقد يكون حضور الآخر واقعياً أو متخيلاً، وقد يكون مقصوداً موجهاً هادفاً، أو قد يكون عرضياً، وقد يكون مباشراً أو استدلالياً مستنتجاً.

2. التعلم الاجتماعي هادف وموجه نحو تحقيق أغراض معينة، وحتى لو كان عارضاً فإنه يقدم للفرد خبرات نافعة ومفيدة، ومعنى ذلك أن التعلم الاجتماعي يتضمن إدراك الشخص لِما سيعود عليه بناءً على تغيير معلوماته، أو مهاراته... إلخ.
3. التعلم الاجتماعي خبرة قيمية تقتضي التخلي عن أنماط قيمية معينة، من أجل اكتساب أنماط قيمية أخرى، كالتخلي عن الأنانية لاكتساب الغيرية، وهو خبرة قيمية لأنه يتضمن اكتساب قيم وسيلية، أي تساعد في تحقيق وإنجاز نتائج تتعلق بالتفضيلات الشخصية، أو يتضمن اكتساب قيم غائية، أي يصير التعلم غاية في حد ذاته.

4. يعتمد التعلم الاجتماعي على استخدام الرموز، فلمّا كان التعلم الاجتماعي خبرة شخصية متفردة تنصب على الخبرات المحددة والخبرات المعنوية غير الملموسة، فإنه يزداد احتمال توقع حدوث عمليات للترميز يقوم بها الفرد. ومن هنا يصبح للفرد أسلوبه الشخصي في عملية التعلم، وفي تعميم ما تعلمه على المواقف المشابهة.

   ولذلك فإن تعديل السلوك لا يقوم على الربط فقط بين مثير واستجابة، وإنما يتم نتيجة لنشاط العمليات المعرفية: كالإدراك والتوقع والترميز وغيرها. وبذلك تصبح استجابة الفرد استجابة مُعدلة وشخصية.

5. يقوم التعلم الاجتماعي على تفاعل المعرفة والانفعال، إذ لا تختلف أهمية الرموز الشخصية التي يكوّنها الفرد للمثيرات والأحداث عن أهمية المظاهر الانفعالية للتعلم. ومعنى ذلك أن المظهرين الوجداني والمعرفي هما في الوقت ذاته متلازمان ومتعاونان على نحو لا يقبل الاختزال.

6. نظراً لأن التعلم الاجتماعي يحدث في سياق اجتماعي، فإن ثقافة الفرد تؤثر في معالجته العقلية للمعلومات، أو على أسلوبه في التعلم والتفكير، كما تشكل انفعالاته المصاحبة للمعالجة العقلية للمعلومات.

7. يحتاج التعلم الاجتماعي إلى توافر مناخ يقدم دعماً ومساندة لمظاهر التغير وصوره الحادثة في السلوك.

8. يمكن أن يكون التعلم الاجتماعي خبرة فردية وخبرة جماعية في الوقت نفسه، ويحتاج التعلم الاجتماعي كخبرة جماعية إلى وجود عدد من الأفراد يكونون على وعي فيما بينهم من بقيم وإدراكات مشتركة وأهداف موحدة، وقادرون على أن يتعلم بعضهم من بعض الأفكار والخبرات، كما يمكنهم الانتفاع وتوظيف العلاقات الموجودة داخل الجماعة في إنتاج عدد من القيم المختلفة،

التي تبرز التفضيلات الخاصة بأعضائها وفي تجسيد الخصائص النموذجية لطابع الجماعة ومقاصدها.

9. ترى نظرية التعلم الاجتماعي أن قدراً كبيراً من التعلم يتم من خلال رؤية آخر يفعل فيُثاب أو يُعاقب، بعبارة أخرى: من خلال مشاهدة شخص آخر يؤدي الاستجابات الماهرة، أو يقرأ عنها أو يرى صوراً لها، وهو يتعلمها حين يبدأ في محاولة تقليد هذه الاستجابات الماهرة، التي شاهدها من خلال الشخص النموذج أو القدوة.

التعلم بالملاحظة كنموذج للتعلم الاجتماعي

تتميز نظرية التعلم الاجتماعي، التي وضعها "ألبرت باندورا Albert Bandura"، بعدة خصائص، أو تقوم على عدة مقومات:

1. يحدث السلوك نتيجة لتفاعل معقد بين العمليات الداخلية لدى الفرد، والمؤثرات البيئية الخارجية، وتقوم هذه العمليات الداخلية على خبرات الفرد السابقة، التي تتضمن تمثيلاً رمزياً للأحداث الخارجية السابقة.

2. تتيح العمليات العقلية للفرد أن يسلك سلوكاً مستبصراً عند حله للمشكلات؛ أي أن الفرد لا يلجأ إلى استخدام المحاولة والخطأ في حله للمشكلات.

3. ينظم الفرد سلوكه الاجتماعي بناءً على النتائج المتوقعة، فالسلوك لا يسيطر عليه التعزيز الخارجي المباشر، بل يحدث نتيجة للخبرات المبكرة؛ إذ بناءً على تلك الخبرات نميل إلى توقع أن أنواعاً معينة من السلوك سوف يكون لها آثار نرغب فيها، وأن أخرى سوف تؤدي إلى نتائج لا نريدها، وأن لمجموعة ثالثة تأثيراً ومغزى ضئيلاً. فمثلاً: لا يؤمن الشخص على سيارته بعد ارتكابه

لحادثة، بل يؤمن عليها قبل ذلك، اعتماداً على المعلومات التي يستقيها من الآخرين عن النتائج المحتملة لمثل هذه الكوارث.

4. يمكن اكتساب السلوك دون استخدام التعزيز الخارجي؛ إذ يمكن للفرد أن يتعلم كثيراً من المظاهر السلوكية بناءً على "القدوة والمثل"؛ فيلاحظ الفرد الآخرين ثم يكرر أفعالهم، وهذا معناه أن الفرد يكتسب السلوك عن طريق التعلم بالملاحظة.

   إن مقداراً كبيراً من التعلم الإنساني يمكن أن يحدث على أساس "بديلي"، أي من خلال ملاحظة سلوك الآخرين، وما ترتب عليه من عواقب (وتكون ملاحظة سلوك الآخرين بالمشاهدة، أو من خلال القراءة عنه، أو الاستماع إلى وصفه).

5. إن الناس قادرون على ملاحظة سلوكهم وترميزه وتقويمه، على أساس ذكريات سلوكهم الذي لقي تعزيزاً والذي لم يلق تعزيزاً؛ وكذلك على أساس عواقب أو نتائج مستقبلية متوقعة، فيكونون بذلك قادرين على ممارسة قدر من تنظيم الذات.

6. تتيح المهارات المعرفية الرمزية للناس أن يحولوا ما تعلموه أو أن يربطوه بما لاحظوه في عدد من المواقف إلى أنماط سلوكية جديدة. ويستطيعون عندئذ تنمية أنماط سلوكية جديدة مبتكرة، بدلاً من تقليد ما رأوه فقط.

7. يمكن اكتساب الاستجابات الانفعالية بالطرق المباشرة أو الطرق البديلة، عن طريق الملاحظة. كذلك يمكن إطفاء أو كف أو إزالة مثل هذه الاستجابات بالطريقة المباشرة أو بالطريقة البديلة، فملاحظة نماذج تتفاعل من غير خوف مع الموضوعات التي تخيف شخصاً ما، يمكن أن تؤدي إلى تعديل استجابة الخوف.

يتضح مما سبق أن التعلم الاجتماعي يحدث بناءً على ملاحظة نموذج معين، وللملاحظة تأثيرات متعددة، منها:

1. اكتساب استجابات جديدة لم تكن موجودة ضمن خبرة الفرد المعرفية السابقة.
2. قد تؤدي مشاهدة نموذج، أو أكثر، إلى تغيير قوة الاستجابات الممنوعة أو المحرّمة، سواء بالتثبيت أو التحلل، وذلك بأن يلائم الفرد الملاحظ بين حدود سلوكه المكتسب على نحو سابق ومستويات التسامح مع الآخرين في الوقت نفسه، فإذا رأى غيره يرتكب نوعاً من السلوك المحرم دون أن يُوقع عليه أي عقاب، أو أن يُثاب عليه، فالاحتمال الغالب أن الفرد سوف يزيد من ميله ودافعيته إلى أداء هذا السلوك المُحرم، في المواقف المشابهة التالية التي تُعرض له.
3. إن رؤية ما يؤديه النموذج من أنشطة، تكفي لإحداث رغبة إيجابية لدى الفرد المُلاحظ لأداء الأنشطة نفسها، أو ما يماثلها، وينحصر دور الملاحظة في الكشف عن مدى علاقة منمذجة تبرر إمكانية القيام بسلوك معين، ويُطلق علماء التعلم الاجتماعي على هذا التأثير مُسمى "التيسير الاجتماعي".
4. تُعد ملاحظة أعمال وتصرفات الآخرين وعواقبها مصدراً من المصادر الأساسية لاستخلاص الملامح العامة، واكتساب القواعد السلوكية، والمبادئ الفكرية، والمعايير الاجتماعية.

العوامل المؤثرة في التّعلُم بالملاحظة

يمكن وضع هذه العوامل وتصنيفها في فئتين: إحداهما خاصة بالمُلاحِظ، والأخرى خاصة بالنموذج.

1. العوامل الخاصة بالمُلاحِظ:

أ. عمليات الانتباه

إن الانتباه هو العملية الأساسية في التّعلم بالملاحظة، وتوجد عوامل عدة تؤثر في الانتباه في هذه الحالة، منها:

1. **الإمكانات الحسية لدى المفحوص:** فالنماذج التي تُقدم للمكفوفين أو الصُم، يجب أن تختلف عن تلك التي تُقدم للآخرين.
2. **الخبرة السابقة للمُلاحِظ:** إذا ظهر أن النواتج المُتعلَمة من الملاحظة في مواقف سابقة تؤدي إلى التعزيز، فإن أنماط السلوك المماثلة لها تكون موضع الانتباه في مواقف الملاحظة اللاحقة. وهذا ما يُسميه باندورا "القيمة الوظيفية السابقة" للانتباه لنموذج من نوع معين، وذي كفاءة معينة.

ب. عمليات الاحتفاظ

تتعرض المعلومات التي يُحصل عليها بالملاحظة إلى عمليات الاحتفاظ، حتى تكون مفيدة وفعّالة في المواقف التالية، أي في عملية التعلم. ويحتفظ بالمعلومات إما في صور رمزيه, أو في صور لفظية.

ج. عمليات الإنتاج السلوكي

وهي تلك العمليات التي تحدد إلى أي مدى يُترجم الملاحِظ ما تعلمه واحتفظ به وخزّنه، إلى أداء ظاهر.

د. عمليات الدافعية

للتعزيز وظيفتان:

1. الأولى أنه يحدث لدى الملاحظ توقعاً ما بأنه سوف يُعزّز على النحو الذي يُعَزّز به النموذج (ثواباً أو عقاباً)، إذا أدى الأنشطة التي يلاحظ أنه يعزَّز عليها.
2. الوظيفة الثانية، أنه يقوم بدور الدّافع لتحويل التعلم إلى أداء فعلي؛ فما يتعلمه المرء بالملاحظة يظل كامناً حتى يتوافر للملاحظ دواعي استعماله وتوظيفه.

وتلعب التعليمات المقدمة للمتعلم قبل أن يشاهد النموذج، دورها في إثارة دافعية المتعلم، فقد تكون هذه التعليمات متضمنة دافعية عالية أو منخفضة، فتؤثر على انتباه المفحوص للسلوك القدوة. وقد لوحظ في هذا الصدد ما يلي:

1. أن الدافعية العالية يمكن أن تُثار عن طريق إخبار المتعلم أنه سوف يُكافأ بمقدارٍ يتناسب مع المقدار، الذي يستطيع أن يبديه من سلوك القدوة.
2. أن التعليمات المثيرة للدافعية بمقدار قليل، ينتُج عنها نوع من التّعلُم يندرج تحت ما يمكن تسميته "التعلم المؤقت"، أو "التعلم العرضي الطارئ".
3. إن التعليمات المثيرة للدافعية بمقدار كبير يمكن أن تُقدم للمتعلم، بعد أن يؤدي القدوة السلوك وقبل اختبار المتعلم. مثل هذا الإجراء يساعد المُتعلم على أن يلاحظ الفرق بين أدائه وأداء القدوة للسلوك.

هـ. التنظيم الذاتي

الناس قادرون على ملاحظة سلوكهم وترميزه وتقويمه على أساس ذكريات سلوكهم الذي لقي تعزيزاً والذي لم يلق أي تعزيز؛ وكذلك على أساس عواقب أو نتائج مستقبلية متوقعة. إنهم على هذا الأساس، يقدرون على ممارسة قدر من تنظيم الذات.

وعلى الرغم من أن الناس لا يملكون ذواتٍ مستقلة لها القدرة على تناول البيئة ومعالجتها بإرادتهم، فإنهم قادرون، إلى حد ما على تنظيم ذواتهم، فهم يستطيعون تناول بيئاتهم باستخدام التفكير التأملي، وإدراك نتائج أفعالهم.

ويتحقق تنظيم الذات من خلال ملاحظة الناس لسلوكهم وأدائهم، والحكم عليها وتقويمها باستخدام المعايير الشخصية لكل منهم، وأخيراً استجابة الذات إيجابياً أو سلبياً للمثيرات التي يتعرضون لها.

2. العوامل الخاصة بالنموذج:

أ. خصائص القدوة أو النموذج

1. خصائص ذات تأثير على المتعلم وموجودة لدى الشخص القدوة، مثل: السن والجنس والمركز أو المكانة. وكلما كان الشخص القدوة ذا مكانة عالية للمتعلم، كان تقليده له أكبر.
2. مشابهة القدوة للمتعلم: تقل المحاكاة كلما بعُد النموذج (أو القدوة) عن أن يكون شخصاً حقيقياً. أي تقل المحاكاة كلما بعُدت المشابهة عن صفات الأشخاص الحقيقيين (مثل شخصيات الكاريكاتير أو الرسوم المتحركة السينمائية).

ب. نوع السلوك المُقتدى به (أي المؤدَى بواسطة النموذج)

1. كلما ازداد تعقد المهارة المطلوب تعلمها، قلت درجة تقليدها؛ أي أن المهارات الأكثر تعقيداً تُقلد بدرجة أقل، إذا لم يتيسر للمتعلم المُشاهدة الكافية بالعدد المناسب من المرات.
2. تُقلد الاستجابات العدوانية (أو السلوك العدائي) بدرجة عالية لدى الأطفال.
3. يتبنى المُتعلم المعايير الأخلاقية (القيم الخاصة) التي يُتاح له مشاهدتها من خلال النموذج أو القدوة، كذلك يمكنه ضبط النفس بوساطتها، باستخدام أساليب مشابهة لأساليب القدوة.

ج. النتائج المترتبة على السلوك القدوة

إن أنواع السلوك الصادرة عن الشخص القدوة، والتي أُثيبت أو كوفئت تكون قابلة أكثر من غيرها لأن تكون موضوع المحاكاة أو التقليد.

ثانياً: الخدمة الاجتماعية في المجال المدرسي

نشأة الخدمة الاجتماعية في المجال المدرسي

تعتبر الولايات المتحدة الامريكية أول دولة تطبق مهنة الخدمة الاجتماعية في المجال المدرسي عن طريق بعض المدارس الاهلية بمدن بوسطن وهارتفورد ونيويورك في العام الدراسي 1906 -1907، كما أدخلت للمدارس الحكومية عام 1913 -1914، وذلك عندما ادرك القائمون على التعليم أن التلاميذ جميعاً لم يستفيدوا من النظام التعليمي وفقا لقدراتهم الكاملة، لذا فقد بدأ الاهتمام بتقديم خدمات إضافية للطلبة مثل الخدمات الشخصية والاستعانة بالخدمة الاجتماعية لمساعدة الطلاب الذين يعانون من صعوبات معينة تحول دون استفادتهم الكاملة مما تقدمه المدرسة لهم.

وتطورت الخدمة الاجتماعية المدرسية لتمارس في جميع المدارس الامريكية عن طريق تعين اخصائيين اجتماعيين في المدارس نفسها أو تعينهم في مكاتب مركزية ملحقة بالإدارات التعليمية، حيث يسند لكل اخصائي متابعة مدرسة أو اكثر وفقا لحاجة العمل، وبذا كان دور الخدمة الاجتماعية واضحاً منذ البداية وهو مساعدة التلاميذ الذين يتعثرون في تعليمهم ومساعدة المدرسة على تحقيق أهدافها التربوية والتعليمية بالتركيز على الجانب العلاجي.

مفهوم الخدمة الاجتماعية المدرسية

من المسلم به أن المدرسة ليست مؤسسة تعليمية فقط وإنما هي مؤسسة تربوية تعليمية لها وظائفها الاجتماعية الهامة ، ومن الضروري أن يتم التفاعل بينها وبين المجتمع المحلي ، فهي جزء لا يتجزأ من واقع هذا المجتمع تتأثر به وتؤثر فيه وتعد أفراده للحياة وللمساهمة الإيجابية في تنميته .

والخدمة الاجتماعية المدرسية رسالة تربوية قبل أن تكون مهنة وتقوم على :

- مساعدة الطالب كحالة فردية وكعضو يعيش في المجتمع، لتحقيق النمو المتوازن المتكامل الشخصية ، والاستفادة من الخبرة التعليمية إلى أقصى حد ممكن ، وهي بذلك أداة لتنمية الطالب والجماعة والمجتمع .

- تنشئة الطالب اجتماعياً وتدريبه على الحياة والتعامل الإنساني الإيجابي .

- تزويد الطالب بالخبرات والجوانب المعرفية لإعداده لحياة اجتماعية أفضل.

- تعديل سلوكه وإكسابه القدرة على التوافق الاجتماعي السوي .

- مساعدة الطالب للتعرف إلى استعداداته وقدراته وميوله وتنميتها والاستفادة منها لأقصى حد ممكن .

- التكامل مع المجتمع من أجل استثمار الطاقات البشرية المتاحة وحفزها على العمل البناء ، وربط الطالب بالبيئة المحلية بما يحقق الرفاهية الاجتماعية .

وبهذا المعنى تكون الخدمة الاجتماعية المدرسية جانباً أساسياً محورياً في الوظيفة التربوية التعليمية للمدرسة .

أهمية الخدمة الاجتماعية

1) مساعدة الطلبة في التحصيل العلمي ، والاستفادة من الخدمات التي تقدمها المدرسة بشكل أفضل .
2) مساعدة الطلبة في التكيف في بيئتهم المدرسية .
3) اكتشاف المواهب وصقلها والاستفادة منها بشكل جيد واكتشاف القيادات الاجتماعيات القادرة على التفكير والتجديد والابتكار .
4) ضبط سلوك الطلاب والارتقاء بمستوى التفاعل الاجتماعي وتكوين علاقات اجتماعية سليمة، من خلال ممارسة الأنشطة والبرامج العامة المدرسية .

5) تكوين القيم الأخلاقية الضابطة ، وترسيخ القيم الدينية الصحيحة وتدريبهم على حب العمل اليدوي والمهني وتأهيلهم للأعمال المستقبلية ضمن خطط وسياسة الدولة ومنهجية التنمية الاجتماعية للدولة .

6) تنمية المسؤولية الاجتماعية لدى الطلاب من خلال ممارسة المجالس الطلابية وربط البيئة المدرسية بالمؤسسات الخارجية المتوفرة بالمجتمع .

7) تنمية السلوك الديمقراطي وترسيخه من خلال اشتراك الطلاب بالمجالس الطلابية والجماعات والأنشطة المدرسية الهادفة .

8) مساعدة الطلاب الضعفاء في التحصيل العلمي ومكافأة المتفوقين .

9) المحافظة على التراث وثقافة الأجيال .

10) تنمية القدرة على التفكير العلمي والبعد عن الخيال الحالم .

11) بناء شخصية الطالب بكل ما هو جديد ومتطور بناءً إيجابياً مادياً وروحياًّ .

أهداف الخدمة الاجتماعية المدرسية

يمكن تحديد أهداف الخدمة الاجتماعية المدرسية في :

1) اكتساب الطلاب مجموعة من الاتجاهات والمهارات والمعارف التي تتمثل في :

أ – اكتساب الطالب مجموعة من الاتجاهات الصالحة ومنها:

- الإيمان بالله ورسله والاعتزاز بالقيم الدينية التي تؤمن سلوكه .
- الانتماء للمجتمع المحلي والقومي والإنساني .
- الإيمان بالأهداف المشتركة .
- تنمية روح التعاون مع الآخرين والعمل بروح الفريق.
- القدرة على القيادة وتحمل المسؤولية .

- القدرة على تحمل المسؤولية .
- احترام النظام وتقدير قيمة الوقت والعمل .
- التفكير الواقعي السليم .
- القدرة على مواجهة المشكلات .

ب) اكتساب الطالب بعض المهارات اليدوية والفنية والفكرية .

ج) مساعدة الطالب على أن يتوفر لديه قدر مناسب من المعلومات والمعارف التي تعينه على فهم نفسه ومعرفة مجتمعه .

2) الارتباط بالخطة القومية للتنمية .

3) شمول الرعاية للقاعدة الطلابية العريضة مع التركيز على الفئات الأكثر احتياجاً.

4) الإسهام في تنمية إيجابية الطالب للاستفادة من العملية التعليمية .

5) ربط المدرسة بالبيئة وبقضايا المجتمع .

المجالات الأساسية لعمل الاختصاصي الاجتماعي المدرسي

في ضوء مفهوم الخدمة الاجتماعية المدرسية وأهدافها، يتبين لنا أن عمل الاختصاصي الاجتماعي يتم من خلال جوانب ثلاثة رئيسية هي :

1. **الجانب الإنشائي والتنموي ويتمثل في :**

- تنظيم الحياة الاجتماعية للطلاب من خلال جماعات مدرسية وإتاحة الفرص لإشراك أكبر عدد من الطلاب فيها مما يكشف وينمي مواهبهم وميولهم وقدراتهم .
- تنظيم الخدمات الجماعية اللازمة لنمو الطلاب جسمياً ونفسياً وعقلياً واجتماعياً .

- تنمية المواهب والميول والقدرات وتشجيع الطلاب على ممارسة ألوان الهوايات المختلفة داخل المدرسة وخارجها .

2. **الجانب الوقائي ويتمثل في :**

مجموعة الجهود التي تبذل لدراسة ومعالجة الظروف والأوضاع الاجتماعية والانفعالية التي قد تؤثر على الطلاب تأثيراً سلبياً، بما يؤدي إلى وقايتهم من أسباب الانحراف ، ومعاونتهم على تجنب الصعوبات والمشكلات .

3. **الجانب العلاجي ويتمثل في :**

مجموعة الجهود والخدمات التي تبذل لمساعدة الطلاب على حل مشكلاتهم المختلفة والتي قد تعوق نموهم ولإفادتهم من الحياة المدرسية كاملة.

هذا ويتطلب العمل في إطار الجوانب الثلاث السابقة أن يتعامل الاختصاصي الاجتماعي مع الطالب في المجالات التالية :

أولاً : مجال العمل مع الحالات الفردية :

ويتضمن تناول حالات الطلاب السلوكية والاجتماعية والمدرسية والصحية والاقتصادية بهدف تهيئة ظروف ملائمة تساعدهم على التوافق الاجتماعي، وتقبلهم للخبرة التعليمية ومواجهة كل ما يعترض تحقيق هذا الهدف من خلال برامج وقائية وتنموية وعلاجية .

ثانياً : مجال العمل مع الجماعات :

ويتضمن تكوين الجماعات المدرسية المنوعة وإتاحة الفرص لاشراك أكبر عدد من الطلاب فيها، والإشراف على الجماعات ذات الطابع الاجتماعي ، والعمل على إيجاد نوع من التفاعل البناء بين أفراد الوسط المدرسي من خلال هذه

الجماعات بما يكفل تنمية شخصية الطالب وتعديل سلوكه من ناحية ، وبما يساعد على ربط المدرسة بالبيئة المحيطة بها من ناحية أخرى.

ثالثاً : مجال العمل مع المجتمع :

ويتناول العمل مع التنظيمات المدرسية لمساعدتها على تحقيق أهدافها المرجوة بما يساعد على ربط الطلاب بالمدرسة والمجتمع المحلي، وإيجاد صلات قوية بين الطلاب وبيئتهم ، وإتاحة الفرص لهم لمواجهة المواقف الحقيقية في الحياة العامة التي تصقل شخصياتهم وتساهم في تنشئتهم وإعدادهم بما يعود على المجتمع بالرفاهية المرجوة .

وينبغي مراعاة أن العمل الاجتماعي بالمدرسة في المجالات الثلاث السابقة يتطلب القيام ببعض الدراسات والبحوث للتعرف إلى الواقع والاحتياجات الفعلية ، كما يتطلب التخطيط الاستراتيجي والمتابعة وعمليات تنظيمية وإدارية .

الصفات الأخلاقية لممارسة مهنة الإشراف الاجتماعي في مجال التربية الاجتماعية المدرسية

1) إخلاص النية لله تعالى في العمل، وهي المحرك الرئيسي للعمل .
2) الاستشعار بعظم المهمة التي أنيطت بها .
3) الاستعداد النفسي لممارسة المهنة فحب العمل يؤدي إلى إتقانه وكما يقولون " إنجاز المهمة لا إبراء ذمة " .
4) الاتزان والمرونة بالعمل .
5) الصبر على تقبل مشقة العمل وتحمله وعدم إسقاط ذلك على الطلاّب.
6) الاتزان الانفعالي والقدرة على ضبط النفس وعدم الغضب السريع برد الإساءة.

7) التواضع والاعتدال بالملبس والمظهر العام.

8) الحفاظ على السرية التامة والخاصة بالمعلومات وعدم البوح بها إلا عند الضرورة الملحة وبالقدر المطلوب .

9) الموضوعية والجرأة في طرح ما تراه مناسباً للحالات .

10) التفاؤل وعدم نقل الإحباطات للحالات .

11) احترام الوقت خاصة مواعيد المقابلات ، والتفرغ التام للحالة خاصة خلال الجلسة الإرشادية .

12) عدم قبول الهدايا الشخصية المقدمة من الحالة .

13) التعامل مع الناس ومخاطبتهم على ما هم عليه لا كما نريدهم نحن " بمعنى التقبل"

14) توسيع المدارك وزيادة الثقافة والتطوير الوظيفي بالمطالعة وحضور الندوات والدورات وتبادل الخبرات .

15) خلق جو مهني وعلاقات اجتماعية سليمة مع جميع العاملين بالمدرسة وخارجها.

16) التعاون مع الزملاء والزميلات من نفس التخصص بجوّ من المودة والعلاقات السليمة " لأن فاقد الشيء لا يعطيه "

17) القيام بدور الأخت الناصحة والأم الحانية في التعامل مع الطالبة من حيث النقاش والحوار البناء واحتواء الحالة وكذلك مع الطلاب.

18) عدم المغالاة في تقديم الوعود التي تفوق نتائجها التوقعات المعقولة والاعتراف بالقصور عند عدم الدراية .

المرشد الطلابي والاخصائي الاجتماعي

لا نريد ان نثير جدلاً حول وظيفة المرشد الطلابي والاخصائي الاجتماعي المدرسي، لكننا نريد ان نوضح مهام كل منهما داخل المدرسة بشأن الطلاب، لأنه مازال هناك خلط بينهما، خلط يشمل المدركات والاتجاهات واكتساب المهارات العملية والعقلية والحركية والاجتماعية.

فالمهمة الاساسية للمرشد الطلابي هو أن يتوافق الطالب في مساره التعليمي، وكسب مهارات التحصيل باستخدام الكفاءة العقلية، وتنمية المعارف والمعلومات، وبلوغ منافذ الخبرة في حل المشكلات المدرسية، وعلاقات التواصل مع المناشط التربوية، وعلاج صعوبات التعلم، ودعم عمليات التحصيل والتفكير.

اما مهام الإخصائي الاجتماعي الاساسية فإنّها تتمثل في تعديل السلوك وتعزيز سلوك التوافق مع الذات والآخر نحو تخطي الصعاب الاجتماعية والمشكلات الوجدانية والمؤثرات من عوامل سلوك التفاعل السوي. فمن الغريب اذن ان يستبدل الاخصائي الاجتماعي المدرسي بالمرشد الطلابي على الرغم من التعاون في استراتيجيات الرعاية فيما بين الوظيفتين.

والمرشد الطلابي يدور في عمله حول مبادئ اساسية نذكُرُ منها ترشيد رغبة الدارس في التعلم واستثارة الدافع نحو التعليم وذلك بتوضيح اهمية الدراسة عن طريق الالمام بغاياتها وربطها بصالح الطالب وصالح المجتمع، والتأكيد على أن الانسان لا يتعلم عن طريق المحاولة والخطأ كما كانوا قديما يقولون، ولكن الانسان يتعلم افضل عن المحاولة والنجاح، ومن ثم فتعزيز النجاح بالتشجيع والمؤازرة، وتحسين الخبرة والممارسة ايا كان نوع التعلم هي المهمة الاساسية للمرشد.

اذاً هدف المرشد الطلابي: هو تمكين الطالب من زيادة معلوماته ومهاراته وتعديل الاتجاهات التربوية والاجتماعية والنفسية للدارسين.

يضاف الى ذلك تصدي المرشد الطلابي للمشكلات التعليمية التي تتوجب إمعان النظر فيها لا لتخطيها بل من اجل وضع بدائل للحل لزيادة كفاءتهم التحصيلية، ومساعدة المعلم في تعرف الفروق الفردية التي يجب مراعاتها عند تعميم البرامج التربوية الخاصة.

فضلاً عن اجراء البحوث والدراسات اللازمة لحصر المشكلات الدراسية التي تلحق بالطلاب والمساهمة في علاج بعض حالات تشتت الانتباه داخل الفصل الدراسي وحالات اللاتوافق الاجتماعي والانفعالي.

وهذا يدعو الى توازن موجب بين دور المدرسة ودور الاسرة لمواجهة تلك المشكلات وغيرها، وذلك تحقيقا لمبدأ التعاون القائم بينهما الذي يستهدف حسن سير العملية التربوية تأكيداً على دعم ملكات الفهم والنقد والاجتهاد والتفكير، والحفز على السلوك التكيفي وسد الحاجات التربوية، والوفاء بميول الطلاب واهتماماتهم. وهذا الامر يدعو الى تزكية الحافز الى التعليم والى اتجاه موجب نحو المدرسة وبرامجها مما يزيد من حجم القدرات التحصيلية ومحتواها.

فإذا كانت هذه بعضاً من مهام المرشد الطلابي التي تدعم البرنامج التربوي، الا ان المرشد الطلابي في مدارسنا ينفض عن كاهله هذه المهام لما تكلفه به المدرسة من امور ادارية مثل متابعة الجدول الدراسي، والاشراف على المقصف ومتابعة دخول المدرسين الى فصولهم، ومراقبة الاختبارات المدرسية وتنظيم ملفات الطلاب، وتحويل الطلاب المرضى الى المراكز الصحية... الخ، وهذا بالطبع ينأى بالمرشد الطلابي عن واجباته المحدَّدة.

مع الوضع في الاعتبار ان دوره لا يغني عن وجود الاخصائي الاجتماعي للتدخل المهني مع المشكلات السلوكية للطلاب باعتبار ان الاخصائي الاجتماعي ذو مهنة علاجية متخصصة أهل لها اكاديمياً وعملياً تمكنه من التعرف إلى جوانب

المشكلات السلوكية الاجتماعية تلك التي تحتاج للتدخل المهني نظراً لتأثيرها المباشر في الاداء المدرسي، وهو المحك في تحديد البرنامج العلاجي المناسب.

اذاً فهو اخصائي في فهم مشكلات الطلاب تبعاً لخصائص المرحلة السنية. وبالتالي فهو يستطيع تعرف حاجات الطلاب الاجتماعية والنفسية والقيمية، وبناء على هذه المعرفة يستطيع وضع البرامج الاجتماعية والنفسية والتربوية المناسبة بما لديه من مهارات علاجية واكاديمية مناسبة لتقديم الخدمات المتخصصة في الاغراض التشخيصية والتقويمية. فإذا قدرنا مدى الحاجة للاخصائي الاجتماعي المدرسي فهو بمثابة قوى الدفع لإثراء البرامج التربوية او التعليمية وهو امر لا غنى عنه.

مفهوم الإشراف التربوي

إن تطور النظرة الشاملة للعملية التعليمية التعلمية فرض تطويراً جديداً لمفهوم (الإشراف التربوي) ومبادئ تحقيق أهدافه، وبما أنّ الهدف الرئيسي للعملية التعليمية التعلمية هو تحقيق التعلم فإن هدف الإشراف التربوي هو تطوير عمليات التعليم والتعلم من أجل تحقيق أهدافها ، وبما أنه قد ثبت أن العملية التعليمية التعلمية تتأثر بجميع الأمور والعناصر المحيطة بها وبدرجات تختلف كثيراً عن بعض التصورات والتقديرات، كل هذه الأمور جعلت من الضروري أن يطرأ تغيير جديدٌ آخر على مفهوم (الإشراف التربوي) ليتطور من اهتمامه بالفرد وهو المعلم أو المعلمة إلى الاهتمام، بالموقف التعليمي التعلمي ككل ، إذ أن المعلم أو المعلمة أهم العناصر الرئيسية ، وبعبارة أخرى، بدلاً من أن يكون هدف (الإشراف التربوي) إحداث التغيير في سلوك المعلم أو المعلمة التعليمي فقط أصبح يهدف إلى محاولة إحداث التغيير في الموقف التعليمي بأكمله .

ويتضمن هذا المفهوم للإشراف التربوي أنه يصبح قيادة تربوية تهيئ فرصاً للمعلمين والمعلمات تساعد على تحسين العملية التعليمية، والسير فيها وفق

أساليب تربوية سليمة مناسبة، كما تساعدهم على النمو المهني الذي يتضمن تنمية قدراتهم ومهاراتهم المهنية اللازمة لاستمرار نجاحهم اشرافاً وارشاد للطلاب والطالبات.

ويمكن تلخيص الإشراف التربوي في أنه العملية التي يتم فيها تقويم وتطوير العملية التعليمية ومتابعة تنفيذ كل ما يتعلق بها ، لتحقيق الأهداف التربوية ، وهو يشمل الإشراف على جميع العمليات التي تجري في المدرسة سواء كانت تدريسية أم إدارية أم تتعلق بأي نوع من أنواع النشاط التربوي في المدرسة وخارجها والعلاقات والتفاعلات الموجودة فيما بينها .

إن الإشراف التربوي مهمة قيادية تمد الجسور بين الإدارة والمقررات والتدريس وتنسيق النشاطات المدرسية ذات العلاقة بالتعلم ، كما إن النتيجة النهائية للإشراف التربوي هي توفير خدمات تعليمية أفضل للطلاب والطالبات في جميع المستويات .

إن استيعابنا لطبيعة الإشراف التربوي كما ورد ، سيمكننا بلا شك من أن تستخلص مهام هذا الإشراف ، حيث كما تبين لم يعد الإشراف التربوي في مفهومه الحديث مهمة واحدة وهي مساعدة المعلم على تطوير أساليبه ووسائله في غرفة الفصل ، بل أصبح للإشراف التربوي مهام كثيرة تتوافق مع مفهومه الجديد ، وهو تطوير الموقف التعليمي بجميع جوانبه وعناصره.

أهداف الإشراف التربوي

يهدف الإشراف التربوي بصورة عامة إلى تحسين عمليتي التعليم والتعلم وفيما يلي بعض أهدافه :

1- مساعدة المعلمين والمعلمات على إدارك أهداف التربية الحقيقية ودور المدرسة المتميز في تحقيق هذه الأهداف .

2- تحسين المواقف التعليمية لصالح الطلبة، ويجب أن يبنى هذا التحسين على التخطيط والتقويم والمتابعة السليمة .

3- الاهتمام بمساعدة الطلبة على التعلم في حدود إمكانياتهم بحيث تنمو شخصياتهم نمواً متكاملاً إلى أقصى ما تستطيعه .

4- مساعدة المعلمين والمعلمات على إدراك مشكلات النشء وحاجاتهم إدراكاً واضحاً ، لبذل قصارى الجهود لإشباع هذه الحاجات وحل تلك المشكلات.

5- توجيه المعلم والمعلمة إلى ما لديهما من قدرات ومهارات تفيد في التدريس ، وفي تحسين العملية التعليمية ، والمساعدة على إظهارها واستخدامها .

6- مساعدة المعلمين والمعلمات في التغلب على ما يلقاه الطلبة من صعوبات في عملية التعلم، وفي رسم الخطة للتغلب على هذه الصعوبات .

7- مساعدة المعلمين والمعلمات على تحديد أهداف العمل، ووضع خطة لتحقيق هذه الأهداف وتقويمها.

8- توجيه المعلم والمعلمة لاستكمال النمو المهني، وسد النقص في التدريب، والعمل على تشجيع تحمل مسؤوليات التدريس.

9- حماية الطلبة من نواحي ضعف المعلم والمعلمة، سواء أكانت في المادة الدراسية أم في العلاقات الاجتماعية ، أم في المثل والقيم التي تسلم المعلمة التي يسلّم المعلم والمعلمة بها والاستفادة من نواحي القوه عند الطلبة.

10- مساعدة المعلمين والمعلمات على تتبع البحوث النفسية والتربوية ، ودراستها مع الطلبة، ومعرفة الأساليب الجديدة الناتجة عن البحوث.

11- تشجيع المعلمين والمعلمات على القيام بالتجريب والتفكير الناقد البناء لأساليب التدريس.

12- تدريب المعلمين والمعلمات على عملية التقويم الذاتي .

13- تقويم النتائج التي أدت إليها جهود المعلمين والمعلمات بخصوص نمو الطلبة في اتجاه المبادئ والمثل العليا المطلوبة .

أنواع الإشراف التربوي

1) الإشراف الوقائي: (دور المشرفة نموذجاً)

اكتسبت المشرفة التربوية خبرتها أثناء اشتغالها بالتدريس في السابق ، وأثناء زيارتها للمعلمات ووقوفها على أساليب التدريس المختلفة التي يتبعنها ؛ لذا فهي قادرة على توقع الصعوبات التي تواجه المعلمة الجديدة عند مزاولتها مهنة التدريس، كما أنها بحكم خبرتها ، وقوة ملاحظتها قادرة على أن تدرك الأسباب الكامنة وراء قلق المعلمة وانزعاجها عند زيارتها لها في الصف سواء أكانت حديثة عهد بالتدريس أم قديمة متمرسة فيه ، هذه الأسباب والعوامل المسببة للمتاعب والموجدة لها قد يكون سببها المعلمة نفسها ، أو ربما ترجع إلى أشياء لا حيلة لها فيها.

ومن هنا تأتي مهمة المشرفة التربوية في توقع مثل تلك الصعوبات أو المتاعب التي تواجه المعلمة ، والعمل قدر استطاعتها على منع وقوعها ، والتقليل من آثارها، ومساعدة المعلمة على مواجهتها وتقوية ثقتها بنفسها ، حتى تستطيع التغلب عليها ، كما يجب على المشرفة أن تتخذ الأساليب المناسبة بكل موقف ، واضعة في اعتبارها شخصية المعلمة ومدى قوتها ، وثقتها بنفسها .

فقد تشرح الموقف وتضع مع المعلمات خطة مواجهته والتغلب عليها ، أو تلافيه قبل حدوثه مع قناعتها بالمعلمات وحكمتهن وحسن تصرفهن ، إلا أنها قد لا تتمكن من ذلك في ظروف أخرى ومع طائفة أخرى من المعلمات بسبب عدم استعداد بعض المعلمات لتقبل مثل هذا النقد، وهنا تكمن براعة المشرفة في الاحتفاظ بتوقعاتها المستقبلية وتكريس جهودها لنقل المعلمة إلى الفريق المتجاوب عن طريق إشراكها في المناقشات والأسئلة والمقترحات والافتراضات التي يرتبط بعضها ببعض ، وتقود إلى تصور لما يمكن أن يحدث في المستقبل، وبذلك تدرك هؤلاء المعلمات ما قد يعترضهن من متاعب إذا لم يعملن على تخطيها وتلافيها،

وبذلك تكون المشرفة قد ساعدت المعلمة على اكتشاف أخطائها وتقبل خبرات المشرفة .

والإشراف الوقائي يعصم المعلمة من أن تفقد ثقتها بنفسها عندما تواجهها متاعب وصعوبات لم تعد نفسها لها ، أو لم تتمكن من توقعها ، وبذلك يمنح هذا النوع من الإشراف المعلمة القدرة على الاحتفاظ بتقدير التلميذات واحترامهن لها ، وعلى مواصلة النمو والتطور في المهنة ، ومواجهة مواقف جديدة ، وهي أكثر شجاعة وأقدر على التحكم بها .

2) الإشراف البنائي :

في هذا النوع من الإشراف تتعدى المشرفة التربوية مرحلة التصحيح إلى مرحلة البناء ، وإحلال الجديد الصالح محل القديم الخاطئ . فلم يكن هدف المشرفة في يوم من الأيام تصيد الأخطاء ، والتصحيح لها ، كما ينبغي للمشرفة ألا تذكر الأخطاء أو تشير إليها ، ما لم يكن لديها مقترحات مناسبة لتصحيحها ، أو خطة ملائمة لمساعدة المعلمة على معالجة أخطائها ، وبداية الإشراف هي الرؤية الواضحة للأهداف التربوية وللوسائل التي تحققها إلى أبعد مدى . كما ينبغي أن يكون تركيز المشرفة التربوية والمعلمة على المستقبل وعلى النمو والتقدم ، لا على الماضي ، ولا تقتصر مهمة الإشراف البنائي على إحلال الأساليب الأفضل محل الأساليب غير النافعة بل يتعدى ذلك إلى :

1. إشراك المعلمات مع المشرفة التربوية في الرؤية الجيدة لما يجب أن يكون عليه التدريس الجيد .
2. تشجيع النشاطات الإيجابية وتحسين أدائها .
3. إثارة روح المنافسة بين المعلمات ، وتوجيهها لصالح العمل التربوي ، وتشجيع النمو المعرفي.

3) الإشراف الإبداعي:

يعتبر هذا النوع من أندر أنواع الإشراف ؛ لأنه يعتمد على تحريك القدرات الإبداعية عند المشرفة لتبذل أقصى ما لديها في مجال العلاقات الإنسانية ، لذا يجب أن تتصف المشرفة التربوية بالعديد من الصفات ومنها :

- الصبر .
- اللباقة في التعامل .
- التواضع ولين الجانب .
- الثقة بالنفس وبما لديها من إمكانيات .
- القدرة على معرفة نفسية المعلمات والاعتراف بما لديهن من قدرات.
- الاستفادة من تجارب المعلمات وخبراتهن .
- الرؤية الواضح للأهداف التربوية .

وفي هذا النوع تتطلّع المشرفة التربوية على كل ما هو جديد ، سواء في المادة أو في الأسس التربوية ومن ثمّ تنقل تلك الخبرة لمدارسها وتطرحها للمناقشة والتجربة.

كما أن المشرفة المبدعة هي التي تعمل مع المعلمات وبالمعلمات ، وتعتبر نفسها واحدة منهن، تكشف عن قدراتهن وتنمى جوانب الإبداع لديهن ، وتعينهن على قيادة أنفسهن ، وذلك بمساعدتهن على التخلص تدريجياً من الاعتماد على التوجيه الخارجي ، وتشجيعهن على النمو المعرفي ، والاستفادة من قدراتهن بحيث يعمدن إلى التجديد والابتكار ، بهدف الوصول إلى مرحلة الإبداع في عملهن التربوي والمهني .

4) الإشراف التصحيحي:

الخطأ سمة من سمات البشر، و لا يوجد إنسان معصوم منه ، وتتفاوت درجات الخطأ وفق ما يترتب عليه من أضرار ، فقد يكون الخطأ جسيماً ، وقد يكون بسيطاً وإن كانت عملية اكتشافه سهلة جداً فالصعب هو تقدير الضرر الذي يترتب عليه ، وكيف يعالج ذلك الخطأ ؟.

فالمشرفة التربوية التي تدخل الفصل وفي نيتها تصيّد الأخطاء فستظفر بالعديد منها ، إلاّ إن واجبها يتعدى ذلك ، فالأخطاء البسيطة التي لا تترتب عليها أضرار تؤثر في ا لعملية التعليمية التربوية مثل :" تجاهل المعلمة بعض التلميذات في الفصل ، أو مناداتهن بغير أسمائهن ، أو طريقة وقوف خاطئة ، أو كثرة التجول بين صفوف التلميذات .

وإن كانت هذه الأخطاء تقلق المشرفة وتحسَبُ على المعلمة إلاّ أنها ستؤدي إلى صرف المشرفة عن التعرف إلى قدرة المعلمة على النمو و التقدم ، ومقدار ما لديها منها ، وعن محاولة إيجاد دافع ، يدفع المعلمة إلى تحسين عملها وتطويرة ، ولكن يكفي المشرفة في مثل هذه الحالات أن تلفت انتباه المعلمة إلى الخطأ على أنه سهو وقعت فيه وذلك بأسلوب لبق لا يجرح ولا ينفر ، وبعبارات لا تحمل أي تأنيب أو سخرية ولا تسبب للمعلمة أي حرج .

أما الأخطاء الجسيمة التي تؤثر في العملية التعليمية التربوية ، وتؤدي إلى توجيه التلميذات توجيهاً غير سليم ، أو تؤثر تأثيراً سيئاً على شخصياتهن ، أو التي تصرف عن تحقيق الأهداف التربوية ، فالمشرفة التربوية تحتاج حيالها إلى قدر كبير من اللباقة والمقدرة على معالجة الموقف، دون أن تلجأ إلى المواقف الرسمية والإجراءات الشكلية التي تثير الشك، وتدعو إلى الحذر ، وتقيم حواجز التكلف ، والتصنع بين المشرفة والمعلمة ، ولعل الاجتماع الفردي بين المعلمة والمشرفة والذي لا يحضره غيرهما يتيح فرصة مناسبة للمشرفة تشير من خلالها إلى المبادئ والأسس

التي تدعم وجهة نظرها وتبين مدى الضرر الذي ينجم عن الأخطاء التي وقعت فيها ، بحيث تجعل المعلمة تصل إلى قناعات راسخة ، وتدرك تمام الإدراك ضرورة التخلص من أخطائها.

وهنا تكمن فائدة الإشراف التربوي التصحيحي وفاعليته في توجيه العناية البناءة إلى تصحيح الخطأ وعدم الإساءة إلى المعلمة أو الشك في قدراتها على التدريس.

5) الإشراف العلاجي :

وفيه تعتمد المشرفة على متابعة الموقف التعليمي لتحديده ، ومعرفة الأسباب التي أدت إليه ، وتحليلها حتى تتمكن من تشخيص الموقف بكل ما فيه من عوامل الضعف وكل ما بقي فيه من مظاهر القوة ، ثم يبدأ العلاج ، ويكون هذا التوجيه ناجحاً إذا توفر له ما يلي:

(أ) التفكير المشترك بين المشرفة والتعاون الهادف بينهما .

(ب) التخطيط لطريقة العلاج ومتابعتها خطوة فخطوة ودرساً بعد درس .

(ج) تقويم النتائج لمعرفة مدى صلاحية العلاج ، ولمراجعته إذا استدعى الأمر ذلك.

الجهود الإيجابية التي يمكن أن تقوم بها الأسرة في معالجة مشكلات أبنائها

تتمثل الجهود الإيجابية التي يمكن أن تقوم بها الأسرة في معالجة مشكلات أبنائها فيما يلي :

1- العمل على توفير المناخ الأسري المناسب والسليم لنمو أبنائها النفسي- وإشباع حاجاتهم المختلفة وتجنب الأساليب التربوية الخاطئة في التعامل معهم .

2- متابعة تطبيق وتنفيذ بعض الأساليب التعليمية والتربوية والسلوكية الخاصة بالمشكلة ، في المنزل .

3- السعي للاتصال المستمر مع المرشد المدرسي وتزويده بالمعلومات الضرورية واللازمة عن مستوى أبنائها الدراسي وسلوكياتهم ومشكلاتهم وإيلاء الأهمية لضرورة تبادل الرأي والتنسيق معه بشأن طرق التعامل مع الأبناء في المواقف الطارئة والصعبة .

4- السعي قدر الإمكان للحضور والمشاركة في مجالس أولياء الأمور والنشاطات الاجتماعية التي تقيمها المدرسة والتي تتعلق بهذا الشأن والإفادة منها .

وأخيراً لا شك بأن التعاون بين المرشد المدرسي والأهل ، وتقبل طرائق الاتصال بين البيت و المدرسة بأشكالها المختلفة ، سيثمر حتماً عن نتائج إيجابية تكسب أولياء الأمور التعرف إلى وضع أبنائهم ومستواهم في المدرسة وما يجري في داخلها من نشاطات وأحداث ، وأيضاً تكسبهم إلماماً جيداً بمفاهيم النمو والتطور النفسي عند أبنائهم و كيفية تدعيمه في المنزل بشكل يرتقي بهم نحو الأفضل .

وسائل المعلمة المتميزة الى تحقيق التكيف الناجح للطالبة

تعتبر المعلمة بالنسبة للطالبة اهم شخصية بعد الوالدين، وبخاصة إذا كانت الطالبة يتيمه لذا على المعلمة ان تدرك دورها التربوي الخطير اتجاه هذه الفئة من الطالبات.

الصفات المطلوب توفرها في المعلمة

اثبتت الدراسات التربوية ان طالبات المدارس يفضلن توفر بعض الصفات عند المعلمات وهي على التوالي (المعاملة الحسنة ،اتصافها بالمرح ،الديمقراطية في

المنافسة ، احترام رأي التلميذة ، المعاملة العادلة بين الطالبات ،الرغبة في توجيه الطالبة وارشادها).

أسباب نفور المعلمة من الطالبات

- تمييز المعلمة لبعض الطالبات .
- المعاملة غير اللطيفة .
- التكبر وعدم التواضع .
- التدخل في شؤون الطالبات .
- عدم الرغبة في مساعدة الطالبات .
- عدم فهم طبيعة الطالبات .
- عدم احترام رأي الطالبة .

يتبين فيما سبق:

شكوى الطالبات من غياب العلاقات الانسانية بين المعلمة و الطالبة مصدرها جميع الصفات السلبية التي لا ترغب الطالبات بوجودها في معلماتها . وتركيز الطالبات على المعاملة اللطيفة والتواضع و هي صفات اساسية في شخصية المدرسة الناجحة .

إن العلاقة الوثيقة التي تربط المعلمة بالطالبة ضرورية في البيئة المدرسية، وهي تمثل حافزا مهماً من حوافز التعليم ومصدراًمن من مصادر الإثابة وعاملاً من عوامل التكيف و النماء ومظهراًمن من مظاهر التعزيز .

إن فقدان الصفات الإيجابية تمثل تهديداً خطراً على التلميذة و المجتمع والعملية التربوية، أمّا السلوكيات غير التربوية التي يجب أن تبتعد عنها فهي:

1- استخدام الإساءة الجدية و الاهمال والاساءه العاطفية للطالبات .

2- المعاملة غير اللطيفة كالاهانات واساءة المعاملة معنوياً للطالبة، كالاهمال المستمر والنبذ واستبداله بالاحترام والتلفظ بألفاظ غير لائقه تربوية .

3- التحيز لبعض الطالبات واستبداله بالمعاملة العادلة لجميع التلاميذ مع اعطاء العناية غير المباشرة للطالبات ذوات الظروف الخاصة .

4- التكبر وعدم التواضع و استبداله بالاحترام والتقديرلرأي الطالبة والتواضع في المعاملة.

5- العصبية كالغضب وعدم الاتزان و الانفعال بحيث تكون شخصية المعلمة خالية من عوامل الصبر والهدوء واستبدالها بالطمأنينة والايمان بالرسالة المطلوبة منها والتفهم لسلوك الطالبات ومشكلاتهن.

6- اتباع اسلوب التهديد والتخويف واستبداله ببناءعلاقات قائمةعلى المحبة و التقدير.

7- دفع الطالبة عند قيامها بسلوك غير مرغوب به الى الخروج من الفصل او حرمانها من الحصة الدراسية واستبداله باتخاذ اسلوب الاقناع والاحترام بينهما.

8- تخفيض درجات الاختبار بهدف المساس بدرجة الطالبة والإساءة لها واستبداله بعدم استخدام العلاقات كأسلوب تهديد.

9- العبوس والتجهم في وجه الطالبات واستبداله بالابتسامة .

10- السخرية والاهانة المؤذية للمشاعر والشكل مثل استخدام عبارات مثل: (أنتو أغبياء، ماعندكم عقول ،حرمت عليك عيشتك) وغيرها من الالفاظ غير التربوية واستخدام أساليب غير صحية مثل رمي

الطبشور في وجه الطالبات أو الصراخ واستبداله بعدم التهكم والنقد الجارح الموجه الى جسم الطالبة و إهانة مشاعرها .

أثر التشجيع و المدح واثر التشبيط و التقريع

يؤدي التشجيع والمدح الى :

1- التقدم العلمي للطالبة .
2- اكتشاف قدراتها الابداعية .
3- زيادة الثقة في النفس.
4- الدافعية بالانتماء للوطن .
5- الإحساس بالتكيف الاجتماعي .

كما يؤدي التشبيط والتقريع الى :

1- النفور العلمي من المدرسة ومن المعلمات .
2- عدم الإحساس بالثقة بالنفس .
3- عدم القدرة على تحمل المسؤوليات .
4- الإحساس بعدم تقدير الذات.

تعديل وتغير السلوك للطالبة :

1- إظهار القبول والعناية المطلوبة للطالبة.
2- بناء وعي الطالبة بتفهم نقاط القوة و نقاط الضعف الموجودة لديها عن طريق الإقناع والتفاهم والحوار المشترك معها .

3- تكوين بيئة مدرسية تبعث على القبول لوضعها وأحوالها الشخصية .

4- تقليل مشاعر العزلة لدى الطالبة بإشراكها مع الطالبات في الأنشطة المختلفة .

5- إحتساب الأجر والثواب الجزيل لتعليم ورعاية هذه الشريحة من المجتمع ومراقبة الله في السر والعلن عند التعامل معهم .

الفصل الرابع
الاستقرار والتدرج الاجتماعي

الاستقرار والتدرج الاجتماعي Social Stability

تمهيد

يُشير الاستقرار أو التوازن الاجتماعي إلى نوع من التساند بين مجموعة ظواهر اجتماعية مترابطة، مثل هذا التساند قد يكون ظاهراً أو كامناً، وقد يكون ديناميا (متجدداً) أو استاتيكياً (ثابتاً).

حظي هذا المصطلح بالاهتمام في التحليل الاجتماعي، فقد اهتمت النظرية الوظيفية بتحقيق الاستقرار والتوازن داخل المجتمع، وظهر الاتجاه المحافظ Conservative في علم الاجتماع، الذي يركّز على دراسة العوامل التي تساعد أو تدعم الواقع الاجتماعي القائم بمكوناته الثقافية والسياسية، بوصف أن نُظُم المجتمع المختلفة الاقتصادية والسياسية والاجتماعية والتربوية والثقافية تشكل البناء الاجتماعي، الذي يشبع احتياجات الأفراد، وبقدر ما تكون هذه النظم قادرة على أداء وظائفها من خلال البيئة الاجتماعية، التي يسودها التواؤم والتساند، تكون قدرة المجتمع على البقاء.

ظهرت جذور هذا المنظور في فلسفة "أوجست كونت" الوضعية، عندما ربط بين قيام الثورة الاجتماعية وإلغاء الملكية وتأسيس الجمهورية في القرن السابع عشر، وشيوع عدم الاستقرار الاجتماعي والسياسي، وظهور أنواع شتى من المشكلات الاجتماعية. يرى "كونت" ضرورة إعادة القانون والنظام مرة أخرى إلى المجتمع، بإصلاح المجتمع ومعالجة المشكلات التي يواجهها، ولكي يوضح نظريته في الإصلاح الاجتماعي، شرح بنية المجتمع وتركيبه الذي يحتوي على جانبين، جانب استاتيكي Static (مستقر وثابت) يتشكل من مجموعة النظم والمؤسسات، وجانب ديناميكي (متغير ومتجدد) يشير إلى طرق التفكير والثقافة التي تتغير وتتبدل مع الزمن، والتي لها تأثيرها المباشر على المجتمعات.

أشار "سوروكين" في كتاب "الديناميات الاجتماعية والثقافية"، إلى خمسة استخدامات لمصطلح الاستقرار أو التوازن الاجتماعي:

1. حالة استقرار الظواهر الاجتماعية، مثل المحافظة على الأوضاع القائمة في النسق السياسي.
2. التوازن المؤقت بين الظواهر الاجتماعية.
3. التساند المتبادل بين القوى الاجتماعية.
4. حالة التوافق والتكيف والانسجام بين الظواهر الاجتماعية، مثل إشباع الحاجات الشخصية داخل النظام العام.
5. اتجاه النسق الاجتماعي إلى استعادة حالته السابقة.

وقد قدم "باريتو" مفهوماً لتوازن النسق واستقراره بوصفه يشير إلى قدرة النسق على الاحتفاظ بحالته، إذا ما تعرض لتعديلات أو تغييرات. فهناك تساند متبادل بين عناصر النسق الاجتماعي، بحيث أن أي تغير قد يطرأ على عنصر معين سوف تصاحبه تغيرات في العناصر الأخرى.

ومن أجل تحقيق الجماعة لبقائها واستقرارها واستمرارها داخل المجتمع، يوجد المجتمع بعض النظم الاجتماعية، وتُسمى النظم الرئيسية أو الأساسية، فمهما اختلفت طبيعة المجتمعات وأسس قيامها وظروف حياتها أو مراحل تطورها، لابد أن تضع نظاماً محدداً لإنجاب الأطفال وإعدادهم (تنشئتهم اجتماعياً)، وتنظيم العلاقة بين الرجل والمرأة، تلك هي الأسرة كنظام اجتماعي، ولابد لكل جماعة أن تعمل لكي تنتج الأساسيات اللازمة لإعاشتها، كما يجب أن ينظّم المجتمع لأفراده أساليب الإنتاج وتوزيع العائد من هذا الإنتاج والاستهلاك، وذلك هو النظام الاقتصادي، وكل مجتمع إنساني لمس أفراده منذ فجر تجربتهم الاجتماعية الحاجة إلى التفكير فيما وراء الطبيعة، وهذا ما يُسمى النظام الديني، كذلك يكون النظام

السياسي ملازماً للنظام الاجتماعي، فلا مجتمع بلا سياسة، سواء في الماضي أو الحاضر أو المستقبل، تلك هي النظم التي لا يخلو منها مجتمع، والتي تكون في حالة من التوازن والتساند المتبادل، وتظل السِّمة المشتركة بينها جميعاً أنها سريعة التغير.

ويظل الأساس الذي يقوم عليه الاجتماع الإنساني وفقاً للنموذج الوظيفي، هو اتفاق أعضاء المجتمع، أي الإجماع، بمعنى أنهم يتفقون بوجه عام على القيم والمعايير نفسها والاعتماد المتبادل نتيجة للحياة الاجتماعية المشتركة، لتحقيق الاستقرار والتوازن الاجتماعي. وفي إطار ذلك، فإن النظرية الاجتماعية الحديثة (الوظيفية) تميل إلى النظر إلى المجتمع بوصفه توازناً دينامياً مستقراً يمتلك آليات إرجاعية في بنائه، تُعيد المجتمع إلى حالة استقراره.

بناءً على ما سبق، فإن الاستقرار الاجتماعي يعني استمرار وجود النماذج والظواهر الاجتماعية والثقافية في المجتمع المحلي أو الكبير دون تعرضها لتغير فجائي أو جذري. وهذا لا يعني بالضرورة وجود حالة من الثبات المطلق تسود المجتمع (لأن المجتمع الثابت - إذا افترض وجوده - يكون مستقراً). أي أن المجتمع الذي تطرأ عليه تغيرات تدريجية وبطيئة وكافية لإعادة التوافق دون أن تؤدي إلى اضطراب أو تفكك، يكون مجتمعاً مستقراً.

الضمان الاجتماعي Social Security

تبلور هذا المفهوم مع ظهور دولة الرَّفاه Welfare State وترجع أصول "دولة الرَّفاه إلى التقرير الذي وضعه بيفريدج عام 1942، ومع أن بيفريدج نفسه كان يكره استخدام هذا المصطلح ويفضل عنه "دولة الخدمة الاجتماعية". وانطلاقاً من دولة الرّفاه أو الرفاهية، صدرت مجموعة من القرارات التشريعية ومنها الضمان الاجتماعي والرعاية الاجتماعية، التي تستهدف تقديم الرعاية للفقراء، ومعالجة المشكلات الناجمة عن تطبيق التكنولوجيا وأساليب الإنتاج، ونمو المناطق العشوائية الحضرية؛ هذه المشكلات التي لا يمكن معالجتها إلا بتوافر خدمات اجتماعية تقدمها

الدولة، ويُستخدم مصطلح "الضمان الاجتماعي" للدلالة على مجموعة متنوعة من أنساق دعم الدخل، مثل: معاش التقاعد، والمرض، وتعويض الإصابة، والأمومة، وتعويض العجز، وتعويض البطالة، وتعويض الطفل، وتعويض نقص دخل الأسرة. وهناك من يذهب إلى أن الضمان الاجتماعي ليس - ببساطة- مصطلحاً شاملاً جامعاً للأنساق الخاصة بدعم الدخل فقط، وإنما هو محاولة أوسع مجالاً لحماية المجتمع بأسره من المخاطر الاجتماعية كافة.

اتجه الضمان في البداية نحو منح الفقراء والمحتاجين معونات عينية (الغذاء والكساء)، ثم أخذ بعد ذلك صوراً متنوعة، منها ما يتصل بتقديم المساعدات المالية، التي تتضمنها قوانين الضمان الاجتماعي، لمن تُثبت دراسة حالتهم أنهم على خط الفقر أو دونه، والعجزة والأرامل والأيتام، وغيرهم ممن لا عائل لهم. وكذلك اتجه إلى إقامة بعض المشروعات الخدمية كتقديم العلاج الطبي وصرف الدواء، أو إعطاء منح دراسية للطلاب من الأسر الفقيرة، أو إيواء أطفال الأسر المفككة في أسر بديلة.

كذلك فإن الضمان أو الأمن الاجتماعي هو النظام الذي تضعه الدولة لحماية الأفراد وأسرهم، عند تعرضهم لمواجهة كوارث الحياة، بما يؤمّن لهم العيش والراحة في مستوى كريم ولائق.

وعلى أية حال، تُشير كلمة "ضمان" إلى معنيَين؛ الضمان بمعناه الضيق، وهو الضمان ضد الحرمان والفقر الشديد بتقديم حد أدنى من المساعدة؛ والمعنى الآخر هو الضمان بالمعنى المطلق، وهو ضمان مستوى معين من الحياة، أي ضمان حد أدنى من الدخل الخاص، الذي يرى الفرد أنه يستحقه. ووفقاً لذلك، فإن الضمان الاجتماعي تعبير شامل يُقصد به التكافل الاجتماعي بين الأفراد، بتقديم المساعدات والمزايا التي تُقدم للعاملين وأسرهم في حالات الشيخوخة والعجز

والوفاة الطبيعية، وحالة إصابة العمل، وحالات المرض، والأمومة، والتعطل عن العمل.

أهداف الضمان الاجتماعي وفلسفته

في إطار مفهوم الضمان الاجتماعي بأنه نظام لحماية الأفراد وعائلاتهم، يهدف الضمان الاجتماعي إلى دعم الدخل المادي للفرد بما يتلاءم مع حاجاته وظروفه. فقد أصبح مفهوم الضمان الاجتماعي أكثر وضوحاً وتحديداً، وتبلورت فلسفته، في تحقيق الأهداف التالية:

1. تقديم الرعاية الاجتماعية الشاملة للمواطنين كافة، من خلال تحقيق مستوى ثابت من الدخل يفي بمطالب الحياة الأساسية وسد حاجة الفقراء، للعيش في مستوى إنساني لائق.
2. محاولة القضاء على الفاقة والعوز والحرمان، وتوفير الأمن الاقتصادي لجميع الأفراد في كافة الفئات الاجتماعية المحتاجة وليس لفئة معينة منهم.
3. تحقيق التكامل في خدمات الضمان الاجتماعي بأهدافه الإنشائية والوقائية، وتوافقها مع احتياجات وعادات وثقافة الأفراد، الذين تخدمهم قوانين الضمان أو الأمن الاجتماعي.
4. ربط فلسفة الضمان الاجتماعي بسياسة التشغيل وإيجاد فرص عمل مناسبة، من خلال إنشاء مراكز التدريب والتأهيل الاجتماعي، مثل تدريب المرأة على القيام بأعمال التفصيل والخياطة والأشغال اليدوية والآلية، والاقتصاد المنزلي، والثقافة الصحية والحضارية.
5. تحقيق التكافل الاجتماعي بين فئات المجتمع كافة، وتقديم مساعدات الضمان الاجتماعي بوصفه حقاً مشروعاً يقره المجتمع لكل الفئات المحتاجة من أبناء المجتمع، وليس فقط منحة أو هبة من ذوي البر والإحسان.

التدرج الاجتماعي

يمتاز كل مجتمع من المجتمعات البشرية، بشكل أو آخر، من أشكال الترتيب أو التسلسل بين طبقاته، سواء في تمايز الأسر أو العائلات بعضها عن بعض، أو في ترتيبها في طبقات متدرجة، من الملكية أو الثروة أو الهيبة أو القوة أو النفوذ.

لذا، عرَّف أحد العلماء التدرج الاجتماعي Social Stratification بوصفه تباين ترتيب الأفراد، الذين يكونون نسقاً اجتماعياً، ومعاملتهم على أساس أن بعضهم أعلى منزلة من الآخرين، في ضوء بعض الاعتبارات والأسس الاجتماعية المهمة، وهذا يعني أن التدرج هو نوع من الترتيب أو التسلسل على أساس بُعد الهيبة Prestige. وينطوي التدرج الاجتماعي على عدم المساواة، التي تنجم إما عن الوظائف الحقيقية، التي يؤديها الأشخاص، أو عن القوة المتفوقة أو القدرة على التحكم في الموارد، التي يمتلكها الأفراد والجماعات، أو قد تنجم عن كليهما معاً.

ويعني التدرج الاجتماعي، بشكل أكثر تحديداً، أنه اختلاف السكان وتمايزهم في هرم الترتيب الطبقي، إذ يقوم هذا التدرج على عدم المساواة في توزيع الحقوق والامتيازات، من ناحية، والواجبات والمسؤوليات، من ناحية أخرى، كما يقوم على تمايز القيم والحاجات ومراكز القوة بين أعضاء المجتمع.

أشكال التدرج الاجتماعي

درج علماء الاجتماع على التمييز بين أربعة أنماط أو أشكال أساسية للتدرج الاجتماعي، هي:

1. الرِّق

ويمثل هذا النمط شكلاً متطرفاً من أشكال عدم المساواة، إذْ تُحرم جماعات معينة حرماناً كاملاً من الحقوق والامتيازات، فالعلاقة بين السيد والرقيق هي علاقة ملكية، ولذلك لا يتمتع الرقيق بالحقوق السياسية ولا يشارك في اختيار حكومته.

كذلك، هناك علاقة بين الرق وفكرة العمل القهري، فالرقيق يُجبر على العمل إجباراً، وإن كان العمل القهري ليس مقصوراً على الأرقاء إلا أن العمل الذي يؤدونه يكون، عادة، ذا طبيعة قهرية خاصة.

2. النظام الإقطاعي

يعتمد النظام الإقطاعي، بصفة أساسية، على طبقتين أساسيتين، هما: طبقة كبار ملاك الأرض، وطبقة الأقنان Serfs (الفلاحين). وتتميز السلطة السياسية في المجتمع الإقطاعي بعدم المركزية إذ إن الروابط، التي تربط بين المركز المحلي والآخر روابط ضعيفة واهية. أما الاقتصاد الإقطاعي، فيتميز بدرجات متباينة من الاكتفاء الذاتي، حيث ينتج كل إقطاعي احتياجاته الذاتية.

3. النظام الطائفي

الطائفة Caste هي جماعة اقتصادية تكاد تكون مغلقة، إذ يميل أفرادها إلى العمل في مهن معينة. كما أن الزواج يكون من داخلها، فضلاً عن وجود ثقافة ما تميزها، وطبقاً لذلك نجد تدرجاً ملحوظاً في الطوائف الهندية (وهي الأكثر شهرة لهذا النظام)، إذْ تميل الطوائف ذات المكانة العالية إلى العمل في مهن معينة تتفق مع مكانتها، بينما تضطر الطوائف ذات المكانة الدنيا إلى العمل في المهن اليدوية، ذات المكانة المنخفضة. ومن الصعب على الفرد طبقاً لذلك أن ينتقل من طائفة أدنى إلى طائفة أعلى، أي أنه يولد في الطائفة ويموت فيها، ومعنى ذلك أن فرص الانتقال الاجتماعي في النظام الطائفي تكاد تكون معدومة.

4. الطبقة الاجتماعية

الطبقات الاجتماعية هي في حقيقة الأمر جماعات أو تكوينات اقتصادية، لا تخضع لتحديد قانوني أو ديني، وتتميز بأنها مفتوحة نسبياً وليست مغلقة، بمعنى أن الفرد يمكنه الانتقال من طبقة أدنى إلى طبقة أعلى. وهذا النظام الطبقي يتألف من

طبقات عليا (طبقة الملاك)، وطبقة دنيا (المأجورين)، وطبقة وسطى تقع في الفراغ بين الطبقتين العليا والدنيا، وتشمل بصفة خاصة الموظفين وأصحاب المهن الحرة، ويميل علم الاجتماع في الولايات المتحدة الأمريكية إلى تقسيم المجتمع إلى ست طبقات هي: العليا الكبيرة، العليا الدنيا، الوسطى الكبيرة، الوسطى الدنيا، الدنيا الكبيرة، الدنيا العليا. والمحك الأساسي في هذا التقسيم الطبقي هو الهيبة المهنية.

سمات التدرج الاجتماعي وخصائصه

للتدرج الاجتماعي أو الطبقي سمات عامة في كل بناء اجتماعي، من أهمها ما يلي:

1. ظاهرة التدرج الاجتماعي منمّطة ومكتسبة، وهذا يعني أن التفاوت بين البشر ليس له أساس بيولوجي، فعلى الرغم من وجود اختلافات في الذكاء والنوع والسن، إلاّ أن التفاوت الاجتماعي لا يُفسر إلاّ في ضوء المعتقدات والاتجاهات والقيم الاجتماعية. لذا، لوحظ أن نسق المراتب الطبقية لا يمثل جزءاً لا يتغير من نظام طبيعي للأشياء، وإنما هو نتاج بشر يخضع للتغيرات التاريخية والاجتماعية.

وإذا كانت المعايير أو الأدوار التقليدية تعكس اهتمامات ومصالح من لديهم السلطة أو القوة لشغل هذه الأدوار، فالملاحظ أن غالبية أعضاء المجتمع يمتثلون للأدوار الاجتماعية. يرجع ذلك إلى التنشئة الاجتماعية، التي تنتقل بمقتضاها المعايير من جيل لآخر. وليس هناك ما يدل على أن ذلك الانتقال يحدث من طريق الوراثة البيولوجية، بل خلافاً لذلك فإن كل الوقائع تشير إلى أن كل طفل يتعلم أدوار جماعته، خشية العقاب الدنيوي أو الإلهي.

2. ظاهرة التدرج الاجتماعي قديمة، حيث توجد طبقات اجتماعية حتى في الجماعات الصغيرة لحياة البشر المبكرة، وذلك بناءً على الوقائع الأثرية والتاريخية

المسجلة. فالشواهد التاريخية المسجلة منذ آلاف السنين توضح أن الأصل النبيل- بالميلاد أو الوراثة كان ذا أهمية بالغة في المجتمعات القديمة، حيث وُجد الغني والفقير والقوي والضعيف والحر والعبد. وكانت الترتيبات الهرمية بمثابة نظام طبيعي، خاصة لمن هم على قمة الترتيب الهرمي. ويصدق هذا على الصين والهند وأفريقيا القديمة ومصر، وكذلك أوروبا الحديثة.

3. التدرج الطبقي ظاهرة شائعة وعامة في كل المجتمعات، قديمها وحديثها، فإذا كان التدرج الاجتماعي موجوداً منذ القدم، فالملاحظ في عالم اليوم عدم الرضا عن توزيع السلع والخدمات بين فئات المجتمع، وهذا دليل على التمايز أو التفاوت الاجتماعي، فهناك المالكون وغير المالكين، بمعنى أن هناك تدرجاً من نوع معين.

ويؤكد التاريخ وجود تدرج طبقي في المجتمعات المختلفة ذات التقاليد الشفاهية (غير المكتوبة وذلك خلافاً للمجتمعات التكنولوجية الحديثة)، فسكان غابات أفريقيا والأُستراليون الأصليون، الذين يعتمدون على الصيد وجمع الثمار، يعيشون في جماعات يتراوح عدد أفراد كل منها بين الخمسين والمائة، ولكل جماعة حكم ذاتي خاص، ويتخذ التدرج الطبقي في هذه القبائل شكلاً بدائياً، يعتمد على عامل النوع والتفاوت في الأعمار.

4. التدرج الطبقي ظاهرة متنوعة من حيث الشكل والدرجة، بمعنى أن اختلاف أشكال التدرج (أي الاختلاف في القوة والمنزلة والملكية وفي فرص الحياة وأسلوبها) قد يرجع إلى الملكية والنفوذ والمنزلة وغيرها.

5. ينجم عن التدرج الطبقي آثار معينة، سواء في فرص الحياة أو في أسلوبها، وتعني "فرص الحياة" تلك الموضوعات التي تشير إلى معدلات الوفيات، وطول العمر أو قصره، والأمراض الجسمية والعقلية، والتصدع الأسري، والهجرة، والطلاق. أما "أسلوب الحياة" فيعني موضوعات أخرى، مثل: نوع المسكن، والجوار وأساليب الترفيه والعلاقات الأسرية، ونوع الكتب والجرائد والبرامج التي تُشاهد في

التليفزيون، ومن ثم تختلف فرص التمتع بهذه الموضوعات باختلاف الطبقات والشرائح الاجتماعية داخل المجتمع.

وبناءً على ذلك لا يوجد مجتمع غير طبقي أو غير متدرج على الإطلاق، كما لا يمكن التسليم تماماً بأن كل المجتمعات تتضمن نسقاً واحداً محدداً من المراتب والمكافآت.

العمليات الاجتماعية المرتبطة بالتدرج الاجتماعي

يحدد بعض علماء الاجتماع أربع عمليات اجتماعية مرتبطة بوجود أنساق للتدرج الاجتماعي، وهي:

1. **تمايز المكافآت الاجتماعية:** تتحدد من طريقها الأوضاع والأدوار الاجتماعية، مثل: دور الأب والأم والمدرس والموظف، إذ تختلف الأدوار التي يقوم بها كل منهم وفقاً لاختلاف وضعه، ومن ثم تتحدد حقوقه ومسؤولياته. ويزداد تأثير تمايز المكانة الاجتماعية حينما تتحدد حقوق ومسؤوليات كل دور اجتماعي بوضوح، وحينما توجد جزاءات اجتماعية تتضمن الثواب والعقاب كحوافز فردية.

2. **المرتبة:** إذا كانت المكانات تتمايز من طريق الأدوار الاجتماعية، فمن الممكن وضع مراتب Ranking معينة لهذه المكانات. وتعتمد هذه المراتب على خصائص معينة، مثل الذكاء أو الجمال أو القوة البدنية، من جانب، وعلى المهارات والقدرات الخاصة كمعرفة القانون والتعليم والقدرات المهنية والحركية، من جانب ثانٍ، وعلى مدى التأثير على الآخرين وعلى المجتمع بصورة عامة، مثل دور الممثل أو القاضي أو ضابط الشرطة، من جانب ثالث.

3. **التقويم:** توجد ثلاثة أبعاد أساسية للأحكام التقويمية، يتمثل:

أولها: في المنزلة التي تشير إلى الشهرة، التي تتضمن سلوكاً يتميز بالاحترام.

ثانيها: التفضيل مثل العبارات الدالة على ذلك "إني أود أن أكون مثله"، أو "أتمنى أن يكون أبنائي مثله"، أو "أرغب أن أكون صديقاً له".

ثالثها: المرغوب فيه، ويظهر بصفة خاصة عند تقييم المكانة المهنية في المجتمعات الصناعية الحديثة، إذ إن هناك العديد من المهن ذات الجذب العام والشهرة العامة.

الفصل الخامس

الوعي الاجتماعي

الوعي الاجتماعي Social Consciousness

تمهيد

يمكن التعرف إلى "مفهوم الوعي" بوصفه حالة عقلية من اليقظة، يُدرك فيها الإنسان نفسه وعلاقاته بما حوله من زمان ومكان وأشخاص، كما يستجيب للمؤثرات البيئية استجابة صحيحة. وبالرجوع إلى أصل الكلمة في اللغة اللاتينية، يتضح أنها تعني أشياء معروفة على نحو متصل، ويرجع بعض الناس الوعي إلى المعرفة.

يُعرف الوعي، بشكل عام، بأنه اتجاه عقلي انعكاسي، يُمَكِّن الفرد من إدراك ذاته والبيئة المحيطة به بدرجات متفاوتة من الوضوح والتعقيد ويتضمن الوعي، إذاً، وعي الفرد بوظائفه العقلية والجسمية، ووعيه بالأشياء وبالعالم الخارجي، وإدراكه لذاته بوصفه فرداً وعضواً في الجماعة. ويذهب جورج ميد G. Mead إلى أن عمليات الاتصال تساعد الفرد على تأمل ذاته، والقيام بدور الآخرين هذا الاستدماج للآخر Other شرط أساسي لظهور الوعي، طالما أنه يتضمن عملية انعكاسية Reflexive.

أبعاد الوعي الاجتماعي

تكاد تتفق الدراسات التي اهتمت بموضوع الوعي الاجتماعي وبأنماطه النوعية سواء كانت طبقية أو سياسية أو تعليمية... إلخ، على أن للوعي أبعاداً أساسية، هي:

1. **البعد الأول:** وجود اتجاه أو موقف إيجابي أو سلبي نحو القضية أو الموضوع المراد استطلاع الوعي بشأنه، وهو ما يُسمى: البعد النفسي- الاجتماعي في الوعي.

2. **البعد الثاني:** ويقوم على إدراك القضية أو الموضوع من خلال تفسيره، وإبراز إيجابياته وسلبياته، وهو ما يُسمى: البعد العلمي للوعي.

3. **البعد الثالث:** ويقوم على تقديم تصور بديل للواقع الراهن لهذه القضية أو ذلك الموضوع الذي يُستطلع الوعي بشأنه، وهذا ما يُعبر عنه بالبعد الأيديولوجي.

ويتحدد الوعي بناءً على البنية الاجتماعية للمجتمع (أو الجماعة)، والمرحلة التاريخية التي تمر بها، وما يسودها من علاقات وأوضاع خاصة، وتوزيع للفرص الاجتماعية والاقتصادية والسياسية داخل هذه البنية.

أنواع الوعي

1. الوعي الاجتماعي:

إن كان الوعي الاجتماعي تصويراً وانعكاساً للوجود الاجتماعي ـ أي العلاقات الاجتماعية والحياة الاجتماعية بجميع مظاهرها ـ فهو أيضاً حصاد لمجمل تفاعلات الوعي الطبقي. كما أن الوعي الطبقي نفسه انعكاس وتصوير لوجود الطبقة، ولحصاد تفاعلات وعي أعضائها.

فالوعي الاجتماعي، إذاً، هو منظومة عامة من الأفكار والنظريات للطبقات حول مجمل العلاقات الاجتماعية القائمة، ويمثل فهماً كلياً لها، وهذا الفهم الكلي يُعد الشكل الأرقى والأعلى للوعي الاجتماعي.

2. الوعي الفردي:

يستند الوعي الفردي إلى أن الإنسان في الجوهر كائن مدرك لتصرفاته المتعددة (بتعدد أبعاد الحياة اليومية وزواياها، أي جميع أنواع النشاط الإنساني المادي والروحي). ويرتبط الوعي الفردي بالوجود المحدد للفرد في جماعة وطبقة ومجتمع معين، وبكل أساليب وفرص إشباع حاجاته الروحية والمادية. إن هذا الوعي

الفردي ظاهرة اجتماعية ذات محتوى اجتماعي يتضمن الوجود الشخصي- للفرد والطبقة التي ينتمي إليها، والوسط الروحي والمادي المؤثر في الوجود الفردي. ولهذا لا يستخلص الوعي الفردي من الظروف الفردية الشخصية فقط، بل من وجود الفرد في طبقته وجماعته ومجتمعه.

أما عمّا يحدث داخل الفرد، فإن الوعي هو العملية التي يقوم بها العقل باستخدام المعرفة المختزنة لديه، لتحديد دلالات المدركات الحسية ومعانيها، فالفرد لا يُفسر الرسائل التي يستقبلها في معانٍ مطابقة لها تماماً، ولكن يكون التفسير في إطار التفاعل بين الرموز Symbols التي يتم استقبالها، وبين المعرفة السابقة ذات العلاقة التي يستعين بها الفرد المتلقي.

وقد أوضح جون لوك J. Lock، أن الوعي هو إدراك ما يدور داخل عقل الإنسان، وهو انعكاس لملاحظات الشخص أو لملاحظة عقله للعمليات المتداخلة. وأشار إلى أن صور الوعي متعددة ومتباينة؛ فمنها الأفكار المدركة، والتفكير، والمعرفة، والشكوك. ويتم تعلم هذه القضايا الذهنية في أي لحظة. ويسمي لوك هذه العمليات "الإحساس الداخلي".

أما الوعي على المستوى المعرفي لدى الفرد، فينقسم إلى نوعين: وعي يومي (تطبيق)، ووعي نظري:

- يُقصد بالوعي اليومي، وعي ينشأ من الشروط التطبيقية للحياة الاجتماعية، وفيه تعبر الحاجات والمطالب البشرية عن نفسها.
- ويُقصد بالوعي النظري، وعي يطمح إلى التعبير عن جوهر الظواهر الاجتماعية.

ويكمن الاختلاف بين هذين النوعين (اليومي والنظري) في أن الوعي الأول يبقى على سطح الظواهر دون أن تصل تعميماته إلى عمقها، ويحاول الثاني التعمق في جوهر الظواهر وكشف قوانين وجودها الفعلي وتطورها.

الأيديولوجية والوعي الاجتماعي

بُذلت المحاولات لتوضيح العلاقة بين الأيديولوجية والوعي الاجتماعي، من زاوية ما يجمع بينهما وما يمكن أن يميز بينهما. ولعل أول ما يجمع بينهما من خصائص هو نشأة كل من الوعي والأيديولوجية في سياق تكوين اجتماعي له خصائصه، وتأثرهما سوياً بأنماط العلاقات الاجتماعية الأساسية في هذا التكوين الاجتماعي أو ذاك، (والتي تأتي في مقدمتها علاقات الإنتاج والتوزيع) وفضلاً عن ذلك، فإذا كان الوعي يشتمل على أفكار وتصورات أخلاقية ودينية وجمالية وقانونية... إلخ، فبالمثل تشتمل الأيديولوجية على أفكار حول الموضوعات ذاتها؛ لكن الاختلاف الجوهري هو بين مضمون الأفكار هنا وهناك، وأيضاً الشكل الذي تُصاغ من خلاله هذه الأفكار.

وكما تختلف الأيديولوجية مع غيرها من تجليات الوعي، فإن العلاقة بينهما علاقة الجزء بالكل، وقد يكون مفيداً التذكير بأن الأيديولوجيات في كل مجتمع يربطها بالواقع الاجتماعي ما يربط الأجزاء بالكل الاجتماعي، وما يربط ذلك الكل بمكوناته الجزئية، وأنهما في علاقاتهما الجدلية يعطيان الحياة الاجتماعية طابعها المميز، الذي تتجسد فيه وتتصارع عوامل الثبات والتغير.

ومن أوجه الاختلاف بين الوعي والأيديولوجية، أن الوعي الاجتماعي يشتمل على التلقائية والعفوية، في حين تشتمل الأيديولوجية على مستوى عالٍ من الفكر والعلم يأتي بعد الوعي المباشر.

السيكولوجيا الاجتماعية والوعي

تمثل السيكولوجيا الاجتماعية مجموعة من المشاعر والاتجاهات الاجتماعية، التي تتحدد بمقتضيات وديناميات الوجود الاجتماعي للأفراد والجماعات، وتمثل هذه السيكولوجيا حلقة وصل تنقل تأثير الوجود المادي إلى مستوى الوعي.

ولا يُعد الوعي الاجتماعي أيديولوجيا أو سيكولوجيا، بل هو مجموع متفاعل متبادل التأثير, وهو كذلك ليس ذاتياً ولا موضوعياً، وإنما حصاد تفاعل جدلي. وإنه ليس إدراكاً للواقع أو تصوراً له، بل هو نتاج لحركة جدلية يندمج فيها الفردي في الاجتماعي، والذاتي في الموضوعي، والإدراك في التصور، ومن ناحية أخرى تُعد الأبعاد السيكولوجية والإدراك السيكولوجي الاجتماعي مستوى أولياً للوعي، وتُعد الأيديولوجيا مستوى أكثر تنظيماً.

وهكذا يتضح أن الوعي الاجتماعي هو الحصيلة المستمرة لعملية الإدراك الشاملة للواقع الاجتماعي، ذلك الإدراك الذي يشمل إدراك الفرد وتصوره من القضايا الاجتماعية سواء المجتمعية العامة أو الخاصة النوعية والتي يأخذ منها موقفاً، إما تسليماً أو رفضاً بناءً على تفسيره لهذه المواقف.

ويمكن مما سبق وضع تعريف محدد للوعي الاجتماعي، بوصفه اتجاهاً عقلياً يمكِّن الفرد من إدراكه لذاته وللواقع المحيط به، ويعد الوعي نتاجاً للتطور الاجتماعي، ولا يوجد بعيداً عن المجتمع الذي يحيا فيه الإنسان، ويتضمن الوعي الإدراك والحكم والتمييز.

ومن خصائص الوعي، إحاطته بكل أبعاد الواقع المحيط بالإنسان والمجتمع والطبقة، كما يتصف بالشمول والتنوع والتعقيد، كما أنه أكثر ارتباطاً بالوجود الاجتماعي كله في لحظة تاريخية معينة.

تعريف الجماعة

تختلف تعريفات الجماعة اختلافاً كبيراً، ويرجع ذلك إلى عدة عوامل:

1. أننا نحيا في جماعات متعددة، كالأسرة والرفاق وزملاء العمل وأهل الحي، وتختلف هذه الجماعات في حجمها وأنشطتها ومدة بقائها ودرجة تنظيمها.

2. يستخدم لفظ "الجماعة"، ليدل على عدة معانٍ منها:

أ. مجموعة من الناس يجلسون معاً أو يسيرون معاً، أي أن الخاصية المميزة للجماعة في هذه الحالة هي التجاور المكاني Physical Proximity، بغض النظر عن الهدف الذي يسعى إليه أعضاؤها.

ب. مجموعة من الناس تجمع بينهم خاصية مشتركة، مثل جماعة المدرسين والمهندسين والأطباء، أي يُستخدم لفظ الجماعة على هذا النحو للتصنيف.

ج. أعضاء تنظيم معين يشعر أفراده بالانتماء إليه والإخلاص له، مثل أعضاء حزب ما أو نقابة معينة.

3. اختلاف وجهات نظر أصحاب التعريفات:

أ. تعريف الجماعة من خلال تصورات أفرادها:

الجماعة هي وحدة تتكون من مجموعة أفراد يشكّلون تصوراً مشتركاً عن وحدتهم، ويكون في قدرتهم التصرف كوحدة واحدة إزاء بيئتهم.

ب. تعريف الجماعة من خلال دوافع أفرادها:

الجماعة جمع من الأفراد يكون في تجمعهم فائدة تعود عليهم، أي أن العامل الأساسي لقيام الجماعة هو إشباع حاجة أعضائها، فالتاجر ينضم لعضوية الغرفة التجارية، التي تدافع عنه وتحقق له بعض رغباته، وينضم المدرس لنقابة المعلمين، لأنها تعبّر عن مطالبه وتسعى للمحافظة على حقوقه.

ج. تعريف الجماعة من خلال وجود أهداف مشتركة:

الجماعة هي وحدة تتكون من فردين أو أكثر، يتفاعل بعضهم مع بعض تفاعلاً بناءً ذا معنى، لأنه يكون من أجل تحقيق هدف معين أو غرض معين، ففريق كرة القدم مثلاً، يتفاعل أعضاؤه بعضهم مع بعض تفاعلاً بناءً من أجل إحراز النصر.

د. تعريف الجماعة من خلال تنظيمها:

الجماعة وحدة اجتماعية تتكون من مجموعة من الأفراد يكون لكل منهم دور معين فيها، ومركز خاص به، وتقوم هذه الوحدة بوضع القيم والمعايير، التي تنظم سلوك أعضائها فيما يختص بشؤون الجماعة على الأقل.

هـ. تعريف الجماعة بناءً على الاعتماد المتبادل لأفرادها:

الجماعة مجموعة من الأفراد يشتركون في علاقات متبادلة تجعلهم يعتمدون بعضهم على بعض، وقد يكون هذا الاعتماد إيجابياً، عندما يؤدي تحرك الفرد لتحقيق أهدافه إلى تحقيق أهداف الآخرين (التعاون)، وقد يكون هذا الاعتماد سلبياً، عندما يؤدي تحقيق الفرد هدفه إلى إعاقة وصول الآخرين إلى الهدف نفسه (التنافس).

و. تعريف الجماعة بناءً على التفاعل بين الأفراد:

الجماعة مجموعة من الأفراد يتفاعل بعضهم مع بعض، وبناءً على هذا التفاعل تتميز الجماعة عن أي جماعة أخرى، وبناءً على ما سبق، يمكن تعريف الجماعة بأنها: فردان أو أكثر يتفاعلون بعضهم مع بعض تفاعلاً بناءً، بحيث يؤثر كل منهم في الآخر ليحققوا أهدافاً خاصة وعامة، مع وجود روابط متعددة بينهم.

خصائص الجماعة

1. لا توجد جماعة قوامها فرد واحد، بل لا بد لها من عدة أفراد، أي أن الجماعة تبدأ من فردين أو أكثر، وقد اصطُلح على أن يتراوح أعضاء الجماعات الصغيرة إحصائياً ما بين فردين و30 فرداً، أما الجماعات الكبيرة فهي التي تزيد عن 30 عضواً.
2. يتفاعل هؤلاء الأفراد بعضهم مع بعض تفاعلاً هادفاً لتحقيق أغراض أو أهداف معينة، منها ما هو خاص ومنها ما هو عام.
3. إدراك الأفراد أنفسهم حقيقة أنهم أعضاء في جماعة؛ كأن يكونوا أعضاء في أسرة واحدة أو في فصل دراسي واحد، أو في فريق معين؛ فإن هذا الإدراك من شأنه أن ينمي لديهم الشعور بـ"النحن".
4. يُعرَّف الأعضاء بناءً على عضويتهم في نوع الجماعة؛ فهذا عضو في نقابة الأطباء، وهذا عضو في فريق الكرة الطائرة... إلخ.
5. تنمو بين الأفراد معايير معينة توجه سلوكهم (المعيار هو المعتقد أو الرأي التقييمي العام، الذي يحدد ما هو مقبول وما هو مرفوض من أساليب السلوك)، فالمعايير التي تحكم سلوك أعضاء فريق كرة القدم، مثلاً، تختلف عن المعايير التي تحكم سلوك عصابة من اللصوص.
6. لدى كل عضو في الجماعة إمكانيات ومصادر متعددة للقوة، وبناءً على تلك الإمكانيات والمصادر يشتركون معاً في تسيير أنشطة الجماعة وتوجيهها، من خلال تنظيم متداخل الأدوار، ففي المدرسة تُوجد أدوار متعددة تكوّن التنظيم العام للمدرسة، منها دور المدرس والناظر والوكيل والعامل وغيرهم، وتنتظم هذه الأدوار بعضها مع بعض، بتوظيف ما لدى كل منهم من إمكانيات.

7. يرتبط أعضاء الجماعة ببعضهم نتيجة اعتناقهم قيماً ومُثلاً ومعايير خاصة، توجه سلوكهم نحو تحقيق أهدافهم العامة والخاصة، وهذا من شأنه تنمية الشعور بـ"النحن" لديهم.

8. يجد أعضاء الجماعة أن انتماءَهم لها يحقق لهم الكثير من العوائد المادية والفوائد المعنوية.

9. يُدرك أعضاء الجماعة أنفسهم كوحدة واحدة، يربط بينهم الشعور بـ"النحن".

10. يتصرف أعضاء الجماعة إزاء العوامل والظروف البيئية، التي تواجههم، تصرفاً معيناً قد يمكن التنبؤ به؛ فيمكن التنبؤ مثلاً (بدرجة عالية من الاحتمال) بنوع تصرف أعضاء الأسرة، إذا ما واجهوا مشكلة عامة تمس كيان الأسرة ومستقبلها، كما يمكن التنبؤ (بدرجة عالية من الاحتمال) بتصرف أعضاء عصابة من اللصوص، إذا نافستهم عصابة أخرى في المنطقة.

الروابط داخل الجماعة

يسود داخل الجماعة عدة أنواع من الروابط، منها الروابط الوجدانية أو المستمدة من السلطة والقوة، أو قائمة على الاتصال بين الأعضاء، أو المستمدة من وجود هدف مشترك.

1. الروابط الوجدانية Affect Linkage

هي الروابط الخاصة بمشاعر الحب والكره، والتقبُّل والنبذ، السائدة بين أفراد الجماعة، وتظهرعادة في انتشار التعاون والمحبة بين أعضاء الجماعة، حيث يهبُّون لمعاونة بعضهم بعضاً تلقائياً، من أجل تسيير حياة الجماعة. وتنتشر بين أعضاء الجماعة روح المرح والمداعبة، دون حساسية شديدة تؤدي إلى جرح للمشاعر والأحاسيس. ويتقبل أعضاء الجماعة اختلاف وجهات النظر بصدْر رحْب ممّا

يساعد على تطوير أساليبهم في الأداء، وبمعنى أخر لا يكون اختلاف وجهات النظر مدعاة للثورة والغضب والتفكك الاجتماعي داخل الجماعة، وهذا كله يؤدي إلى تماسك الجماعة، فلا يرغب أحدهم في تركها أو مغادرتها ويكون كل عضو فيها فخوراً بانتسابه إليها، وبصفة عامة ينتشر بين الأعضاء الشعور "بالنحن".

2. الروابط المستمدة من السلطة والقوة Power Linkage

للسلطة والقوة داخل الجماعة ستة مصادر، هي: قوة الإثابة، وقوة العقاب، والقوة الشرعية الرسمية، والقوة التوحدية (أي التوحد مع شخص له تأثيره على الآخرين، مثل الابن مع الأب والتلميذ مع المدرس)، وأخيراً قوة الخبير.

ويظهر هذا النوع من الروابط في مشاركة كل عضو من أعضاء الجماعة في مسؤولية تنظيم أنشطة الجماعة وتنفيذها، تبعاً لما لديه من مصادر القوة، فيعرف كل منهم ما يجب عليه عمله، ومع من يعمل، ومتى يعمل، وكيف يعمل؟ ويكون ذلك من خلال تنظيم شامل تضعه الجماعة بتوجيه من القائد.

وبناء على هذه الروابط يسهل ضبط الجماعة والسيطرة عليها، دون إفراط أو تفريط، إذ إن الإفراط في الضبط يجعل المحافظة على بنية الجماعة مسؤولية القائد فقط، كما أن التفريط في الضبط يؤدي إلى الفوضى والاضطراب.

وتؤدي هذه الروابط إلى سرعة اتخاذ الجماعة للقرارات، لأن السلطة تكون موزعة، ولأن الجميع يشارك في اتخاذ القرار ومستعد للمشاركة في تنفيذه، ولأن الجميع مستعد لتقبل المخالفة في الرأي بطيب خاطر، ودون قسر أو قهر، كذلك يساند قائد الجماعة مَنْ يوكل إليهم تنفيذ المهام، ولا يتصيد لهم الأخطاء.

3. روابط الاتصال Communication Linkage

لا تستمر الجماعة عندما تكون الاتصالات بين أعضائها غير سوية أو غير مناسبة، ويظهر هذا النوع من الروابط في وجود قدر مشترك من المعلومات التي تهم

الجماعة بين أعضائها، فلا يحتفظ القائد بكل المعلومات، كما لا يغرق الجماعة بالمعلومات، ويحرص كل فرد على أن يشارك غيره فيما لديه من معلومات تهم الجماعة، وتساعد في تسيير أمور حياتها، أي أن شبكة المعلومات لا تكون من القمة للقاعدة فقط، بل ومن القاعدة للقمة وبين الأعضاء، إن هذا من شأنه أن يقلل من مشاعر النبذ والعداوة، ويزيد فرص تأثير كل عضو من أعضاء الجماعة في الآخر.

4. الروابط المستمدة من وجود هدف مشترك Goal Linkage:

من المعروف أن وجود هدف مشترك تسعى الجماعة نحو تحقيقه، أمر يؤدي إلى وحدة الجماعة وتماسكها، وإلى تنظيم العمل وتوزيع الأدوار توزيعاً مناسباً بداخلها، ويظهر هذا النوع من الروابط في معرفة أعضاء الجماعة الأهداف المشتركة التي تسعى الجماعة نحو تحقيقها وكيفية تحقيقها، ومن ثم يكون كل فرد مستعداً لأن يتعلم كل ما هو جديد، ويؤدي ذلك إلى تحقيق أهداف الجماعة، وإلى تأدية ما يجب على الفرد أن يؤديه من واجبات، فلا يسعى إلى التهرب من أدائها، أو البحث عن طرق وأساليب ملتوية أو منحرفة لأدائها، كما يكون الفرد منتظماً وملتزماً ومتفانياً في أدائه للواجبات في مواعيدها، دون تلكؤ أو تسويف، وفضلاً عن ذلك يكون كل عضو مستعداً لتحقيق درجة من التوفيق أو التكامل بين أهدافه الشخصية وأهداف الجماعة، من أجل ألاّ تتعرض أهداف الجماعة للخطر.

مقومات الاتفاق الاجتماعي وخصائصه

للاتفاق الاجتماعي مقومات ضرورية يمكن تصنيفها في مجموعتين أساسيتين كالآتي:

1. المجموعة الأولى: تتعلق بالمقومات الأساسية أو الأولية Primary Components:

وهي العوامل المتصلة بالعنصر أو السلالة أو الدين أو السن أو النوع، فكلّما كانت هذه العوامل متجانسة ومتشابهة إلى درجة كبيرة كان الاتفاق العام أو الاتفاق الاجتماعي متشابهاً إلى حد كبير، فمثلاً يسود الاتفاق الاجتماعي في المجتمعات البسيطة، التي تتشابه في خصائصها الثقافية والسلالية والدينية، أما في المجتمعات المعقدة أو الكبيرة، التي تتكون من جماعات متباينة، من ناحية السلالة أو الجنس، وتتنوع فيها الثقافات الفرعية والانتماءات الطبقية، مثلاً فإن تنوع هذه العناصر وتلك الخصائص يؤدي إلى صعوبة تحقيق الاتفاق الاجتماعي.

2. المجموعة الثانية: تتصل بالمقومات الثانوية Secondary Components:

وهي العوامل المرتبطة بالطابع القومي أو الشخصية الجماعية، وتتبع من الحقيقة الاجتماعية، التي تنطوي على عملية التفاعل الاجتماعي، وتتفاعل في ذلك مجموعة خصائص تتعلق بالوسط الاجتماعي والنفسي والديموجرافي التي تؤكد على الدور المحوري الذي يلعبه الاتفاق (الإجماع) بين الناس على القيم الأخلاقية، في المحافظة على النظام الاجتماعي.

تعرضت فكرة الاتفاق الاجتماعي إلى الهجوم والنقد في عقد السبعينيات، نظراً لأن الإجماع الكلي غير موجود استناداً إلى منظور واسع لنظرية الصراع، ومع هذا يرى كثير من العلماء ضرورة توافر بعض المعايير المشتركة، من أجل الحياة الاجتماعية.

إن الإجماع الاجتماعي متغير داخل الأنساق الاجتماعية التي تتراوح ما بين جماعات تضم عضوين أو أكثر إلى مجتمعات كاملة، ويتحقق الاتفاق الاجتماعي عندما يتفق أعضاء تلك الأنساق في حالة الاتفاق الإيجابي على مسائل أخلاقية أو إدراكية ترتبط بأفعالهم، أو تخص الأشخاص الرئيسيين، أو تخص الأدوار الرئيسية في النسق، ومن ثم فإن الاتفاق الاجتماعي يقوم على الاتفاق حول القواعد التي ينبغي أن تحكم سلوك الأفراد فيما يتعلق بأهداف النسق وتحديد الأدوار والمكافآت داخل النسق الاجتماعي.

وثمة عنصر آخر يَكْمن في الإجماع أو الاتفاق الاجتماعي، وهو التماسك الذي يُكَوِّن الشعور بالذاتية المشتركة المنبثقة من روابط العواطف الشخصية أو الخصائص الأصلية (السلالة والقرابة والمكانة الاجتماعية والارتباط المشترك بالأشياء المقدسة في الثقافة).

وأخيراً، يجب تحقيق الاتفاق الاجتماعي حول المسائل الأساسية في المجتمع، مثل: توزيع السلطة والدخل والثروة والقواعد السلوكية، وتوزيع الأدوار والمسؤوليات والمكافآت، فإن ذلك يساعد على تحقيق تماسك المجتمع واستمراره لفترات طويلة من دون صراعات وحروب أهلية وبلا ثورات شعبية.

تعريف الاتجاه

يبدو أن هربرت سبنسر ـ H. Spencer، الفيلسوف الإنجليزي، كان من أسبق الكتاب إلى استخدام هذا المصطلح Attitude. وللاتجاه تعريفات متعددة، منها أنه حالة من التهيؤ والتأهب العقلي والعصبي تنظمها الخبرة وتوجه استجابات الفرد للمثيرات المختلفة، ومن تعريفاته أنه ميل الفرد الذي يتجه بسلوكه نحو بعض عناصر البيئة أو بعيداً عنها، مضيفاً عليها قيماً موجبة أو سالبة، تبعاً لانجذابه لهذه العناصر البيئية أو نفوره منها، ومن تعريفاته أيضاً أنه تنظيم ثابت نسبياً من

المعتقدات حول موضوع نوعي أو موقف معين (فيزيقي أو اجتماعي عياني أو مجرد)، يؤدي بصاحبه إلى أن يستجيب بأسلوب تفضيلي.

ويرجع اختلاف تعريفات الاتجاه إلى أنه "تكوين فرضي"، أي أنه مفهوم نفترض وجوده لنفسر به بعض مظاهر السلوك؛ ومن ثم فإنه لا يُدرك مباشرة، بل يُستدل عليه من سلوك الأفراد، أو من أنواع الاتساق والترابط بين الاستجابات التي يرُد بها الفرد على التنبيهات الصادرة عن موضوع الاتجاه، فمن مجموع استجابات الفرد نحو الاستعمار مثلاً يستدل على أن لدى هذا الشخص اتجاهاً سالباً نحو الاستعمار.

خصائص الاتجاهات

1. الاتجاهات ذات طبيعة تقييمية إذ تعبر عن درجة قبول الفرد أو رفضه لشيء ما، هو موضوع الاتجاه.
2. يكون اتجاه الفرد موجهاً نحو شيء ما، مادي أو غير مادي، يُعرف باسم "موضوع الاتجاه".
3. تختلف الاتجاهات في مدى قوتها، فقد يكون لدى شخصين الاتجاه نفسه، ولكن بدرجات متفاوتة الشدة، ومن هنا تتحدد الوظيفة الدافعية للاتجاهات؛ فكلما زادت قوتها، زادت قوة دفعها للسلوك ونقصت معها إمكانية تغييره.
4. تُكتسب الاتجاهات من خلال أساليب التنشئة الاجتماعية، وما يتعرض له الفرد من مؤثرات وتدريبات وخبرات، وهذا يفسر اختلاف اتجاهات أبناء الثقافات المختلفة تجاه موضوع واحد، كالاختلاط بين الجنسين في العمل مثلاً، أو استقلالية الشباب في سن المراهقة عن أسرهم.

5. توجد درجة من الترابط بين الاتجاهات ذات المحور المشترك، أو الموضوع الواحد، بحيث يمكن القول بوجود حِزَمٍ من الاتجاهات؛ فاتجاهاتنا نحو التعليم ترتبط باتجاهاتنا نحو المصروفات المدرسية، والكتب الدراسية، وكثافة الفصل، والمعلمين، ووظيفة التعليم في الحياة، وغير ذلك، ويعبر عن هذه الخاصية، أحياناً، باسم "عمومية الاتجاه".

6. تتفاوت الاتجاهات في درجة استعدادها للاستثارة؛ فالاتجاهات السطحية يسهل استثارتها (كالاتجاه نحو برنامج تليفزيوني معين)، أما الاتجاهات العميقة فلا تُستثار بدرجة السهولة نفسها، (كالاتجاهات اللاشعورية لدى الفرد).

7. تتميز الاتجاهات بدرجة من الجمود، نتيجة لما حققته من تدعيمات وإشباعات خلال تاريخ الفرد السابق، وما تؤديه من وظائف في حياته، وهذا يفسر صعوبة تغيير اتجاهات كبار السن مقارنة باتجاهات الشباب.

8. للاتجاه مكونات ثلاثة، هي: المكون الوجداني، والمعرفي، والسلوكي، ويعبر المكون الوجداني عن انجذاب الفرد أو نفوره من موضوع الاتجاه، أما المكون المعرفي، فيتمثل في معلومات الفرد عن موضوع الاتجاه أو معتقداته عنه، بينما يعبر المكّون السلوكي عن سلوك الفرد الصريح نحو موضوع الاتجاه. ويتميز الاتجاه بالاتساق بين مكوناته الثلاثة.

أنواع الاتجاهات

أولاً: من ناحية طبيعة الاتجاه

1. **بسيط:** يتضمن عنصراً أو مقوماً واحداً مثل (س) يحب (ص).

2. **مركب:** يتضمن عدة عناصر أو مقومات قد تكون متآلفة أو غير متآلفة، فمثلاً (س) يحب (ص) لأنه ذكي وشجاع ونشيط، فيكون هذا اتجاهاً مركباً متآلفاً، أما إذا قيل أن (ص) يتصف بالذكاء والنشاط ولكنه متهور جبان، فإن هذا يكون اتجاهاً مركباً غير متآلف.

ثانياً: من الناحية الوصفية

1. **موجب/ سالب:** الاتجاه "نحو" في مقابل الاتجاه "ضد".

2. **عام/ خاص:** الاتجاه العام يتعلق بموضوع عام يشترك فيه أكبر عدد من الأفراد، أما الاتجاه الخاص فيتعلق بموضوع معين يخص فئة معينة، ويكون الاتجاه العام أكثر ثباتاً من الاتجاه الخاص.

3. **جمعي/ فردي:** يشترك أكبر عدد من الأفراد في الاتجاه الجمعي، أما الاتجاه الفردي فهو خاص بفرد معين، ويختلف الاتجاه العام/ الخاص عن الاتجاه الجمعي/ الفردي في أن العام/ الخاص يرتبط بموضوع الاتجاه، أما الجمعي/ الفردي فيرتبط بعدد الأفراد.

4. **قوي/ ضعيف:** الاتجاه القوي يكون أكثر شدة في دفعه لسلوك الفرد، أما الاتجاه الضعيف فلا يكاد يعبر عنه صاحبه.

5. **ظاهر/ خفي:** الاتجاه الظاهر هو اتجاه علني لا يجد الفرد حرجاً في التعبير عنه أمام الآخرين، لأنه مقبول اجتماعياً ولا يتعارض مع قيم المجتمع ومعاييره، وذلك خلافاً للاتجاه الخفي.

نمو الاتجاهات

تنمو الاتجاهات في مراحل معينة من حياة الفرد:

فالمرحلة الأولى: تأثير الوالدين

تمتد هذه المرحلة من الميلاد حتى البلوغ، وتتميز بشدة تأثير الوالدين على تشكيل اتجاهات أبنائهم، ويدل على ذلك التشابه الكبير بين اتجاهات الآباء والأبناء.

يكتسب الطفل اتجاهاته من والديه من خلال عمليتين نفسيتين، هما: التقليد والتوحد. فميل الطفل مثلاً إلى تقليد طريقة حديث أو لبس والده، تساعده على اكتساب اتجاهاته نحو موضوعات الاتجاهات السابقة. أما التوحد فهو العملية اللاشعورية، التي يرتبط فيها الطفل وجدانياً وانفعالياً بأحد والديه، فيأخذ عنه كثيراً من قيمه واتجاهاته. والمثل الشعبي القائل: "هذا الشبل من ذاك الأسد"، يوضح تأثير الوالدين في اكتساب الطفل لبعض اتجاهاته.

ومن عمليات التعلم، التي تسهم في نمو الاتجاهات لدى الطفل، الارتباط والتدعيم. يسمع الطفل من والديه مثلاً أن بلده نظيف، فترتبط النظافة والجمال عنده ببلده، وعندما يعبر الطفل عن ذلك يجد تشجيعاً من والديه لِما يقوله أو يفعله، للمحافظة على نظافة بلده وجماله.

المرحلة الثانية: المرحلة الحرجة في نمو الاتجاهات

ويبدأ تأثير الوالدين يضعف مع نمو الطفل واتساع نطاق احتكاكاته، بالكثير من الناس والمؤسسات الاجتماعية والثقافية، وتمتد هذه الفترة من سن 12-20 سنة، وتسمى بـ"المرحلة الحرجة"، لتبلور الاتجاهات وثباتها واتخاذها شكلاً جامداً مع نهاية هذه الفترة. ويتعرض الأفراد خلال هذه الفترة لمؤثرات ثلاثة رئيسية، هي:

1. الرفاق

يُقصد بالرفاق الزملاء من السن والمستوى التعليمي نفسيهما، ويكون تأثير الرفاق كبيراً أثناء فترة المراهقة، إذ يسعى المراهق إلى اكتساب قيم وآراء واتجاهات الجماعة التي يحبها، حتى تتقبله عضواً فيها.

2. وسائل الإعلام

تؤثر وسائل الإعلام في تشكيل اتجاهات المراهقين تأثيراً كبيراً، لأنها تزودهم بالكثير من المعلومات بطرق وأساليب وصور مختلفة، تكون، عادة، مصحوبة بخصائص فنية جذابة، كما تُعد وسائل الإعلام مصدراً لمنبهات مختلفة سمعية وبصرية وحركية، تدور حول موضوعات لاتجاهات متعددة، (مثال ذلك تبني المراهقين في الولايات المتحدة الأمريكية طريقة المغني ألفيس بريسلي في الغناء والملبس والمعيشة، وتبني المراهقين في الهند وفي بعض البلاد العربية طريقة المغني أميتاب باتشان في الغناء والملبس والمعيشة).

3. التعليم

بيّنت الدراسات أنه كلما زاد نصيب الفرد من التعليم، زادت اتجاهاته التحررية، ولمّا كان نصيب الأبناء من التعليم يفوق ما حصل عليه آباؤهم، كان من المتوقع أن تكون اتجاهات الأبناء أكثر تحرراً من الآباء. وهذه هي إحدى أبعاد الظاهرة المعروفة باسم: "الفجوة بين الأجيال" Generation Gap.

ويمكن تقسيم هذه الفترة الحرجة إلى مرحلتين، هما:

أ. مرحلة المراهقة

تتشكل فيها اتجاهات المراهق، وتكون الاتجاهات في هذه المرحلة متنوعة وغير ثابتة بدرجة كبيرة، وعندما يخطو الفرد إلى العشرينيات من عمره، يبدأ في إلزام نفسه بعدة التزامات؛ منها أن يدلي بصوته الانتخابي، وأن يختار

مهنة تناسبه، وأن يختار شريكة حياته، ويكوِّن فلسفته الشخصية والاجتماعية في الحياة، وترتكز تلك الالتزامات على أساس ما لدى الفرد من اتجاهات اكتسبها في مرحلة سابقة، ومن ثم تساعده هذه الالتزامات في بلورة تلك الاتجاهات السابقة وتدعيمها، ثم جمودها.

ويمكن تفسير دور الالتزام في تثبيت الاتجاهات وجمودها بناءً على عملية تُعرف باسم: "عدم الاتساق المعرفي" Cognitive Dissonance. فلقد سبقت الإشارة إلى أنه كلما اتسعت معلومات الفرد زاد تأثيرها على اتجاهه، إلا أن بعضاً من هذه المعلومات، وخصوصاً الحديث منها، قد لا يكون متسقاً بعضه مع بعض، مما يولد قلقاً وتوتراً. وللتخلص من هذا التوتر يلتزم الفرد بعدة التزامات، تقوم على أساس اتجاهاته السابقة. ومن هنا تتدعم هذه الاتجاهات وتثبت بصورة جامدة في سلوك الفرد، لأنها ساعدته في التخلص من توتره الناشئ عن عدم الاتساق المعرفي.

ب. مرحلة الرشد

وفيها تتبلور الاتجاهات وتتجمد وتتجه نحو المحافظة، والدليل على ذلك أنه أُجريت دراسة على اتجاهات بعض الطلاب الجامعيين في أواخر الثلاثينيات من العمر، ثم دُرست اتجاهاتهم مرة أخرى في الخمسينيات من العمر، فبينت الدراسة احتفاظ الأفراد باتجاهاتهم نفسها، مع زيادة نزعتهم المحافظة أكثر من ذي قبل.

مراحل تكوين الاتجاه داخل الفرد

1. **مرحلة التعرف إلى عناصر الثقافة والبيئة، التي يعيش فيها الفرد.**
2. **مرحلة تقييم الفرد لعلاقته بكل عنصر من عناصر تلك الثقافة.**
3. **مرحلة إصدار الحكم.**
4. **مرحلة ثبات الاتجاه.**

وهناك عدة عوامل يُشترط توافرها، لتكوين الاتجاه:

أولاً: تكامل الخبرة

لا بد أن تتكامل خبرات الأفراد حول موضوع الاتجاه، فلكي نكوِّن اتجاهاً نحو التعليم لا بد أن تتكامل خبراتنا عن أنواع المدارس والمواد الدراسية وعدد سنوات الدراسة والعلاقة بين المراحل التعليمية... إلخ، ومع ازدياد خبرات الفرد عن التعليم، تتراكم وتترابط وتتكامل تلك الخبرات، مكونة اتجاهاً عن التعليم لدى الفرد.

ثانياً: تكرار الخبرة

لكي يتكون الاتجاه لا بد أن تتكرر خبرة الفرد حول موضوع الاتجاه، فتكرار دولة ما يساعده في تكوين اتجاه معين نحوها، ويؤدي تكرار الخبرة إلى مزيد من إيضاح جوانبها، أي زيادة معرفة الفرد بها، ومن ثم زيادة المكون المعرفي للاتجاه. كما أن تكرار الخبرة يؤدي إلى زيادة الألفة بها، فلا تصبح غريبة أو غير مألوفة أو شاذة، ومن ثم يحدث تعديل في المكون الوجداني من الاتجاه، كما أن تكرار الخبرة يدفع الفرد للتصرف إزاءها على نحو ما، ولذلك يتغير المكون السلوكي للاتجاه. أي تبادل الخبرات وانتقالها من شخص لآخر، أو من الآباء للأبناء، بالتقليد والمحاكاة والتوحد.

خصائص التغير الاجتماعي وطبيعته

التغير سُنة طبيعية، تخضع لها جميع مظاهر الكون وشؤون الحياة. وقديماً، قال الفيلسوف اليوناني، هيراقليطس، إن التغير قانون الوجود، والاستقرار موت وعدم. ومثّل فكرة التغير بجريان الماء، فقال: " أنت لا تنزل النهر الواحد مرتَين؛ إذ إن مياهاً جديدة، تجري من حولك أبداً".

يتجلى التغير في كلّ مظاهر الحياة الاجتماعية؛ ممّا حدا ببعض المفكرين وعلماء الاجتماع إلى القول بأنه لا توجد مجتمعات، وإنما الموجود تفاعلات وعمليات اجتماعية، في تغير وتفاعل دائبَين ، أمّا الجمود نفسه في أيّ ناحية من نواحي الحياة الإنسانية، فأمر لا يمكن التسليم به، ولا الموافقة عليه؛ إذ المجتمعات الإنسانية المختلفة، منذ فجر نشأتها، تعرضت للتغير خلال فترات تاريخها، كما لا يقتصر التغير الاجتماعي على جانب واحد من جوانب الحياة، الإنسانية والاجتماعية؛ وإذا بدأ، فمن الصعب إيقافه، نتيجة لِما بين النظُم الاجتماعية والتنظيم الاجتماعي بعامة، من ترابط وتساند وظيفي.

وفي هذا الصدد، حدد ولبرت مور Moore أهم سمات التغير، كما يلي:

أ. يَطَّرِد التغير في أيّ مجتمع أو ثقافة، ويتسم بالاستمرارية والدوام.

ب. يَطالُ التغير كلّ مكان، حيث تكون نتائجه بالغة الأهمية.

ج. يكون التغير مخططاً مقصوداً، أو نتيجة للآثار المترتبة على الابتكارات والمستحدثات المقصودة.

د. تزداد قنوات الاتصال في حضارة ما بغيرها من الحضارات، بازدياد إمكانية حدوث المستحدثات الجديدة.

هـ. تكون سلسلة التغيرات التكنولوجية المادية، والجوانب الاجتماعية المخططة، منتشرة على نطاق واسع، على الرغم من الجنوح السريع لبعض الطرق التقليدية.

أنواع التغير وعوامله

يكاد علماء الاجتماع يتفقون على ثلاثة أنواع من التغير الاجتماعي، هي:

أ. التغير الخطي المستقيم: يتخذ صورتَين: الأولى، تغير تراجعي، وهو الذي يربط أصحابه بين التغير والتأخر؛ والثانية، تغير تقدمي ارتقائي، يربط أصحابه بين التقدم والتغير.

ب. التغير الدائري: يرى أصحاب هذا الرأي، أن الإنسان يتطور نموه من الميلاد إلى الطفولة، إلى البلوغ إلى النضج والاكتمال، إلى الشيخوخة والموت؛ ثم يعود المجتمع من حيث بدأ، مرة أخرى. ويرى ابن خلدون، مثلاً، أن المجتمعات تمر بمراحل دائرية، تبدأ بالطفولة ثم مرحلة الشباب والنضج، ثم مرحلة الشيخوخة.

ج. التغير الملحوظ أو المتذبذب: و يأخذ شكل حركات ومظاهر صاعدة وهابطة.

وفي هذا الإطار، استعرض بعض علماء الاجتماع دور بعض العوامل في إحداث التغير. وكان من أهمها دور الأفراد، وتأثير كلٍّ من العوامل المادية والأفكار، وقد قدم جينزبرج تحليلاً علمياً منظماً لأهم العوامل المفسرة للتغير الاجتماعي، وهي:

أ. الرغبات والقرارات الواعية للأشخاص.

ب. أفعال الفرد المتأثرة بالظروف المتغيرة.

ج. التغيرات البنائية، والتوترات الاجتماعية.

د. المؤثرات الخارجية، كالاتصالات والغزو الثقافي.

هـ الأفراد المتميزون أو جماعات المتميزين.

و. التقاء أو انتظام عناصر من مصادر مختلفة، عند نقطة معينة.

ز. الأحداث العنيفة.

كما أكد أوبنهايمر Oppenheimer أثر الصراع الدولي في العصر الحديث في التغير الاجتماعي؛ لتأثيره العميق في بناء المجتمعات: الاقتصادي والسياسي، والسياسات الاجتماعية، ومعايير السلوك، وكذلك الصراع بين الجماعات المختلفة في داخل المجتمع، ما زال مصدراً رئيسياً للتجدد والتغير الاجتماعيَّين؛ وهو يشمل الصراعات الطبقية التي تمثّل عاملاً مهماً من عوامل التغير، وبخاصة في العصر الحديث؛ فضلاً عن اشتماله على الصراع بين الأجيال المختلفة، أيْ الأجيال القديمة، كجيل الأجداد والآباء؛ وجيل الأبناء والأحفاد، والنقد المتبادل بينهما.

وعلى الرغم من أهمية العوامل السابقة في إحداث التغير الاجتماعي، إلا أن علماء الاجتماع، قد اختلفوا في تفسيره، فلقد عزا كارل ماركس عوامل التغير إلى الأساس المادي للمجتمع؛ لكونه المحرك الأساسي لكلّ عملية تغير، تنبثق منها تغيرات متعاقبة في بقية نواحي المجتمع. ونسب بعض الباحثين التغير في المجتمع إلى تغير نسق القِيم، مثال ذلك ماكس فيبر، الذي جعل العامل الديني سبباً للتغير الاجتماعي، وأكد البعض الآخر تضافر مجموعة متباينة من العوامل على إحداثه؛ ويمثل هذا الاتجاه ويليام أوجبرن، الذي أقر العوامل: المادية واللامادية.

ذهب أندرسون إلى أن قبول التغيرات الاجتماعية رهن بثلاثة شروط أساسية، هي:

أ. الحاجة إلى التغير: الحاجة هي أمّ الاختراع، بمعنى أن يكون المجتمع في وضع، يقبل التغير، حين يكون هناك وعي بأنه لازم لتحقيق الأهداف، على نحو أكثر فاعلية.

ب. التوسع في الإشباع: ربما تقَبل التغيرات، إن كانت أقدر من العوامل القديمة على إشباع الحاجات للحضارة.

ج. النفع الثابت: قبول التغير، بسهولة، هو دليل النفع والفائدة المتزايدة.

معوقات التغير الاجتماعي

تواجه عملية التغير الاجتماعي بعدد من العوامل المعوقة، داخل المجتمع، من أهمها:

أ. المصالح الذاتية

يُجْبَه التغير الاجتماعي بالمعارضة، كلّما تهددت مصالح الأفراد والجماعات. فلقد أكد أوجبرن مقاومة أصحاب المصالح الذاتية للتغير؛ حرصاً على امتيازاتهم، مثل: معارضة أصحاب السيارات لبناء السكك الحديدية، لخوفهم من منافستها؛ أو معارضة بعض العمال الزراعيين لدخول الآلة الزراعية، لتأثيرها في حياتهم؛ أو معارضة العمال في القطاع الصناعي لسياسة الخصخصة، لتأثيرها في طرد بعض العمال من شركات قطاع الأعمال العام.

ب. العادات والتقاليد

تمثّل بعض العادات القديمة والتقاليد المتوارثة، معوقات دون الابتكارات، ويتصلب هذا العائق حينما يكون الكبار والشيوخ هم الحل والعقد؛ إذ يكبر عليهم تغير عاداتهم.

ج. الخوف من الجديد، وتبجيل الماضي وتقديسه

الشك في الجديد وما سوف يأتي به، يُريب كلّ المجتمعات، وبخاصة تلك التقليدية والمتخلفة، وتبجيل الماضي وإجلال موالاته، هما من معوقات التغير، ولذلك طالما قاومت المجتمعات كلّ تغير يعتري ما أَلِفته من مفاهيم راسخة كالتغيرات التي تتعلق بخروج المرأة للعمل، أو للتعليم أو السفر إلى الخارج، أو إدخال التكنولوجيا الحديثة.

د. العوامل البيئية

وهي تتعلق بالموقع والمناخ؛ فلقد قرن بعض العلماء الموقع الجغرافي بدرجة تخلّف المجتمع وتقدُّمه، ففي المناطق الاستوائية مثلاً، يكون المناخ أحد المعوقات الأساسية للتغير؛ إذ على الرغم من الحاجة إليه والشعور بأهميته، إلا أن الإنسان في تلك المناطق يتسم بالكسل والإهمال أكثر من الإنسان في المناطق الشمالية.

وهكذا يتضح أن مفهوم التغير مفهوم شامل، يهتم أو ينصب على الأوضاع الراهنة، أو على ما هو كائن بالفعل، بمعنى أنه ينصب على الوجود الحقيقي، فالتغير يشير إلى تبدُّل في الظواهر والأشياء، من دون أن يكون لذلك التغير اتجاه محدد يميزه؛ فقد يتضمن تقدماً وارتقاء، في بعض الأحيان؛ وقد ينطوي على تخلّف ونكوص في بعضها الآخر.

الفصل السادس

الثقافة والقِيم

الثقافة والقِيم Culture and Values

أولاً: الثقافة

مفهوم الثقافة

يُعد مفهوم الثقافة من المفاهيم المحورية في علم الاجتماع بصفة عامة، والأنثروبولوجيا الثقافية بصفة خاصة، ويشكل مفهوم الثقافة أحد الأفكار الكبرى، التي ساعدت البشرية على إنجاز الكثير من التقدم العلمي والتطور الفكري؛ فالثقافة مفهوم يتميز بأنه ذو طبيعة تراكمية ومستمرة، فهي ليست وليدة عقد أو عدة عقود، بل هي ميراث اجتماعي لكافة منجزات البشرية. لذلك فإن محاولة تعريف هذا المفهوم محاولة صعبة؛ لأنه على الرغم من شيوع استعمال مصطلح الثقافة على ألسنة العامة من الناس، إلاّ أن المختص في دراسة العلوم الاجتماعية حينما يحاول تعريفه يجد تعريفات عديدة، في نطاق علمه والعلوم الأخرى، وكل تعريف منها يعكس وجهة نظر صاحبه، أو النظرية التي ينتمي إليها، كما يتداخل مفهوم الثقافة مع مفاهيم أخرى؛ لذا نميز في البداية بين مفهوم الثقافة وكلٍ من الحضارة والمدنية، ثم نعرض لأهم التعريفات التي حاولت تحديد مفهوم الثقافة، وصولاً إلى وضع تعريف شامل ومتكامل لها.

أصل كلمة ثقافة Culture مشتق من الفعل اللاتيني Colere وتعني الزراعة، وأصبحت الكلمة تستخدم لتعبر عن زراعة الأفكار والقيم، أما كلمة مدنية Civilization، فتشتق من كلمة Civis اللاتينية، وتعني المواطن في صورة سلوكية معينة. وعلى الرغم من وجود خلط بين المفاهيم الثلاثة (الثقافة والمدنية والحضارة)، إلا أن بعض العلماء المحدثين اجتهدوا في توضيح الفروق بينها، وبدأت هذه التفرقة بين مصطلحي الحضارة والثقافة في ألمانيا، إذ قال توماس مان: الثقافة هي الروح الحقيقية، بينما الحضارة هي الآلية Machanization.

وذهب العالم الألماني ألفرد فيبر Weber إلى أن الحضارة هي المجهود الإنساني للسيطرة على الطبيعة، بينما الثقافة هي مظاهر الحياة الروحية والأخلاقية التي تسود المجتمع، أي أن الثقافة تعبر عن المظهر الروحي للمجتمع، بينما تعبر الحضارة عن مظاهر التقدم التكنولوجي. أما المدنية فهي مجموعة الصفات الرفيعة الفاضلة، التي يستخدمها الإنسان في تصرفاته وعلاقته مع الآخرين؛ فالمدنية تعني التقدم والسير إلى الأمام.

وميّز ألفريد فيبر بين مفهومي الحضارة والمدنية من خلال "المدنية والمجتمع والحضارة"، ويعني بـ"المدنية" نمو فروع المعرفة وتقدم سبل السيطرة الفنية على القوة الطبيعية، ذلك التقدم المتماسك الذي يخضع لنظام معين، وينتقل من شعب إلى آخر، أما المجتمع فهو شعب متمركز في مكان معين، والثقافة هي طريقة هذا المجتمع في الحياة. أما "الحضارة" فلا يمكن أن تفهم إلا إذا دُرِست دراسة تاريخية، توضح تطور أجزائها وعلاقتها الواحدة بالأخرى. وتختلف الثقافة عن الحضارة؛ فلكل مجتمع بسيطها ومعقدها ثقافة معينة هي كل نتاج الفكر المجتمعي، ونتاج هذا الفكر ومشتقاته.

أما "الحضارة" فهي النواحي العملية والمادية لثقافة الأقوام المتحضرة، الذين عاشوا ومارسوا أساليب الحضر. ومما يوضح الفرق أيضاً تميز الثقافة بأنها تراكمية ومكتسبة وتنتقل من جيل إلى جيل؛ أما الحضارة فهي وإن كانت من أوجه الثقافة، إلا أنها مميزة بوصفها نتاجاً مستقلاً، أي من نوع خاص قد يختص به مجتمع معين في فترة تاريخية، دون أن تنتشر منه إلى مجتمع آخر.

ويضاف إلى هذا أن بعض الآراء ترى أن هناك تعاقباً بين الثقافة والحضارة، ومن دعاة هذا الرأي أزوالد شنجلر في كتابه "تدهور الغرب"، الذي جعل لكل ثقافة حضارة، كما أكد على أن المصطلحين يعبران عن مرحلتين متعاقبتين في كل دورة مجتمعية؛ لأن التاريخ الإنساني عند شبنجلر يسير في دورات ثقافية وحضارية

مقفلة، كل منها مستقلة عن الأخرى، وكل دورة من هذه الدورات تبدأ بالثقافة، التي هي ضرورة لبناء أي جماعة ولبناء تنظيمها الفكري والاجتماعي.

إن ما يعزز الآراء السابقة ما قاله عالم الاجتماع بول لانديس Paul Landis، من أن: الثقافة تختلف عن الحضارة التي لها معنى أضيق من الثقافة، فالحضارة تقتصر على تلك الشعوب ذات المستوى الرفيع من التطور الثقافي، والشعوب التي وصلت إلى درجة عالية من التقدم (المتمدنة)، ترى في الحضارة كافة العناصر المادية وغير المادية، التي ابتكرها الإنسان، أما الثقافة فتوجد في كل الشعوب بسيطها ومعقدها؛ فالشعوب البدائية لها ثقافة والشعوب المتقدمة لها ثقافة، وأن الاختلاف بين المفهومين ليس في النوع؛ ولكن في الدرجة من حيث مستوى التقدم.

يتضح من التحليل السابق أن الثقافة تشمل جميع جوانب الحياة المعنوية والمادية، وتوجد في كل المجتمعات البسيطة والمعقدة، أو المتقدمة والمتخلفة على حد سواء. أما الحضارة فتشمل كل المنجزات المادية والعملية فقط، التي أنتجتها المجتمعات أثناء التفاعل بين الإنسان والبيئة الطبيعية، وتُعَد المدنية إحدى درجات الحضارة؛ أي إحدى صورها؛ فهي عنصر جديد متطور من الحضارة.

مفهوم الثقافة

من أهم التعريفات التي كان لها مكان الصدارة في تعريف الثقافة، تعريف السير إدوارد تايلور الذي نشر في كتابه الكلاسيكي "الثقافة البدائية" Primitive Culture بوصفها ذلك الكل الديناميكي المعقد الذي يشتمل على المعارف والفنون والمعتقدات والقوانين والأخلاق والتقاليد والفلسفة والأديان والعادات التي اكتسبها الإنسان من مجتمعه بوصفه عضواً فيه، وأكد تعريف تايلور كما يقول جامس ميكي على نقطتين أساسيتين، هما:

النقطة الأولى: يكتسب كل منا الثقافة بوصفه عضواً في مجتمعه.

النقطة الأخرى: الثقافة ليست مادية فحسب، بل هي معنوية، وتتكون من الأشياء المادية والأحداث التي يمكن عدها أو قياسها، ومن الأشياء المادية كاللغة والفنون... إلخ. لذا ذهب جامس ميكي إلى أن الثقافة هي المُركب الشامل من التفاعل الاجتماعي.

ووفقاً لذلك، تحتوي الثقافة على الأفكار والاتجاهات العامة المقبولة والمتوقعة، التي يتعلمها الفرد من اتصاله بالواقع الاجتماعي، لذلك فإنها تلعب دوراً مهماً في إعداده ليكون أكثر فاعلية في محيطه الاجتماعي. كذلك فإن كل جيل جديد لا يبدأ من فراغ؛ ولكنه يستفيد مِمَن حوله. ويكون كل أعضاء المجتمع مطالبين بأن ينقلوا التراث إلى الأجيال القادمة، وما تعلموه من الماضي، وما أضافوه بأنفسهم إلى هذا الكل الثقافي.

وجدير بالذكر، أن الطرق الثقافية في الأفعال أو التفكير لها اتصال مباشر بحاجات الإنسان البيولوجية والاجتماعية، مثل: حاجته للطعام، والشراب، وحفظ النوع، والصداقة مع الآخرين، والأمن، ويطلق على هذه الحاجات "الالتزامات الأساسية الثقافية"، والإنسان لا يعيش بحاجاته البيولوجية فقط، إذ يحاول أيضاً أن يجد نفسه في الدين والفن والترفيه، وإلى أن يطور نوعاً من وجهة النظر التأملية والفلسفية عن مكانه في هذا العالم. كل هذا يُعبر عن محتوى الثقافة التي يعبر عنها الإنسان في كل أفعاله، وسوف يتضح معنى الثقافة لو قارنا البيئة الطبيعية للإنسان، والمتمثلة في العالم الطبيعي الذي من حوله، والبيئة الثقافية، التي يخلقها الإنسان ويمضي فيها أوقاته ككائن إنساني، فالبيئة الطبيعية من أرض وماء وسُحب وأمطار ونبات وحيوان باختصار كل ما في الطبيعة، سواء أكان عضوياً أو غير عضوي لم يوجدها الإنسان؛ بينما تمثل الثقافة التي هي من خلق الإنسان العناصر التي أوجدها الإنسان أثناء محاولته للتكيف وتحقيق التوازن، بينه وبين العالم الطبيعي.

إن الثقافة إنتاج الإنسانية ويمكن دراستها؛ إنها الهيكل الخاص والأنظمة وأشكال السلوك، التي لها صفة الاستمرار والتغير، ومن ناحية أخرى يمكن النظر إلى الثقافة من وجهة نظر تفاعل الأفراد أو الجماعات على أنها الإنتاج النفسي الذي يُتعلم وينتقل إلى الآخرين، ليس من طريق الوراثة الميكانيكية، بل من طريق التعلم الإنساني.

خصائص الثقافة

في إطار ما سبق يمكن تحديد بعض الخصائص العامة للثقافة بأنها:

1. تنشأ الثقافة في مجتمع معين، ويظهر هذا جلياً في سلوك أعضاء ذلك المجتمع.
2. الثقافة قابلة للتناقل، وعملية التناقل تقتصر على الإنسان بوصفه الكائن الوحيد الذي يبدو قادراً، بدرجة كبيرة، على أن ينقل ما اكتسبه من عادات لأقرانه، وتُعد اللغة عاملاً أساسياً في هذا المجال، ولا تتضمن عملية التناقل الإجراءات والمعرفة فقط بل تشمل أيضاً تهذيب الدوافع الغريزية خلال السنوات الأولى من عمر الإنسان.
3. تتميز الثقافة بالدوام والاستمرار عبر الزمن، بسبب قدرتها على تخليد نفسها، وعلى البقاء بعد انقراض أي من الشخصيات التي تسهم فيها، ومع أن الثقافة تخرج تماماً عن نطاق التركيب الطبيعي للفرد، إلا أنها تصبح خلال مراحل نموه جزءاً من شخصيته.
4. الثقافة ميراث اجتماعي؛ فالعادات الخاصة بالنظام الثقافي تنتقل وتستمر عبر الزمن، كما يشارك فيها كل الأفراد الذين يعيشون داخل تجمعات منظمة، أو جماعات تحرص على الامتثال لتلك العادات تحت وطأة الضغوط الاجتماعية.

5. للثقافة وظيفة التوافق؛ فهي تتوافق مع البيئة الجغرافية للمجتمع ومع الشعوب المحيطة بها، كما تتوافق المطالب النفسية والبيولوجية للكائن البشري.

6. الثقافة هي ذلك الكل المركب والمعقد، الذي يشتمل على المعرفة والعقائد والفنون والقيم والقانون والعادات التي يكتسبها الإنسان كعضو في المجتمع، ويشمل ذلك الجانبَين: المادي وغير المادي.

7. الثقافة تنظيم يشمل مظاهر الانفعال والأفكار والمشاعر التي يعبر عنها الإنسان عن طريق الرموز بفضل اللغة التي يتعامل بها، وبهذه الصفة الرمزية أصبح من السّهل انتقال الثقافة.

8. الثقافة مكتسبة؛ فهي المصطلح الاجتماعي للسلوك المكتسب المتعلم، فجوهر الثقافة عند الإنسان هو التعلم تمييزاً لها عن الصفات الموروثة، وتأكيداً لقدرة الإنسان على التعلم.

9. الثقافة عقلية؛ فهي تتكون من السلوك المكتسب والفكر المكتسب لدى أفراد المجتمع، ويتمثل هذا الفكر في المعاني والمثل والأنظمة والمعتقدات.

10. الثقافة تنظيم يقوم على التفاعل الاجتماعي بين الأفراد، ووظيفتها توجيه سلوك هؤلاء الأفراد.

11. الثقافة مثالية وواقعة؛ فالثقافة المثالية تشتمل على الطرق التي يعتقد الناس أن من الواجب عليهم السلوك وفقها، أو التي قد يرغبون في إنتاجها، أو التي يعتقدون أنه من الواجب عليهم السلوك بمقتضاها، أما الثقافة الواقعة فإنها تشكل من سلوكهم الفعلي، وفي الثقافات التي تجتاز تغيراً سريعاً، فإن الفاصل بين الثقافة المثالية والثقافة الواقعة آخذ بالتأكيد في الاتساع، وتؤدي هذه الفجوة إلى التخلف الثقافي.

مكونات الثقافة

تتكون الثقافة من مقومات ثلاثة، هي:

- **العموميات:** وتشمل جميع الأفكار والمشاعر والنتائج المشتركة بين جميع الراشدين بأحد المجتمعات، وتتضمن إلى جانب أشياء أخرى اللغة والدين وعلاقات القرابة والمعتقدات والقيم الاجتماعية، وهي من أكثر جوانب الثقافة مقاومة للتغيير.

- **الخصوصيات:** وهي تلك الظواهر التي لا يشارك فيها سوى أفراد من مجموعات اجتماعية متميزة معينة، مثل: الصناعات والمهن ذات المهارة، كالأطباء والمحامين والمعلمين ورجال الدين. وهي أقل مقاومة للتغيير من العموميات.

- **البديلات:** وهي تلك الظواهر التي لا تندرج تحت العموميات أو الخصوصيات، وتتمثل في الاهتمامات والأذواق التي تتغير باستمرار، كالمودات والتقاليع. وتُعَد بديلات الثقافة أكثر جوانبها عرضة للتغيير.

التخلف الثقافي

للثقافة وجهان: مادي وغير مادي؛ ففي العائلة يتمثل الجانب المادي في المسكن والأثاث والطعام، كما يتمثل الجانب غير المادي في السلطة الأبوية وأساليب التنشئة وتعدد الزوجات وغيرها. ويكون التغير سريعاً في الجانب المادي خلافاً للجانب غير المادي، وبهذا يحدث التخلف الثقافي بينهما.

وترجع سرعة التغير في الجانب المادي إلى كثرة الاختراعات، بالمقارنة بالجانب غير المادي، فالتطور المتسارع في وسائل الاتصالات، والانفتاح على الثقافات والسماوات المفتوحة، يضع قيم المجتمع في موقع متخلف.

وهناك عدة عوامل تقف في سبيل التغير غير المادي، منها:

- ميل كل ثقافة إلى المحافظة على القديم.

- الجهل وعدم معرفة حقيقة التجديد أو الاختراع أو طريقة استخدامه، يؤدي إلى رفضه.
- النزعة المحافظة عند كبار السن وأصحاب المصالح.
- أنماط التفكير التقليدي.
- الاتجاهات المعادية للتغير، كالخوف من الجديد والخوف من المخاطرة.

وظيفة الثقافة

تحدد ثقافة أي مجتمع أسلوب الحياة فيه، سواء من ناحية وسائل الإنتاج والتعامل والأنظمة السياسية والاجتماعية، أو من ناحية الأفكار والقيم والعادات والتقاليد وآداب السلوك، وغير ذلك.

وتعبّر عناصر الثقافة في أي مجتمع عن خلاصة التجارب والخبرات، التي عاشها الأفراد في الماضي، مشتملة على ما تعرضوا له من أزمات، وما حددوه من أهداف، وما استخدموه من أساليب، وما تمسكوا به من قيم ومعايير، وما نظموه من علاقات، وبهذا المعنى تُعَد الثقافة أساساً للوجود الإنساني للفرد والمجتمع الذي ينتمي إليه.

وللثقافة وظائف متعددة للفرد، إذ توفر له:

- صور السلوك والتفكير والمشاعر، التي ينبغي أن يكون عليها.
- وسائل إشباع حاجاته العضوية البيولوجية والسيكولوجية الاجتماعية، فهي تعلمه كيف ينقذ نفسه من الجوع والعطش، كما تعلمه السلوك الخلقي في التعامل الاجتماعي.
- تفسيرات جاهزة لطبيعة الكون وأصل الإنسان، ودوره في هذا الكون.
- المعاني والمعايير التي يميز في ضوئها بين الأشياء والأحداث؛ فهي التي تحدد له الجميل والقبيح، الأخلاقي وغير الأخلاقي.

- الاتجاهات والقيم وما يساعده في تكوين ضميره الذي يتواءم به مع جماعته، ويعيش متكيفاً معها.
- ما يشعره بالانتماء لجماعته، وما يربطه بسائر أفرادها لتميزهم عن سائر الجماعات الأخرى.

مقومات المجتمع وشروطه

بيَّن بعض علماء الاجتماع أن تحديد المجتمع يتطلب توافر شروط وظيفية معينة، هي:

1. نسق الاتصال والتفاعل بين أفراده.
2. نسق الاقتصاد الذي يختص بأمور الإنتاج وتوزيع السلع والخدمات.
3. أجهزة التنشئة الاجتماعية، كالأسرة والمدرسة ووسائل الإعلام.
4. نسق السلطة وتوزيع محدد للقوة يصون التماسك الاجتماعي ويدعمه، ويحدد الأحداث الشخصية المهمة، مثل الولادة والوفاة والزواج.

وفي هذا الصدد تُوجد أربعة مقومات أساسية تميز المجتمع، هي:

المقوم الأول: قدرة المجتمع على الاستمرار إلى مدى زمني أطول من عمر الأعضاء الذين يكونون ذلك المجتمع، بمعنى بقاء المجتمع واستمراره على الرغم من فناء الأجيال المختلفة واندثارهم.

المقوم الثاني: قدرة المجتمع على تجديد نفسه من خلال التناسل من ناحية، وعن طريق غرس ثقافته من خلال توافر نظام تربوي قادر على تحقيق التنشئة الاجتماعية للأعضاء الجدد، وفقاً لثقافة المجتمع ونظمه، من ناحية أخرى.

المقوم الثالث: مدى توافر مجموعة من المعايير المشتركة المنظمة للأفعال الاجتماعية للأعضاء، ومدى توافر الشعور بالولاء للمجتمع لدى هؤلاء الأعضاء، وتُعد المعايير Norms موجهات للسلوك الذي يجب الأخذ به، أو تطبيقها في

مواقف اجتماعية محددة، وتتحدد الالتزامات، التي يمليها دور الشخص في الجماعة الاجتماعية، عن طريق هذه المعايير التي تضعها الجماعة أو التي تسير عليها.

وعلى هذا الأساس فإن المعايير الاجتماعية تكون بمثابة قواعد أو مبادئ سلوكية عامة ملزمة للأفراد، ابتداءً من الأفعال البسيطة في الحياة اليومية، انتهاء بالأحكام الأخلاقية المعقدة، التي تزيد من وحدة المجتمع وتماسكه من خلال تقبل الأفراد لها.

المقوم الرابع: مدى قدرة المجتمع على تحقيق الاكتفاء الذاتي والاستقلال النسبي، ويُقصد بالاستقلال النسبي هنا معنيان؛ أولهما، أن يكون المجتمع وحدة قائمة بذاتها وليس فقط جماعة أو جماعات فرعية ينتمي كل منها إلى مجتمع آخر؛ وثانيهما، أن يتحقق التكامل داخل المجتمع، وأهم مقومات التكامل الاجتماعي هو الاعتماد المتبادل بين الأعضاء، ووجود معايير وقيم يخضع لها الأفراد في سلوكهم، ويسيرون وفقاً لها.

إذا كان المجتمع مجموعة من الكائنات البشرية التي تتميز بقدر ملحوظ من الاكتفاء الذاتي، والقدرة على الاستمرار في البقاء لمدة أطول من حياة الفرد (وذلك من خلال التناسل الجنسي أساساً)، فقد حُدِّدت أربعة ظروف مهددة لوجود المجتمع هي: الانقراض البيولوجي (الإنجابي)، أو تشتت السكان وتفرقهم، وسلبية الأفراد، والحروب المؤدية إلى الإبادة، وذوبان المجتمع في مجتمع آخر.

وقد دفعت هذه الظروف إلى التأكيد على أهمية المتطلبات، التي تمكن المجتمع من البقاء، وأهم هذه المتطلبات الاكتفاء الذاتي الضروري للاستمرار في الوجود، وإذا أمكن للمجتمع تفادي الظروف المؤدية إلى تلاشيه، فإنه يستطيع بعد ذلك تطوير الوسائل والأساليب التي تمكنه من التناسل المنظم المستمر، وتنظيم علاقاته بالبيئة التي يوجد فيها، وتحديد الأدوار الاجتماعية، وصياغة الأهداف العامة، فضلاً عن أساليب الضبط الاجتماعي.

أنماط المجتمعات Types of Societies

منذ أن عُرِف علم الاجتماع وثمّة جهود مبذولة، من أجل الوصول إلى تصنيف دقيق لأنماط المجتمعات، وربما كانت الثنائيات هي المحاولة المنظمة في هذا المجال؛ فمثلاً يمكن التمييز بين المجتمع البسيط والمجتمع المعقد، ففي المجتمع الأول تسيطر الجماعة على الفرد وترسم له موقفاً ثابتاً لا يتغير أبداً، بينما في المجتمع الثاني يعبر الفرد عن نفسه ويتمتع باستقلال يمكنه من إجراء حسابات عقلية، والدخول في علاقات تعاقدية مع الأفراد الآخرين.

إن كل محاولات العلماء من أجل تنميط المجتمعات، أغفلت عدم وجود مجتمع يتصف بالتقليدية المطلقة، تماماً كعدم وجود مجتمع يتصف بالحضرية الكاملة؛ ولكن هناك مجتمعات تغلب عليها الصفة الدينية وأخرى الصفة المدنية، وهذه الأنماط من المجتمعات ما هي إلاّ تصنيفات تفيد في التحليل.

وثمة أمثلة أخرى لأنماط المجتمعات، منها:

1. المجتمع المحلي Local Community:

يتسم المجتمع المحلي بأن سلوك أفراده تنظمه إلى حد كبير العادات والتقاليد، ومن ثم، ففيه مكان ضئيل نسبي للاختيار الشخصي والقرار الفردي، إذ تحكمه مجموعة من القواعد والتنظيمات والمظاهر العديدة للحياة اليومية، تلك القواعد التي تحدد متى وأين ينبغي أن ينام الفرد؟، وأين يتناول طعامه؟، وأين يتعبد؟، وأين يتسامر؟، ومتى يمارس الجنس ممارسة شرعية؟، ولماذا يظل المرء عفيفاً؟ وكيف.

وما دامت السنن تمارس قهراً على السلوك فلا حاجة إلى القانون الوضعي الحكومي، فالقانون جزء من التقاليد ولكن التقاليد ليست مقننة ولا تستند على حكم العقل، ولا تملى على الأفراد بصورة تنم عن السلطة ولا تُشرع، لكنها تنبع

من التجارب المتراكمة للمجتمع، وهي تُدمج في العادات المعروفة والمقبولة لدى الناس.

والمجتمع المحلي مجتمع تقليدي، يحدث فيه التغير ببطء شديد، وينقل كل جيل إلى الجيل التالي أغلب الأساليب والمعايير والقوانين الاجتماعية، التي تحكم السلوك وتحدد الأدوار، التي يلعبها كل شخص داخل هذا المجتمع. كما ترتبط العناصر المختلفة في المجتمع المحلي التقليدي ارتباطاً قوياً، وتتكيف في مواجهة أي قدر من الصراع أو الانشقاق.

وتتميز المجتمعات المحلية ببساطة مظاهر تقسيم العمل، والتباين المحدود في الأدوار. فدور الشخص البالغ في هذه المجتمعات هو، تقريباً، الدور نفسه، الذي يلعبه أي شخص من الرجال؛ ولكن ثمة اختلافات يسيرة بين المتزوجين والأرامل، والذين لم يتزوجوا بعد. والأدوار الاجتماعية المحلية وحدة كلية أو وحدة شاملة، وليست أدواراً متشعبة.

كما أن العلاقات الاجتماعية في هذا المجتمع علاقات شاملة وشخصية، كلها مودة وأُلفة. وهي علاقات تقوم على أهمية حقيقية فعلية، وليست أدوراً أدائية نفعية.

وتقتصر العضوية في المجتمعات المحلية الكبيرة على العضوية الجمعية في العائلة، والجماعات القرابية الكبيرة والصغيرة، وتقوم على أساس السن والجنس والمركز الزواجي في هذه المجتمعات.

كما يتصف المجتمع المحلي بأنه مجتمع صغير منعزل، يتميز بالأُمية والتجانس (التشابه) ويغلب عليه شعور قوي بتماسك الجماعة، وأقرب مثال ملموس للمجتمع المحلي هو: القبيلة في الصحراء، أو المجتمع الزراعي المنعزل.

2. المجتمع الحضري الحديث:

هو مجتمع يقوم على الروابط القانونية وتضعف فيه قوة التقاليد، ويسود هذا المجتمع عدد قليل من المعتقدات والقيم ومستويات السلوك المقبولة قبولاً عاماً، أي يتضاءل فيه تأثير العرف والتقاليد، ويظهر فيه أثر القانون الرسمي في تنظيم السلوك وضبط التفاعل الاجتماعي، وتتميز هذه المجتمعات بالتغير السريع، وتفتقد الحياة الجمعية وحدتها، ويختفي التماسك، ويتباعد مكان العمل عن مكان الترويح، وتتزايد مظاهر تقسيم العمل، وتتعدد الأدوار الاجتماعية وتتكاثر.

كما تتسم العلاقات الاجتماعية في هذه المجتمعات بأنها سطحية ووقتية؛ فالأفراد يرتبطون سوياً لتحقيق أغراض محددة، كما توجه المصالح الخاصة عملية التفاعل الاجتماعي في المواقف المختلفة. يتضح ذلك في العلاقة بين البائع والمشتري في السوق، فلا مجال للمجاملات، وكل شيء يحدده السعر وجودة السلعة. ومثل هذه العلاقات النفعية تتضاءل أمامها قيمة العواطف والخواطر الشخصية، وكلها علاقات تهدف إلى تحقيق غايات ومصالح خاصة.

المسايرة (الامتثال) الاجتماعية Social Conformity

تُعرّف "المسايرة" أو "الامتثال" بأنها الالتزام بالمعايير السائدة في الجماعة أو المجتمع، ولا يمتثل الناس دائماً للمعايير الاجتماعية لأنهم يقبلون بالقيم الكامنة وراءها، فهم قد يتصرفون، أحياناً، بما يتوافق والطرائق المقبولة؛ لأنه قد يكون من المفيد أن يسلكوا على هذا النحو، أو بسبب العقوبات أو الجزاءات، التي قد تنجم عن خرق القواعد.

إن الامتثال الاجتماعي هو سلوك يعكس مسايرة الفرد للقواعد والمعايير الاجتماعية، ويُعبّر عنه باستجابات تكون مشابهة لسلوك الآخرين، أو باستجابات تحدد وفقاً لعادات الجماعة ومعاييرها، وقد يُعرّف الامتثال أو المسايرة بأنه العمل

على تدعيم مجموعة مستويات سلوكية من جانب الجماعة؛ وحينما نلاحظ أن جماعة معينة من الأفراد يستجيبون بصورة متكررة ومتميزة نحو موقف مثير، فإن المتوقع أن يكون لهؤلاء الأفراد اتجاه اجتماعي ثابت نحو هذا الموقف. ويمكن أن يُطلق على هذه الاستجابة المتميزة، في بعض الأحيان، "سلوك ممتثل".

إذا كان الامتثال هو مسايرة المعايير والتوقعات الشائعة في الجماعة، التي يُعَد الفرد عضواً فيها؛ فإن الامتثال لمعايير جماعة خارجية يُشار إليه عادة بعدم الامتثال، لمعايير الجماعة الداخلية.

وقد أوضح روبرت ميرتون اعتماد المسايرة، بالدرجة الأولى، على تكيف الفرد مع وسائل الضبط والتنظيم، التي يفرضها المجتمع لتحقيق أهدافه وغاياته المطلوبة، أو المرغوبة اجتماعياً. وهذا النموذج هو أكثر النماذج شيوعاً في المجتمعات الإنسانية، وهو النموذج الذي يختاره غالبية الأفراد؛ لذا فهو الأكثر انتشاراً؛ لأنه يحافظ على المجتمع وعلى تنظيمه، وتتوقع معظم المجتمعات تنفيذ هذا النموذج، وتسعى إلى أن يتقيد الأفراد به من خلال تحديدها للقواعد التي يشملها التنظيم، وهذا من شأنه إحداث التوافق والتجانس الاجتماعي داخل المجتمع.

تمثل المعايير Norms السائدة في المجتمع وأساليب الضبط الاجتماعي، القوى التي بها يمتثل الأفراد لنظم المجتمع الذي يعيشون فيه. وتختلف وسائل الضبط تبعاً لاختلاف المجتمعات؛ بل وفي المجتمع الواحد باختلاف الزمان والمكان، ويُعَد القانون أكثر أدوات الضبط تجريداً ووضوحاً؛ بل أوضح وأدق وسيلة، وأكثرها قوة وإلزاماً، وتتوقف فاعلية أساليب الضبط متمثلة في مدى ممارسة الضغط على الأفراد لكي يمتثلوا لقيم المجتمع التي ينتمون إليها على الجماعة ذاتها، ذلك أن طبيعة الجماعة هي التي تحدد وسائل الضبط.

وهناك حدود للتسامح مع غير الممتثل تعتمد على عناصر ثلاثة، هي:

أ. طبيعة الموقف الاجتماعي.

ب. مكانة الفرد وسمعته.

ج. نمط السلوك المتضمن.

يحدث تغير في درجة التسامح في مواقف الأزمات والكوارث، ويكون الانحراف عن المعايير السائدة مُتسامحاً فيه بدرجة كبيرة في المجتمعات الكبيرة والمفككة، عنه في المجتمعات الصغيرة والمتماسكة. كما أن أعضاء الجماعة، الذين يتميزون بسمعة عالية، ينالون القدر الأكبر من الحرية.

إن لكل المجتمعات قواعدها ومعاييرها التي تحدد السلوك المتوقع وغير المتوقع من أفرادها، ويمتثل هؤلاء الأفراد أو ينحرفون، تبعاً لما يقترفون من سلوك يتفق أو يختلف مع تلك المعايير، ومن الصعب تخيل مجتمع بلا معايير، إذ من دونها لا يمكن التنبؤ بسلوك أفراده.

وهناك مجموعة من الأسباب التي تفسر عدم تقبل الأفراد للمعايير، أهمها:

- قد تُعَد بعض المعايير أقل أهمية من غيرها.
- قد تتصارع المعايير كلُ مع الأخرى، ولا يستطيع الفرد الامتثال لإحداها.
- قد ينصرف بعض الأفراد عنها؛ لأنهم لا يعرفون قوتها.
- قد لا تكون بعض المعايير معروفة لدى بعض الأفراد في المجتمع.

أنواع المُسايرة

للمسايرة أنواع مختلفة؛ فقد تكون مسايرة معيارية، أي: الامتثال للمعايير السائدة في الجماعة، أو مسايرة معلوماتية، أي: التقبل غير النقدي للمعلومات التي تقدم للفرد في مواقف معينة.

إن أكثر أنواع المسايرة شيوعاً هما: "المسايرة الاجتماعية" و"المسايرة الفردية"، ويُقصد "بالمسايرة الاجتماعية" تغيير اتجاهات الجماعة، حتى تساير المعايير السائدة والجديدة، وقد بيّنت الدراسات اختلاف المسايرة الاجتماعية من مجتمع لآخر،

ومن ثقافة لأخرى، ويرجع ذلك إلى الفروق الاجتماعية والسياسية والجغرافية والأسرية والتربوية في كل مجتمع. فالمجتمعات الرعوية الجليدية، وصائدو الأسماك، وسكان الجبال، تلعب ظروفهم الصعبة دوراً مهماً في اهتمام هذه البيئات بتنمية السلوك الاستقلالي لدى الأفراد؛ بينما يتجه سكان المناطق الريفية الزراعية، والقبائل سكان المناطق الحارة، إلى التمسك بقيمها وعاداتها وتقاليدها وضرورة مسايرة الأفراد لها.

أما "المسايرة الفردية"، فهي تأثر الفرد في أحكامه بوجود الآخرين، بحيث يجعل اتجاهه موافقاً مع ما تذهب إليه غالبية الجماعة، وتوجد عوامل متعددة تؤدي إلى المسايرة الفردية:

- كلما كانت جاذبية الجماعة للفرد عالية (بناءً على أهدافها أو ما تحققه له من فوائد ومزايا)، أدى هذا إلى مسايرته لمعاييرها.
- لا يُساير الفرد الجماعة التي يتمتع بعضويتها لفترة قصيرة؛ بل يساير جماعته المرجعية، التي يتوحد بها وتحدد سلوكه واتجاهاته وآراءه ومعتقداته.
- تتأثر المسايرة الفردية بدرجة اعتماد الفرد على الآخرين، خاصة عندما يكون الآخرون أكثر خبرة وأعلى مكانة منه.
- يُعَد غموض الموقف أساساً مهماً لمسايرة الفرد؛ لأنه مع زيادة غموض الموقف يزداد اعتماد الفرد على أعضاء الجماعة وعلى ما لديهم من معلومات، ومسايرتهم فيما يذهبون إليه من أحكام، بوصف الجماعة هي المرجع الذي يعتمد عليه لمواجهة مثل هذا الموقف الغامض، ونظراً لصعوبة الموقف وغموضه، وما يمثله من تهديد للفرد تقل معه ثقته في ذاته، فإن ذلك يدفعه إلى الاعتماد على الآخرين.

- لذكاء الفرد أثره في المسايرة الفردية، فقد تبين أنه كلما زاد ذكاء الفرد كانت مسايرته التلقائية أضعف وأقل، وذلك لقدرته على الفحص والتمحيص والدراسة المتعمقة والمتأنية للمواقف والمعايير.
- تتوقف المسايرة الفردية على مدى إدراك الفرد لمعايير الجماعة، ذلك أن الأفراد لا يدركون معايير الجماعة بالدرجة نفسها؛ بل إن بعض الأفراد يكون إدراكهم لمعايير الجماعة وفقاً لظنهم، وليس لما هو معلن ومعروف، ومما يسهم في تفاوت إدراك الأفراد لمعايير الجماعة غموض تلك المعايير ذاتها.
- عند المقارنة بين المسايرين والمستقلين، وُجد أن المسايرين أكثر شعوراً بالمسؤولية، وأعلى في الاتزان الوجداني، وفي سمة الاجتماعية، وأكثر ثقة في الآخرين، وأعلى تسامحاً وصبراً، وأسرع في اتخاذ القرار، وأكثر اندفاعاً وحيوية من المستقلين.

الطبقة الاجتماعية Social Class

على الرغم من أن مصطلح الطبقة يُعَد واحداً من أكثر المصطلحات شيوعاً في علم الاجتماع، إلاّ أنه لا يوجد اتفاق واضح حول تعريفه. فعلماء الاجتماع يستخدمون المصطلح للإشارة إلى الاختلافات الاجتماعية الاقتصادية بين الجماعات والأفراد التي تخلق صوراً للتفاوت بينهم في الرفاهية المادية والقوة.

وتُعد الطبقة بمفهومها العلمي إحدى نتاجات الفكر الماركسي، وعلى الرغم من أن وجهة نظر ماركس في موضوع الطبقة جاءت مبعثرة في مؤلفاته، إلا أنه حددها بأنها: تَجَمّع من الأشخاص يُنجز عملاً واحداً في إطار عملية إنتاجية واحدة، وتختلف باختلاف وضعها الاقتصادي وموقعها من عملية الإنتاج،

وتتحدد الطبقة في ضوء مهامها في عمليات الإنتاج، ومن ثَم، يرتبط وجود الطبقات بمراحل تاريخية معينة من تطور الإنتاج.

ووفقاً لتصور ماركس، فإن المتغير الأساسي لنشوء الطبقة هو المِلْكية، أما المتغير الوسيط فهو تقسيم العمل، إضافة إلى ذلك رأى ماركس أن الطبقة لا يتم تشكلها بصورة نهائية إلاّ بوجود الوعي الذاتي بها، والذي لا يمكن أن يوجد إلا من طريق الأيديولوجية الطبقية. لكن الجدير بالملاحظة أنه لم يولِ اهتماماً كبيراً بوضع تحديد دقيق للطبقات، وإنما عُد الأهم من ذلك هو توضيح حقيقة الانقسام الطبقي في المجتمعات الإنسانية، بوجه عام، وفي المجتمع الرأسمالي، بوجه خاص.

أولى لينين قضية الطبقات الاجتماعية اهتماماً كبيراً، فذهب إلى أنها مجموعات كبيرة من الناس تختلف عن بعضها في المركز الذي تشغله في نظام تاريخي محدد للإنتاج الاجتماعي، وفي علاقاتهم مع وسائل الإنتاج، وفي دورهم في التنظيم الاجتماعي للعمل؛ ومن ثَم، في القدر والطريقة التي تستحوذ بها على نصيبها من الثروة الاجتماعية التي تقع تحت تصرفها. فالطبقات إذاً هي مجموعات من الناس تستطيع إحداها أن تستحوذ على الأخرى نتيجة اختلاف المراكز التي تحتلها في نظام محدد للإنتاج الاجتماعي.

وهذا يوضح أن ما طرحه لينين لمفهوم الطبقة يُعد تأكيداً لما توصل إليه ماركس من ارتباط الطبقة بالنمط التاريخي للإنتاج وبعملية تقسيم العمل الاجتماعي، كما أن لينين فسر الطبقة كما تصورها ماركس، مؤكداً على فكرة استغلال طبقة لأخرى، وفي هذا يُلاحظ أن أي تعريف للطبقة الاجتماعية يستلزم التمييز بين القوى الاجتماعية والعلاقات الاجتماعية، من ناحية، وبين الفوارق الاجتماعية التي تعتمد على الملكية الخاصة لوسائل الإنتاج، من ناحية أخرى.

يرى داهرندوف Dahrendof أن الغموض الذي يحدث بين علماء الاجتماع، فيما يتعلق بدراسة الطبقة، يرجع إلى الخلط بين مفهومي: الطبقة Class،

والشريحة Stratum؛ ويعني بالشريحة الاجتماعية فئة من الناس تشغل وضعاً متشابهاً في هرم الترتيب الطبقي، الذي يتميز بخصائص وسمات موقفية، مثل الدخل والمنزِلة Prestige وأسلوب الحياة، كما يرى أن الشريحة فئة وصفية، في حين أن الطبقة فئة تحليلية تُعبّر عن تجمعات تظهر بفعل ظروف بنائية خاصة. وأياً كانت التفرقة التي يضعها داهرندوف بين الطبقة والشريحة الاجتماعية؛ فإنه يضيف إلى التعريف الماركسي بُعدين، هما: المنزِلة الاجتماعية وأسلوب الحياة، اللذان تختلف على أساسهما الطبقات بعضها عن بعض، إضافة إلى أن تجمع كل طبقة يكون على أساس المصلحة المشتركة.

على هذا، فإن تعريف الطبقة من وجهة النظر الماركسية يقوم على:

1. وجود جماعة من الناس تتشابه من حيث الموقع الذي تشغله، في نسق الإنتاج الاقتصادي والاجتماعي.
2. التشابه في الدخل والمنزلة الاجتماعية وأسلوب الحياة.
3. التشابه من حيث نصيب الطبقة في ملكية وسائل الإنتاج.

ولكن ماكس فيبر أوضح تعدد أبعاد تحديد الطبقة الاجتماعية، وعدم اقتصارها على البعد الاقتصادي وحده، فقد أضاف إلى التعريف الماركسي للطبقة والذي يعتمد على التشابه في الوضع الاقتصادي بعدين آخرين، هما: المكانة Status والقوة Power. ويرى أن كلاً من الطبقة والمكانة والقوة يتداخل مع الآخر، ويُعرّف الطبقة بأنها "أية جماعة من الأشخاص يشغلون المكانة الطبقية" نفسها وفي هذا يميز بين الطبقة المالكة، التي تتحدد مكانة الأعضاء فيها على أساس التمايز في توزيع الملكية، وبين الطبقة المُكتَسَبة، التي يتحدد وضعها الطبقي عن طريق مدى استغلالها للفرص المتاحة، وعلى أساس مجموعة المكانات الطبقية لأفرادها.

يتبين من التحليل السابق، أن النظرية التكاملية للطبقات ترتكز على تصور مفهوم المكانة الذي وضعه ماكس فيبر، كما تقوم هذه النظرية على تعدد أبعاد التدرج الطبقي، وعلى التساند المتبادل بين مكونات الطبقة، وانطلاقاً من تصورات النظرية التكاملية يتحدد مفهوم الطبقة في ضوء خصائصها؛ فهي مفتوحة من الناحية القانونية؛ ولكنها شبه مغلقة واقعياً، وهي متعددة الأبعاد من حيث أنها تتحدد في ضوء متغيرات الدخل والمهنة والتعليم والمنزلة الاجتماعية وأسلوب الحياة والقرابة ومحل الإقامة.

ثانياً: القِيم

تمهيد

للقِيم أهميتها الكبرى في حياة المجتمعات والأفراد، فهي التي تحدد معالم الأيديولوجية أو الفلسفة العامة للمجتمع، فالقيم السائدة في المجتمع الرأسمالي مثلاً تختلف عن القيم السائدة في المجتمع الشيوعي، والقيم السائدة في المجتمع الديني تختلف عن القيم السائدة في المجتمع العلماني؛ لأن القيم انعكاس للطريقة التي يفكر بها أبناء المجتمع، أو الثقافة المشتركة الواحدة.

وتُعَد القِيم من المعالم المميزة للثقافات الفرعية داخل المجتمع الواحد؛ فالقيم التي تسود بين سكان الريف، تختلف في بعض منها عن القيم التي تسود بين سكان المجتمعات الحضرية، كما تختلف القيم التي تنتشر بين المراهقين عن تلك التي بين الشباب والشيوخ، فالقيم هي التي توجه سلوك أبناء الثقافة الفرعية وأحكامهم، فتحدد لهم ما هو مرغوب فيه وما هو مرغوب عنه؛ بل تشكل الغايات المثلى التي يسعى أبناء هذه الثقافة إلى تحقيقها.

وللقِيم أهميتها التربوية لأنها مصدر لتشكيل السلوك؛ فهي المعايير التي يستخدمها كل من التلميذ والمعلم في الحكم على السلوك السّوي وغير السوي،

وقد كشفت الدراسات عن أهمية القيم في خلق البيئة التربوية المناسبة التي تحقق المزيد من فهم التلاميذ واستيعابهم، ومن التفاعل بين التلميذ والمعلم، فتزايد التقبل من جانب المعلم لتلاميذه، يترتب عليه زيادة اهتمام التلاميذ بالعمل المدرسي، وزيادة ابتكاراتهم وكفاءتهم في التحصيل الدراسي.

كما تَتَبيّنُ أهمية القِيم في علاقاتها بالأسلوب الذي يتبعه المعلم، مع التلاميذ أو الطلاب في عملية التدريس، فَنَسَقُ القيم الذي يتبناه المعلم بوصفه مصدراً لعملية التفاعل مع التلاميذ يؤثر في مستوى أدائه.

أما في مجال التوجيه التربوي والمهني، فللقيم دور مهم؛ فالمستقبل المهني للفرد لا يعتمد فقط على استعداده للعمل، وإنما على المجتمع الذي يعيش فيه ويعمل، والتوجهات السائدة في هذا المجتمع، فالنظام الاجتماعي الذي تسمح قيمه المهنية بالانتقال من مستوى اقتصادي اجتماعي إلى مستوى آخر، يختلف مثلاً من ناحية أثره في التوجيه التربوي أو المهني، عن النظام الذي يفرض على الأبناء العمل في مهن الآباء نفسها، كما أن المجتمع الذي يشترط شروطاً لا تتعلق بقدرات الفرد وميوله للالتحاق بعمل ما، يؤثر في التوجيه المهني لأفراده، وبناءً على النظرة الاجتماعية للعمل (الفني أو الأكاديمي... إلخ)، يتجه الأفراد إلى نوع التعليم المرغوب فيه من المجتمع بدرجة أكبر.

ويتجه الفرد للمهنة التي تشبع احتياجاته وقيمه، كما يختار الدراسة التي تؤهله للالتحاق بهذه المهنة والعمل فيها والاستمرار والنجاح في أدائها، فثمة علاقة مثلاً بين القيمة الجَمالية، واختيار الفرد للمهن الفنية والعمل كفنان أو مؤلف، وبين القيمة الاجتماعية ودراسة الخدمة الاجتماعية والإرشاد النفسي، ثم العمل كأخصائي اجتماعي، أو في مجال الإرشاد النفسي، أو في مجال التمريض.

وللقيم أهميتها في تحقيق الصحة النفسية للأفراد؛ فهي من عوامل الوقاية من الأمراض النفسية، فالقيم المرتبطة بذات الفرد تشكل وجهة نظره للحياة وطريقته

في التعامل الاجتماعي، ومن ثَم، تحقيق التكيف النفسي، كما أن القيم التي تحدد معايير الحلال والحرام، وما هو مقبول أو مرفوض في المجتمع، تشكل سلوك الفرد وتعامله الاجتماعي، ممّا يؤثر في توافقه النفسي. ويؤدي الصراع القيمي، أو عدم اتساق القيم لدى الفرد، إلى حدوث اضطرابات في الشخصية وسوء في التوافق الاجتماعي (فالمرضى النفسيون يظهرون اتجاهاً مضاداً أو معاكساً للقيم الدينية)، لهذا يكون تعديل القيم واحداً من وسائل العلاج النفسي وأساليبه.

ويعتمد نمو الضمير عند الطفل على معايير الوالدين وقيمهم. ويؤدي تعارض القيم داخل الأسرة إلى اضطراب عمليات التطبيع الاجتماعي وتنشئة الأبناء؛ فتنشأ شخصياتهم مضطربة بشكل يعوق توافقهم المستقبلي.

وإذا كان الشعور المتوازن بالسعادة أو الرضا دالة للصحة النفسية للأفراد، فإن للقيم دورها في تحقيق تلك السعادة، فالقيم المرتبطة بالتفاؤل تكون ذات علاقة إيجابية بالسعادة، وكذلك ترتبط القيم التي تؤكد على التفاعل الاجتماعي البناء بالسعادة ارتباطاً عالياً، وللقيم الدينية إسهامها العالي في شعور الفرد بالسعادة والرضا، فالملتزمون دينياً يرتفع لديهم معنى الحياة، أي شعور الفرد بالحب والسعادة والعلاقة الطيبة مع الآخرين.

تعريف القيم

تختلف تعريفات القيم بناءً على المجال الذي تنتمي إليه (الاقتصاد، الفلسفة... إلخ)، وتبعاً لنوع القيم ذاتها (اجتماعية، دينية... إلخ):

1. يتضح اختلاف تعريفات القيم بناءً على المجال الذي تُستخدم فيه أو تنتمي إليه، فللقيمة في مجال الاقتصاد مثلاً عدة معانٍ، منها: صلاحية شيء لإشباع حاجة (قيمة المنفعة)، ومنها ما يساويه متاع حين يُستبدل بغيره في السوق، ومن ثَم، فهي تقدير الشخص لهذا المتاع، أو تقدير الجماعة لما يُتبادل بين أفرادها (قيمة المتاع

وقيمة المبادلة)، ونظراً لكثرة استخدام مفهوم القيمة في علم الاقتصاد، لـذا سُـمي هذا العلم "علم القيمة".

أما الفلاسفة فيرون أن مهمة الفلسفة تستند إلى أساس قيمـي، سـواء في اتجاهها إلى النقـد أو الإبـداع. فهـي التـي تـبرر المبـادئ، وتكشـف الافتراضـات، وتنـاقش القـيم الرئيسية، ظاهرة كانت أو خفية، وراء مشكلات الثقافـة السـائدة بمـا يحتـدم فيهـا مـن صراع، وما يختلج فيها من توتر. وهي التي توضح معنى ذلك في حياة الفـرد والجماعـة، وتبيّن دلالته في حاضر الثقافة ومستقبلها.

وهذا من شأنه تعميق إحساس الإنسان بقيمـه، ممّا يجعلـه يـدعم قدرتـه عـلى توجيهها نحو ما ينبغي له أن يكون، وترى الفلسفات المثالية بوجه عام، اسـتقلال القـيم وانعزالها عن الخبرة الإنسانية، أما الاتجاه الثـاني، فيتمثـل في الفلسـفات الطبيعيـة التـي ترى القيم جزء لا يتجزأ مـن الواقـع الموضـوعي، للحيـاة والخـبرة الإنسـانية، فالأشـياء لا ترتبط بقيم سامية لسر كامن فيها؛ بل دائماً تكون قيم الأشياء نتاج اتصالنا بها، وتفاعلنـا معهـا، وسـعينا إليهـا، وتكـوين رغباتنـا واتجاهاتنـا نحوهـا، فـالقيم مـن نسـيج الخـبرة الإنسانية، وجزء لا يتجزأ من كيانها، فالأشياء ليست في ذاتها خيرة أو شريرة، صـحيحة أو خاطئة، قبيحة أو جميلة، وإنما هذه الأحكـام نصـدرها نحـن مـن واقـع تأثيرنـا في هـذه الأشياء، وتأثرنا بها.

2. أما العامل الثاني الذي أدى إلى اختلاف تعريف القيم، فهو اختلاف تعريف كل نوع أو فئة من تلك القيم، فالقيمة الاجتماعية هي الحكم الـذي يصـدره الإنسـان عـلى شيء ما، مهتدياً بمجموعة من المبادئ والمعايير، التي وضعها المجتمع الـذي يعـيش فيـه، والذي يحدد المرغوب فيـه والمرغـوب عنـه مـن السـلوك؛ أو هـي اهـتمام أو اختيـار أو تفضيل يشعر معه صاحبه أن له مبرراته الخلقيـة أو العقليـة أو الجماليـة، أو كـل تلـك مجتمعة، بناءً على المعايير التي تعلمها مـن الجماعـة، ووعاهـا في خـبرات حياتـه نتيجـة عملية الثواب والعقاب والاتحاد مع غيره أو الارتباط به.

ويتضمن مفهوم القيمة بالمعنى الاجتماعي اتخاذ قرار أو حكم يتحدد على أساسه سلوك الفرد أو الجماعة إزاء موضوع ما، ويتم ذلك بناءً على نظام معقد من المعايير والمبادئ. وهذا معناه أن القيمة ليست تفضيلاً شخصياً أو ذاتياً؛ بل تفضيل له ما يبرره في ضوء المعايير الاجتماعية العامة، وبناءً على هذا المفهوم، ميّز العلماء بين القيم الخاصة بالمجتمع القديم، الذي تسوده القيم التقليدية، والقيم الخاصة بالمجتمع العصري الذي تسوده القيم العصرية، وبين قيم المجتمع الريفي وقيم المجتمع الحضري.

أما مفهوم القيمة بالمعنى النفسي، فهي تنظيمات معقدة لأحكام عقلية انفعالية معممة نحو الأشياء، أو الأشخاص، أو المعاني، سواءً كان التفضيل الناشئ عن هذه التقديرات المتفاوتة صريحاً أو ضمنياً، ويمكن تصور هذه التقديرات على أساس أنها امتداد يبدأ بالتقبل، ويمر بالتوقف، وينتهي بالرفض.

ويتضمن مفهوم القيمة بالمعنى النفسي- تركيزه على قيم الفرد ومحدداتها المختلفة، كما يتضمن هذا المفهوم ثلاثة مقومات معرفية بوصفها أحكاماً عقلية، ومقوماً انفعالياً، من حيث امتدادها بين القبول والرفض لموضوع معين، ومقوماً نزوعياً، من حيث تحريكها للفرد في اتجاه معين وتوجيه سلوكه الشخصي. وبناءً على المفهوم النفسي- للقيم، ميّز علماء النفس بين القيم الوسائلية والغائية، وبين القيم الملزمة والتفضيلية والمثالية، وبين القيم العامة والخاصة.

أما المفهوم الديني للقيم فيُنظر إليها على أنها عملية تفضيل تقوم على الاستقامة والاعتدال، وتنطلق أساساً من مصادر أحكام الشريعة (الإسلامية) ومعاييرها ومبادئها، وهي تحدد المرغوب فيه حلالاً طيباً وتأمر به، والمرغوب عنه حراماً خبيثاً وتنهى عنه. وتعمل كدوافع أو مثيرات لسلوك الفرد والمجتمع نحو خلق الشخصية السوية المتكاملة وتنميتها، وذلك بما يكفل للإنسان السعادة الأبدية، وثمة تعريف آخر أكثر عمومية للقيم الدينية يرى أنها اهتمام الفرد وميله نحو معرفة ما

وراء العالم الظاهري، فهو يرغب في معرفة أصل الإنسان ومصيره، ويرى أن هناك قوة تسيطر على العالم الذي يعيش فيه، وهو يحاول أن يصل نفسه بهذه القوة.

ويتضمن المفهوم الديني للقيم التأكيد على أنها مجموعة الصفات السلوكية العقائدية والأخلاقية، التي توجه السلوك، وهي التي تصنع نسيج الشخصية وتطبعها بطابعها، وتُبنى القيم الدينية على تصور محدد للكون والخالق، وللإنسان والعقل والعلم والمعرفة.

وبناءً على المفهوم الديني للقيم ذكر الباحثون عدداً منها، مثل: قيم الإيمان، والتقوى، والتعبد، والحق، والحرية، والمسؤولية.

ويتضح، مما سبق، تعدد تعريفات القيم واختلافها، إلا أن التعريف الذي يمكن الأخذ به هو أنها: "صفة يكتسبها شيء أو موضوع ما، في سياق تفاعل الإنسان مع هذا الشيء أو الموضوع"؛ أو هي لفظ نطلقه ليدل على عملية تقويم يقوم بها الإنسان، وتنتهي بإصدار حكم على شيء أو موضوع أو موقف ما؛ أو هي القرار الذي يصدره الإنسان لأمر ما، بناءً على دستور من المبادئ أو المعايير.

ويُلاحظ على هذا التعريف أنه تعريف إجرائي، أي قابل للملاحظة، فهو صفة ملحوظة، أو كلمة ننطق بها، أو حكم يتخذه الفرد، أو قرار يصدره، ويتضمن التعريف أن القيمة معيارية الطابع؛ لأنها تقوم على أساس دستور من المبادئ أو المعايير.

خصائص القيم

نظراً لتعدد القيم وتنوعها، ولاختلاف تعريفاتها، أورد العلماء خصائص متعددة لها، وقد يبدو على هذه الخصائص أحياناً التناقض والتداخل والتعارض، ومن هذه الخصائص:

1. نسبية القيم:

يُقصد بنسبية القيم أن معناها لا يتحدد ولا يتضح عند النظر إليها في ذاتها مجردة عن كل شيء، بل لابد من النظر إليها خلال الوسط الذي تنشأ فيه؛ لذلك فالحكم عليها ليس حكماً مطلقاً بل حكمٌ ظرفيٌ وموقفيٌ، وذلك بنسبتها إلى المعايير التي يفضلها المجتمع، في زمن معين وبإرجاعها إلى الظروف المحيطة بثقافة القوم. والنسبية قد تكون زمانية، تختلف من وقت لآخر؛ أو مكانية، تختلف من مجتمع لآخر؛ أو شخصية، تختلف من فرد لآخر.

2. ثبات القيم:

توصف القيم بأنها أبطأ في التغيير من الاتجاهات والرغبات والميول، لهذا فإن ثباتها يكون نسبياً، وتزداد نسبية ثباتها لتوجهها نحو أهداف معينة قابلة للتغيير؛ ولأنها لا تعكس فقط حاجاتنا الخاصة، بل تعكس أيضاً ما يثيب أو ما يعاقب عليه المجتمع، في فترة معينة.

3. معيارية القيم:

ترجع طبيعة القيم المعيارية إلى أنها تتضمن إصدار أحكام أو اتخاذ قرارات لأمر ما، بناءً على دستور من المبادئ أو المعايير الاجتماعية السائدة، في مجتمع ما في فترة معينة.

4. القيم مفاهيم مجردة:

تتضح الطبيعة المجردة للقيم في أنها لا تُقاس مباشرة، بل تُقاس بطريقة غير مباشرة، فالقيمة لا تُقاس مباشرة بل يُستدل عليها من مجموع استجابات الفرد إزاء موضوع معين، فالتدين كقيمة لا يُقاس مباشرة، بل بسؤال الفرد عن تصرفاته في بعض المواقف (كالصيام في يوم حار، ومساعدة المرضى، وإغاثة الملهوف في موقف خطر... إلخ).

5. القيم تتضمن الاختيار والتفضيل:

تتضمن القيم الاختيار والتفضيل لكل ما هو مرغوب فيه، على أساس عقلي أو اجتماعي أو خُلقي أو ديني، وكثيراً ما يتضمن الاختيار والتفضيل توتراً وصراعاً بين ما يرغب فيه الإنسان، وما ينبغي أن يكون عليه الحال في نظر الجماعة.

6. القيم تسلسلية أو ترتيبية:

تترتب القيم لدى كل فرد ترتيباً هرمياً، يُعرف بالسلم أو الإطار أو النسق القيمي، وعلى قيمة هذا النسق تكون القيمة الغالبة على سلوك الفرد؛ فالتاجر تكون قيمه الاقتصادية على قمة هرم قيمه، والمحامي تكون القيمة النظرية على قمة هرمه القيمي، ورجل الدين تكون القيمة الدينية على قمة هرمه القيمي.

ويحاول كل فرد أن يحقق قيمه جميعاً؛ ولكن إذا حدث تعارض بينها، فإنه يخضع بعضها للبعض الآخر وفقاً لترتيب خاص به، والقيم في ترتيبها لا تكون ثابتة، بل تتبادل المراكز فيما بينها تبعاً لظروف الفرد.

7. القيم محصلة للخبرات والممارسات الاجتماعية:

تُكتسب القيم أثناء عملية التطبيع أو التنشئة الاجتماعية، فالقيم بوصفها معيارية تتأثر بالمستويات المختلفة، التي يكونها الفرد نتيجة احتكاكه بمواقف اجتماعية، ونتيجة لخضوعه لعملية التعلم والتعليم في البيئة التي يعيش فيها، ولهذه الخاصية انعكاسها على إلزامية القيم لسلوك أعضاء مجتمع معين، في زمن معين.

8. القيم ذات طبيعة تقويمية:

تتضمن القيمة عملية تقويم يقوم بها الإنسان، وتنتهي بإصدار حكم على شيء أو موضوع أو موقف ما، أو اتخاذ قرار بشأن تفضيل، أو انتقاء لسلوك معين، إزاء ذلك الشيء أو الموضوع أو الموقف.

9- النسق القيمي:

من خصائص القيم أنها تترتب فيما بينها لدى الفرد أو لدى المجتمع، ويُطلق على هذا الترتيب النسق القيمي، ويُقصد به أنه نموذج منظم ومتكامل من التصورات والمفاهيم الدينامية الصريحة أو الضمنية، يحدد ما هو مرغوب فيه وما هو مرغوب عنه. أي أنه مجموعة القيم المتساندة بنائياً والمتباينة وظيفياً، في داخل إطار ينظمها ويشملها ويرسم لها تدرجاً خاصاً. ويتخذ هذا التدرج شكلاً هرمياً تكون على قمته القيمة الغالبة، على سلوك الفرد أو الجماعة.

ويؤدي نسق القيم مجموعة من الوظائف، أهمها:

1. للمجتمع

- تزويد أعضاء المجتمع بمعنى الحياة وبالهدف الذي يجمعهم من أجل البقاء، كما أن التكامل الأخلاقي في جماعة معينة يكون محكوماً بالقدر الذي يتبنى به جميع أعضاء الجماعة مجموعة من القيم، على النحو الذي تُصبح به حياة هذه الجماعة منظمة.

- ربط أجزاء الثقافة ونظمها بعضها ببعضها حتى تبدو متناسقة، كما تعمل على إعطاء هذه النظم أساساً عقلياً يستقر في ذهن أعضاء المجتمع المنتمين إلى هذه الثقافة أو تلك.

- وجود تشابه أخلاقي بين أعضاء مجتمع معين، نظراً لالتزامهم بالقيم السائدة أو الغالبة في مجتمعهم.

- يحدد النسق القيمي لكل مجتمع مشكلاته الاجتماعية، ذلك أن المشكلة لا يكون لها كيان مستقل من دون تعريفها عن طريق القيمة. ولن تكون الجريمة كذلك إلا إذا أقرتها قيم الفرد والجماعة.

2. للفرد

- يصبغ النسق القيمي كل فرد بصبغته الخاصة، فالشخص الذي يحب المال يسعى بكل جهده للحصول عليه، ويكون "حب المال" قيمة عنده غالبة على سلوكه، وقد يكون الكرم أو الكرامة من قيمه أيضاً، ولكنها تحتل مرتبة دُنيا.

- توجيه سلوك الفرد نحو غايات وأهداف محددة؛ فمن كان يحب المال كقيمة سيسعى جاهداً لاكتنازه؛ ومن كان يُحب العلم كقيمة، سيبذل قُصارى جهده لتحصيله والارتقاء به.

- تُعَد أنساق القيم مستويات يعتمد عليها الأشخاص في الاحتفاظ بالتقدير الذاتي لأنفسهم، بصفة مستمرة بين أقرانهم وزملائهم. كما تساعد الفرد على إجراء وإصدار تبريرات معينة، لتأمين حياته والدفاع عن ذاته.

- يؤدي النسق القيمي إلى توافق الشخص النفسي- والاجتماعي، فلكل مرحلة عمرية نسق من القيم تتميز به عن غيرها من المراحل، طبقاً للخصائص المعرفية والوجدانية والسلوكية لها، ويؤدي هذا النسق في حالة توازنه، إلى تحقيق توافق الفرد مع القواعد والمعايير الاجتماعية والأخلاقية السائدة في المجتمع.

والنسق القيمي للأفراد والمجتمعات ليس ثابتاً؛ بل يتغير تبعاً لما يمر به المجتمع من ظروف وأحداث؛ فالحروب والأزمات تغير النسق القيمي للمجتمعات، وكذلك يؤدي احتكاك الثقافات إلى دخول قيم جديدة على المجتمعات، ما يؤدي إلى تغير النسق القيمي لتلك المجتمعات.

ويتشكل النسق القيمي للأفراد تبعاً لمراحل نموهم، ولما يمرون به من ظروف وأحداث، ويشمل ذلك: مستوى التعليم ونوعه، ونوع الجنس، والإطار الثقافي العام، والمستوى الاقتصادي والاجتماعي، ودرجة التدين ونوع المعتقد.

تغير القيم

يأخذ التغير في القيم أشكالاً وصوراً متعددة، منها:

1. اكتساب القيم أو التخلي عنها مثل اكتساب الأطفال لقيم مجتمعهم، فعند فترة مراهقتهم يتخلون عن بعض قيمهم المرتبطة بالصداقة، ليكتسبوا قيماً جديدة.
2. إعادة توزيع القيمة كأن تبدأ القيمة لدى عدد قليل من الأفراد ثم تنتشر أفقياً، أي مكانياً، وتنتقل رأسياً، أي زمانياً، فقادة الثورات يتبنون مجموعة من القيم التي ينشرونها بين أتباعهم، ثم في مجتمعاتهم، ثم تنتقل هذه القيم من جيل لآخر.
3. التأكيد على شأن القيمة أو التقليل من شأنها، كالتأكيد على القيم الدينية والإقلال من شأن القيم العلمانية أو عكس ذلك.
4. تغير النسق القيمي وإعادة تدرجه (كما سبق توضيح ذلك)، فمع نمو الفرد يزداد عدد القيم التي يتبناها في نسقه القيمي؛ ولكن عند انضمام قيم جديدة إلى النسق القيمي السائدة، يحدث نوع من إعادة الترتيب أو التوزيع لهذه القيم، حسب أهميتها للفرد.
5. تغير طرق تحقيق القيم؛ فكسب "المال" كقيمة قد يتغير من الحلال إلى الحرام أو العكس؛ وتحقيق "الحرية" كقيمة قد ينتقل من الدعوة إلى الهجوم، وإلى العدوان، أو الجهاد.

6. تتغير القيم ارتقائياً عند الانتقال من الطفولة المبكرة وحتى نهاية العمر، فمع نمو الفرد تزداد المعايير التي يحتكم إليها وضوحاً وكفاءة في تحديد قيمه، كما يتغير مفهوم المرغوب فيه والمرغوب عنه، ويمضي ارتقاء القيم منتقلاً من العيانية إلى التجريد، ومن البساطة إلى التركيب، ومن الخصوصية إلى العمومية، ومن الوسيلة إلى الغاية، ويكون ارتقاء القيم محصلة للتفاعل بين الفرد بسماته ومحدداته الخاصة، وبين الإطار الحضاري الذي يعيش فيه.

اكتساب القيم

لما كانت القيم مكتسبة، فإن التعلم والتعليم هما الطريق لتحقيق ذلك، ويتم التعلم بعدة وسائل وأساليب، منها ما هو مباشر وما هو غير مباشر:

1. القدوة؛ فالوالد قدوة لأبنائه، والمعلم قدوة لتلاميذه، ورئيس العمل قدوة لموظفيه، وكلّما كانت القدوة صادقة في سلوكها، متسقة في أقوالها وأفعالها، متشابهة في ثقافتها مع الآخرين، ومتسمة بالصِّدقية والثقة، ساعد ذلك في انتقال القيم وإكسابها للآخرين.

2. تقديم الحقائق الموضوعية التي تتناسب في مستواها وطريقة تقديمها للآخرين، فالحقائق تزيد المتلقي فهماً ومعرفة، ومن ثَم، وعياً واقتناعاً بموضوع القيمة وقدرة على تفسيره. وتؤدي الحقائق المدعمة بالأمثلة إلى تغير الجانب الوجداني، ما ييسر قبول القيمة والعمل بها.

3. ربط التصرف بالنتيجة أو السلوك بالآثار المترتبة عليه، فأسلوب الوعظ لتعليم القيم لا يؤتي النتائج المرجوة منه في ذاته؛ ولكن إذا تدعّم الوعظ مع ربط التصرف أو السلوك بالنتائج المترتبة عليه، ساعد ذلك على اكتساب القيم وزيادة تقبلها.

4. استخدام المناقشات الجماعية ييسر تبني القيم؛ لأن المناقشة تتضمن جانباً معرفياً، كما تتضمن إيجابية ومشاركة الأفراد في اتخاذ القرار، ما ييسر تبنيهم للقيم ودفاعهم عنها. لذلك تتضمن المناقشات ممارسة الجماعة للضغوط على أعضائها المخالفين للقيمة، حتى ينصاعوا لما اتفقوا عليه.

5. يؤدي التعلم المباشر للقيم دوره الكبير في إكسابها، ومن أمثلة ذلك تدريس الدين والأخلاق بالمدارس، وتنفيذ المشروعات المرتبطة بالقيم (مثل العطف على الفقراء والمحتاجين، زيارة المرضى... إلخ).

6. يساعد التقييم والنقد الذاتي لسلوك الفرد، في فهمه لقيمه وآثارها في التعامل مع الآخرين وفي تحقيقه لأهدافه، وكلما كان التقييم الذاتي أميناً ومخلصاً، أسهم في إكساب القيمة ونموها وتعديلها أو تثبيتها.

الفصل السابع

الاتصال الجماهيري

خصائص الاتصال الجماهيري

أ. انتشار الاتصال الجماهيري عبر الزّمان والمكان:

يمضي الإنسان يومه متحدِثاً ومتحدَثاً إليه وكاتباً وقارئاً للحديث والقديم، ومستمعاً ومستجيباً للعديد من الرموز الثقافية المحلية والعالمية، لهذا يوجد الاتصال الجماهيري في كل مكان وكل لحظة ولا غنى عنه، من هنا يعبّر الاتصال الجماهيري عن الأوضاع القائمة والبيئة المحيطة والثقافة المميزة لشعب معين، أو المناخ الثقافي، الذي يعبر عن حقيقة المجتمع وأوضاعه.

ب. الاشتراك والمشاركة في المعنى:

إن الاتصال بوجه عام، والجماهيري بوجه خاص، هو نشاط له هدف ومعنى، وهو فعل خلاّق يبادر به الإنسان ويسعى فيه نحو تمييز المنبهات وتنظيمها، بحيث يتمكن من توجيه ذاته في بيئته وإشباع حاجاته المتغيرة. فقيام الإنسان بالاتصال هو عملية تحويل للمنبه الخارجي، من حالة مادة أولية أو خام إلى معلومات ذات معنى وهدف. لذا يمكن القول إن هذا الفعل الخلاّق، الذي يتمثل في إيجاد المعنى يقوم بوظيفة التقليل من غموض هذا العالم، وبناءً على ما سبق يمكن القول إن الاتصال الجماهيري يسهم في تقليل غموض العالم المحيط بنا.

ج. قابلية الاتصال الجماهيري للتنبؤ به بدرجة من الاحتمال:

أكدت الأبحاث العلمية أن الذي يحدث عندما تصل رسالة معينة من مصدر محدد، إلى جمهور معين، فإن الأمر يُعد مسألة قابلة للتنبؤ بآثارها، بدرجة مناسبة من الاحتمال.

د. وجود جمهور كبير الحجم تصل إليه الرسالة الاتصالية.

هـ. احتمال تأخر الاستقبال: إذ تنتقل الرسالة عبر واسطة تتأثر بعوامل متعددة.

و. صعوبة تحقيق مراقبة متبادلة أو تفاعل متبادل، بين المُرسل والمستَقبِل.

ز. صعوبة الحصول على معلومات عن المستقبلين.

أهمية الاتصال الجماهيري

يتفق علماء الاجتماع والاتصال على أهمية وسائل الاتصال الجماهيري في إحداث التغيير الاجتماعي المقصود داخل المجتمع. ولا يمكن أن يحدث أي تغيير في المجتمع بمعزل عن استخدام وسائل الاتصال الجماهيري التي تُعد بحق من الأدوات المهمة والرئيسية في مخاطبة الناس، وشرح ونقل تلك التغييرات الجديدة، التي ستحدث في المجتمع وفي بنيانه ووظائفه، حتى يعرف كل فرد دوره ومكانته، وفقاً للتغيير الذي سيطرأ على المجتمع.

والمجتمع هو الذي يحدد شكل الاتصال الجماهيري ومضمونه؛ فدراسة الاتصال هي دراسة للناس والمجتمع في وقت واحد، فالاتصال عملية اجتماعية، وعن طريقه ينشر المجتمع أهدافه، كما تساعد وسائل الاتصال على تكوين الآراء وتغيير المفاهيم، وتعديل أنماط السلوك وتثبيت القيم المرغوب فيها وتدعيمها، وتعبئة الرأي العام بشكل إيجابي وفعال، وهذا يوضح أهمية وسائل الاتصال الجماهيري، في التغيير الاجتماعي.

وتُعد وسائل الاتصال الجماهيري ذات أثر بالغ في تكوين الرأي العام Public Opinion وتغيير مساراته، لا سيما في المجتمعات النامية. فهذه المجتمعات تسعى للخلاص من رواسب التخلف وعوامله، بإيجاد جمهور واعٍ يستطيع أن يفهم

ذاته وحقيقة واقعه، ويسعى، من خلال التطلع المشروع والإرادة الصلبة، إلى البحث عن حل لمشكلات مجتمعه على اختلاف أنواعها، ومعالجة القضايا المهمة، وتنمية القيم الأخلاقية والاجتماعية والثقافية والقومية والدينية، إن الاتصال الجماهيري يسهم في توسيع المدارك والأفكار، ويستحث دوافع الجماهير ويستثير انتباههم لقضايا المجتمع، ويثير لديهم الإحساس بالمشاركة، فيما يجري من أحداث محلية وقومية وعالمية.

إن الوسائل التقليدية للاتصال الجماهيري، مثل الجلوس على المقهى والتسوق أو الاجتماعات اليومية وغيرها، سوف يستمر تأثيرها لمدة طويلة، حتى مع وجود الجرائد والإذاعة والتليفزيون، ومن ثَم يؤدي الاتصال المباشر دوراً مهماً في تعميق أثر وسائل الاتصال الجماهيري في المجتمعات المتقدمة، وفي تكوين الرأي العام.

وتمثل وسائل الاتصال الجماهيري المحور الأساسي لنشر الثقافة وترسيخ مكونات الحضارة، خاصة عندما تكون المادة الإعلامية مَصُوغة بصورة تتفاعل مع متطلبات المجتمع وتطلعاته وأهدافه وقيمه، على نحو يتميز بالصدق والأمانة والاعتماد على الطاقات الخلاقة، وأصحاب العطاء والخبرة العالمية، كما يمكن لوسائل الاتصال الجماهيري في الوقت الحديث أن تكون عظيمة الفائدة، في التعليم، والتعلم الذاتي، وتعليم الكبار. كما تستطيع أن تتحمل نصيباً أكبر من التعليم في حالة عدم توفر المعلمين والمدربين.

التنشئة الاجتماعية

تعريف التنشئة الاجتماعية:

التنشئة الاجتماعية هي عملية تطبيع اجتماعي فمن خلالها يتم إكساب الفرد مفاهيم جديدة من خلال وجوده في بيئة يؤثر ويتأثر بها.

او هي عملية تعلم مستمرة باستمرار حياة الأفراد من الطفولة حتى الشيخوخة.

او هي عملية تحويل الكائن الحي البيولوجي الى كائن اجتماعي أي ان الوليد البشري يتحول من كائن تغلب عليه حاجات ودوافع أوليّة إلى كائن له دوافع وحاجات من نوع جديد ذات أصل اجتماعي

جوانب عملية التنشئه الاجتماعية :

1- كفى

2-تشجيعي

مكونات التفاعل الاجتماعي

- **الجانب الادراكي :** أي كيفية إدراك الفرد للاشياء و الحاجات التي له علاقة بها.

- **الجانب الانفعالي :** اي عملية التأثير و التأثر بين الفرد و الجماعة التي ينتمي لها.

- **الجانب التفاعلي :** يوثر على التفاعل و الانصهار مع البيئه ، ويؤدي إلى تقدير الفرد و معرفة أهميته ، يؤدي الى قيام الفرد لأدواره المختلفة.

مؤسسات التنشئة الاجتماعية

1- **الأسرة :**

- الأسرة مستودع تعلم الطفل لأشياء إيجابية أو سلبية.

- الأسرة تعتبر المصدر الأكبر لتعليم الطفل المعايير، حيث يتعلم الصواب والعقاب.

- سيطرة أحد الوالدين علي التنشئة الاجتماعية وتساهل الطرف الآخر، تؤدي بالطفل الى عدم التركيز، كما تؤدي الي كراهية الأبناء لآبائهم.

- العلاقة بين الوالدين والطفل.

- العلاقة بين الأخوة.

- المستوي الاجتماعي والاقتصادي للأسرة.

- دور الأسرة فى تحقيق مطالب الطفل نتيجة قيامه بسلوكيات معينة كالبكاء.

- تأثر دور الأسرة بجنس الطفل.

- حاجات الطفل المختلفة ودور الأسرة فى إشباعها.

- تحول الأسر من أسر ممتدة الي أسر نووية.

2- **المدرسة:**

- المدرسة تعتبر مصدراً من مصادر التنشئة الاجتماعية من خلال ما يوجد بها من مدرسين وإدارة.

- تقوم المدرسة بتعليم الطفل الانضباط.

- المعلم يعتبر بديلاً للاب بالنسبة للطفل.

- ما يتعلمه الطفل فى المدرسة يؤثر سلباً او إيجاباً عليه.
- أهمية المرحلة الابتدائية فى التنشئة الاجتماعية.
- أساليب التربية الحديثة أدت إلى تغيير كثير من المفاهيم لدي الطفل.
- دور المدرسة مهم وفعال ومؤثر فى حياة الطفل.
- أهمية اختيار معلم المرحلة الابتدائية المناسب لتعليم الأطفال.

3- جماعة الرفاق:

أهمية جماعة الرفاق في حياة الطفل:

- جماعة الرفاق تؤدي إلى سواء الطفل أو إلى انحرافه.
- يزداد تعلق الطفل بجماعة الرفاق كلما كانت العلاقات الأسرية سيئة.
- جماعة الرفاق السيئة تستغل حاجات الأفراد للوصول إلى تحقيق أهدافها.

4- دور العبادة:

- من المؤسسات الهامة فى عملية التنشئة الاجتماعية.
- تساهم فى تعليم الأفراد سلوكيات خلقية مفيدة لحياتهم.
- بدأت أهمية دور العبادة مع ظهور الإسلام.
- أهمية وجود الدين لحياة الأفراد.
- تعمل دور العبادة على سموّ أهداف الأفراد.
- أهمية دور العبادة فى تنمية الوازع الديني.

- **تتخذ اسلوب:**

1 - الترغيب والترهيب.

2- توحيد السلوك الاجتماعي للافراد.

3- التقريب يبين الطبقات الاجتماعيه.

5 – وسائل الاعلام:

- وأنواعها (مسموعة، مقروءة، مرئية).
- لها تأثير قوي علي سلوك الأفراد.
- تعتبر وسائل الإعلام سلاحاً ذا حدَّين.
- فقد تؤثر إيجابياً علي الأفراد من خلال تعليمهم السلوكيات الصحيحة.
- وقد تؤثر سلباً علي الأفراد إذْ تساهم فى جعلهم مدمنين أو مجرمين.
- تأثير القنوات الفضائية يفوق تأثير الأنواع الأخرى .
- يجب العناية والاهتمام بوسائل الإعلام حتى تقوم بتثقيف الأفراد عن طريق الأفكار الصحيحة والبعد عن الأفكار السيئة.

6 – الثقـافـه:

الثقافة تشمل المعارف والمعتقدات والفنون والقواعد الأخلاقية والقوانين والعادات والمهارات والقدرات التي يكتسبها الفرد من المجتمع الذي يعيش فيه وتأثير الثقافة غير مباشر على عملية التنشئة الاجتماعية ، وللثقافة جانبان:

1- النمو الثقافي.

2- التغير الثقافي.

أساليب التنشئة الاجتماعية

1- المساندة العاطفية: تتمثل فى إقامة علاقة وطيدة متنامية بين الطفل ووالديه:

- لها دور فى إشعار الطفل بالثقة والطمأنينة.
- صرخة الميلاد تعبير عن خوف الطفل
- أسلوب الضبط الوالدي
- أهمية تعريف الطفل بالأمور الهامة فى حياته.
- الأسرة مهمة فى تنمية النمو الأخلاقي لدي الطفل.
- أهمية تدريب الطفل للتعامل مع الأشياء كما هي فى الواقع.
- أهمية تعليم الطفل المعايير والقيم.
- أهمية إثابة السلوك السوي ومعاقبة السلوك الشاذ.

2- **نمط العداء بين الوالدين:** يتمثل فى السلوك العدائي الموجه للأبناء المبني على الصرامة والغلظة فى التعامل، و يؤدي زيادة العداء من قبل الوالدين للطفل إلى تزايد فقد الثقة من جانب الطفل في الأسرة ومن ثم في المجتمع.

3- تذبذب الوالدين: أي عدم الاتفاق بين الوالدين على أسلوب معين فى تربية الأبناء، وتؤدي الى شعور الطفل بالقلق نتيجة عدم معرفته هل سلوكه صحيح أم خطأ.

4- الحماية الزائدة لدي الوالدين من أسبابها:

- وجود طفل بعد فترة طويلة من عدم الانجاب.
- الطفل الذكر الوحيد على مجموعة بنات، أو بنت وحيدة على مجموعة ذكور.

من أضرارها

- تؤثر على شخصية الطفل من حيث عدم الاعتماد على النفس، أو الاستقلال أو قيامه بمهمة معينة.

5- **تسلط الوالدين:**

- في كثير من الأحيان يعامل الأب ابنه كما عامله أبوه.
- تؤدي إلى عدم إعطاء الفرصة للابن للتعبير عن نفسه وأفكاره.

روح التسامح لدي الوالدين

- التسامح في الجوانب الإيجابية تساعد على النمو والسلوكيات الجيدة.
- التسامح فى السلوك الشاذ يؤدي إلى تمادي الطفل فى هذا السلوك.

أهم الأسباب لجوء الاباء الى التسلط:

أ- امتصاص الأب لمجموعة من القيم والمعايير الصارمة في طفولته مما يضطره إلى تطبيقها على أطفاله.

ب- الأب الفاشل الذي يفشل في تحقيق أهدافه يجعل من أبنائه مجالا لطموحه الذي عجز هو عن تحقيقه.

6- إهمال الوالدين للأبناء:

- إهمال الوالدين يشعره بـ:
- بعدم الاهتمام .
- عدم الأمن النفسي.
- عدم الامن المادي.

7- نبذ الطفل انفعالياً:

- يتمثل في عدم إعطاء الطفل الحنان.
- عدم تلبية رغبات الطفل.
- حرمان الطفل من الدفء العاطفي.
- الطفل يستطيع تمييز التغير فى معاملة الوالدين له.

* تفضيل طفل من أحد الجنسين ومن صوره:

- تفضيل الولد على البنت.
- تفضيل الابن الأكبر علي بقية الأبناء.
- تفضيل الابن الأصغر.
- يؤدي هذا الأسلوب إلى شعور الأبناء بالحقد والكراهية، لذا يجب أن تكون معاملة الإباء واحدة ومتساوية لكل الأبناء.

8- الإعجاب الزائد:

- يؤثر سلباً على الطفل من حيث إحساسه بالغرور واللامبالاة.
- يؤدي بالابن إلى عدم الاهتمام بآراء الآخرين والتعالي عليهم وعدم الاحترام.

* اختلاف طريقة التربية للوالدين:

- تعني اختلاف اسلوب تعامل الوالدين مع الطفل فالأب يكون صارماً بينما الأم تقدم الحنان والوداعة، وقد يحدث العكس.
- يجب الاتفاق بين الوالدين على طريقة موحدة للتعامل مع الابن.
- تأثيراتها خطيرة على الطفل من خلال تنمية عدم الثقة لديه.

* محاولة كسب الأطفال من أحد الوالدين:

- يعتبر من أخطاء التعامل الوالـدي للأبنـاء وخاصـة فى حالـة عـدم التفـاهم بـين الوالدين.
- هـذا الأسـلوب خـاطئ إذْ يـؤدي بالأبنـاء الى فقـد الثقـة تجـاه الوالـدين، وإلى العدوان تجاه الوالدين والصراع مما يؤدي الي تفكك الأسرة.

9- الاعتمادية:

- أي اعتماد الطفل على والديه فى كل أمور حياته.
- ينعكس هذا الأسلوب على علاقة الفرد بالمجتمع.
- عند عدم اشباع الفرد لرغباته كما تعود فإنه يصاب بالإحباط ومـن ثـم يتطـور إلى شعور بالقلق.
- لا بد من تدريب الآباء لأبنائهم على الاعتماد على أنفسهم.

10- دفء العلاقة بين الأم والطفل:

- الطفل بحاجة الي الشعور بالدفء العاطفي.
- يوجد ارتباط وجداني بين الطفل وأمه يعبر الطفل عنه بالمناغاة.
- الطفل حساس بتغير الدفء العاطفي بين أمه وبينه.
- لا بد من توفر الدفء العاطفي والعلاقة المتوازنة، حيث يترتب عليها: توفير الأمان النفسي والعاطفي، الشعور بالطمأنينة، والراحة النفسية، والثقة. حتى لا يقـع الفـرد فريسة للاضطراب النفس.

أهمية التنشئة الاجتماعية

أ. اكتساب المرء إنسانيته:

من طريق التنشئة، يتعلم الإنسان اللغة والعادات والتقاليد والقِيم السائدة في جماعته، ويتعايش مع ثقافة مجتمعه. أمّا إذا رُبِّي شخص في الغابات، فإن سلوكه وطباعه، سيكون لها شأن آخر؛ فلقد عثر العلماء على حالات لأطفال ربَّتهم الحيوانات (كالقردة) في الغابات، فشابه سلوكهم سلوكها؛ فلم يتسموا بأيٍّ من مظاهر التواد نحو الإنسان، ولا الابتسام، ولا الخجل من العري، ولا الخوف من الطلق الناري؛ كما كانوا يتناولون الطعام كالحيوانات.

ولكن بعد أن تعهد العلماء قِلَّة منهم بالتربية في وسط إنساني، استطاعوا ارتداء الملابس بأنفسهم، والتمييز بين الحار والبارد، والناعم والخشن. كما نمت لديهم انفعالات جديدة، كالود نحو الممرضة القائمة على رعايتهم؛ حتى إن أحدهم كان يبكي، ويصدر أصواتاً، تدل على الحزن، عند غيابها. وبدأو يتعلمون اللغة والحديث.

ب. اكتساب المجتمع صفات خاصة:

يتولى رجال إحدى القبائل مسؤوليات أُسَرية، تشبه الدور الاجتماعي للنساء في المجتمع العربي: إعداد الطعام، ورعاية الصغار، وتضطلع نساؤها بمسؤوليات، تشبه الدور الاجتماعي للرجال في مجتمعنا، مثل: الصيد والدفاع عن الأسْرة، وينطبق المبدأ نفسه على المجتمعات الشرقية، قياساً بالمجتمعات الغربية؛ فلكلٍّ منها خصائصه، التي تميزه عن غيره، وتكون التنشئة الاجتماعية مسؤولة عن رسوخها والمحافظة عليها، ونقلها من جيل إلى آخر.

ج. تساعد التنشئة الاجتماعية على توافق الشخص ومجتمعه:

يسهم تعلم المرء لغة قومه وثقافتهم في اقترانه بعلاقات طيبة بأبناء مجتمعه وموافقته إياهم، فلقد بينت إحدى الدراسات، أن جماعة معينة، داخل المجتمع الأمريكي، عزلت نفسها عنه، ودربت أبناءها على أعمال العصابات والسطو ممّا جعلهم عاجزين عن التوافق مع المجتمع.

د. توجد التنشئة الاجتماعية بعض أوجُه التشابه بين المجتمعات المختلفة:

(1) تتداخل عدة جماعات فرعية، لتنتظم في مجتمع إنساني، يقترن فيه بعضها ببعض بعلاقات مختلفة، وبدرجات متفاوتة.

(2) تسعى المجتمعات الإنسانية إلى تحقيق بعض الأهداف العامة، مثل المحافظة على كيانها واستقرارها وتماسكها.

(3) تنظم الجماعات أنشطة أبنائها، لتحقيق أهدافها العامة، وأهدافهم الخاصة.

(4) يتولى الراشدون تدريب الصغار على الأدوار الملائمة لمجتمعهم.

أساسيات التنشئة الاجتماعية

ثمة مقومات لا بدّ منها لعمليات تنشئة اجتماعية على النحو المرغوب فيه:

أولها: التفاعل الاجتماعي بين المرء والمحيطين به، والمحرك الأول لهذا التفاعل هو حاجات الإنسان، فالوليد البشري يكون عاجزاً عن إشباع حاجته إلى الطعام والراحة والنوم؛ فهو مضطر إلى التفاعل مع الآخر لإشباعها، وكلمّا حقق الإنسان درجة أعلى من النمو، تعددت حاجاته وتشعبت، فازداد اضطراراً إلى التفاعل الاجتماعي، فإذا كانت حاجات الوليد الأساسية حاجات فسيولوجية فإنها ستتحول، كلّما كبر، إلى حاجات اجتماعية، تتمثل في التواد والتعاطف، ثم اللعب

والـتعلم، ثـم الـزواج وتكـوين الأسرة، ثـم ممارسـة دور سـياسي في المجتمـع. إن الإنسان، بصفته كائناً اجتماعياً، لا بد من حكم تفاعله مع الآخرين بدرجـة واضحـة مـن الاتساق الذي لا يتأتّى إلا بالتزام عدد من المحكات المسيَّرة للسلوك.

المقوم الثاني: الدافعية، إذ إن حاجات المرء المستثارة، تولّد لديه تـوتراً، يسـعى إلى التخلص منه؛ فيعمد إلى بعض الأداءات، التي تبلغه هدفاً معيناً، يخفض توتره، والسلوك الذي يحقق ارتياحاً، يميل الشـخص إلى تكـراره، بيـنما يرغـب في تجنّـب السـلوك، الـذي يؤدي إلى إيلامه وإيذائه؛ ويتحقق الارتياح، إذا أشبع حاجاته، التي تحركه وتوجهه.

ويمثـل الإرشـاد والتوجيـه المقـوم الثالـث للتنشـئة، فتوجيـه الصـغار إلى أسـاليب التعامل الاجتماعي السـليم، وتوجيـه المـراهقين والراشـدين إلى كيفيـة تحقيـق التفاعـل العام الناجح، يسهم في عملية التنشئة الاجتماعية، ومصداق ذلك أطفال الشوارع، الذين فقدوا الإرشاد والتوجيه؛ ممّا تترتب عليـه آثـار أخلاقيـة واجتماعيـة سيئة، ومـما يـدعم أهمية التوجيه والإرشاد، أن الشخص يولد، وهو خلو من الهاديـات، التـي تحـدد كيفيـة تعامله مع الأشخاص والأشياء والمواقـف ومـن ثَـم، تكـون التنشـئة هـي الوسـيلة، التـي تزوده بتلك الهاديات.

تُعَدّ مطاوعة السلوك ومرونته هما الأسـاس الرابـع للتنشـئة؛ إذ إن السـلوك قابـل للتشكيل والتعديل، حتى يتكيف مع المواقف وما يمر بـه الإنسـان مـن خـبرات، وتقـترن مرونة السلوك بقدرة الجهـاز العصـبي عـلى التعـديل، الـذي يجعـل مـن الممكـن تعلّـم الخبرات الجديدة وتسجيلها؛ استناداً إلى المرونة والمطاوعة، إلا أن المـرء يولـد بعـدد مـن الإمكانات: البدنية والعقلية، لا ترى النور، ولا تمارس بالفعل، إلا من خلال المرور بخبرات معينة عن طريق التنشئة.

الفرد والجماعة، أثناء التنشئة الاجتماعية

إن التنشئة الاجتماعية، ليست بالعملية اليسيرة؛ وإنما هي عملية معقدة، متشابكة العوامل، متداخلة التأثير، فإذا ما أخذت في الحسبان الخصال البيولوجية للنوع الإنساني؛ والطابع الوراثي الفريد للشخص؛ والجهاز المعرفي المتغير، الذي يتصل من خلاله الطفل الإنساني، أثناء نموه وارتقائه في بيئته، فإن عملية التنشئة الاجتماعية، لا يمكن أن تقتصر على غرس الاتباعية لمعايير الثقافة والبيئة، إن ثمة فارقاً كبيراً بين قصر التنشئة الاجتماعية على أنها نقل للثقافة، وبين كونها عملية، يصبح المرء من خلالها إنساناً.

التنشئة الاجتماعية عملية هادفة، فإذا كان هدفها، في المراحل الأولى للحياة، هو إشباع حاجات المرء ومطالبه؛ فإنها تستهدف، في المراحل التالية، إشباع الحاجات، وإحداث نوع من التوازن والتوافق: الشخصي والاجتماعي بينه وبين بيئته، ثم التحكم في مقوماتها وعواملها؛ بل يعمد إلى تحويل تلك العوامل والمقومات، من واقع ملموس، محسوس، إلى مدرَك مجرد، ورمز محدد، يمكن نقله وتناقله، في سهولة ويُسر.

ولا يلبث أن يتعدى مرحلة التجديد والترميز هذه، إلى تنظيم هذه المدرَكات والرموز؛ موضحاً ما بينها من علاقات وروابط، وتشابه أو تناقض؛ مضمناً هذا التنظيم التعليل والسببية. وبذلك، يتكون قدر من الخبرة والمعرفة، يكون هو الوحدة، الحضارية والثقافية، للجماعة، ويتضح كذلك مما سبق أن المرء أثناء عملية التنشئة الاجتماعية، لا يكون سلبياً متلقياً، بل إيجابياً مشاركاً.

تنجم استمرارية عملية التنشئة الاجتماعية عن اقترانها بنمو المرء وتبلوُر مطالبه النمائية Developmental tasks، وفقاً لكلّ مرحلة. ويعبّر المطلب النمائي عن حاجة معينة، يجب إشباعها، وإلا أُعِيق نمو الشخص، فإذا كان من مطالب النمو في الطفولة، إشباع الحاجات الفسيولوجية الأساسية؛ فإن من مطالب المراهق

الحاجة إلى تكوين فلسفة شخصية متسقة مع المجتمع؛ ومن مطالب الراشد الاضطلاع بالدور الوطني، والمسؤوليات والأدوار الاجتماعية، التي يجب أن يضطلع بها، ومن مطالب الشيخ التهيؤ للموت، وفقدان الشريك.

ليست التنشئة الاجتماعية صراعاً دائماً، بين الفرد والجماعة؛ وإنما عملية أخذ وعطاء بينهما، فالجماعة تسعى إلى تشكيل الفرد وإكسابه خصائص مجتمعه، وتشريبه ثقافته، وفي الوقت عينه، يسعى الفرد إلى تحقيق الانتماء إلى الجماعة، لكي يشعر بالأمن والانتماء والاحتماء النفسي، فإذا التزم قِيم جماعته ومعاييرها، حقق تكيفاً: شخصياً واجتماعياً، ناجحا، أما إذا خرج عليها، مارست عليه الجماعة ضغوطاً، تردّه إلى الإطار العام، الذي يلائم أهدافها وتركيبها وبناءها وأصول الحياة فيها؛ لكي تحافظ على وحدتها واستمرارها.

لما كان الفرد كائناً اجتماعياً يتفاعل مع مجتمعه، فإن التنشئة الاجتماعية، تشارك فيها هيئات ومؤسسات متعددة، فإذا كانت الأسرة هي الجماعة الأولى، التي تسهم في تنشئة الأشخاص، فإن للمؤسسات الاجتماعية، كالنوادي والرفاق؛ والدينية، كالجوامع والكنائس؛ والإعلامية، كالتليفزيون والصحافة والإذاعة، إسهاماتها المؤثرة في تنشئة أبناء المجتمع وأعضائه.

المشاركة الاجتماعية الإيجابية

على الرغم من أن عملية المشاركة عامل مهم في تحقيق مصلحة المجتمع العامة، إلا أن غالبية الناس في معظم المجتمعات، يتخذون موقف اللامبالاة. فهُم دوماً، وفي معظم المواقف، موجودون في الساحة، ولا يشاركون فيها. وقد أكد كثير من الدراسات والأبحاث تفشي ظاهرة اللامبالاة Apathy والفتور والاقتناع السلبي بالحالة الراهنة، نتيجة ما أرسته من عادات وتقاليد؛ ممّا يشكل عائقاً مهماً دون تحقيق قدر ملائم من المشاركة: الاجتماعية والسياسية، ولقد أثارت هذه السلبية

الكثير من النقد، الموجه لممارسات تعبئة الجماهير وحفزهم إلى المشاركة في شؤون مجتمعهم، وقد يرجع جزء كبير من تلك السلبية إلى عدم الأخذ بتحديد واسع النطاق لمفهوم المشاركة.

يأخذ بعض المجتمعات بالتصور الضيق للمشاركة، أيْ بالعضوية في الجمعيات الطوعية، ولو كانت عضوية سلبية غير فعالة، بينما يأخذها البعض الآخر من المجتمعات بمنظور أعم وأشمل؛ فتمتد لتشمل إسهام الجماهير في اختيار الخطة وتحديد أولوياتها، والإسهام في انتقاء الأهداف العامة للمجتمع، والدعم الفعلي لتحقيقها.

في ضوء ما سبق، يذهب البعض إلى أن عملية المشاركة الاجتماعية هدف ووسيلة، إنها هدف، لأن الحياة الديموقراطية السليمة ترتكز على اشتراك المواطنين في مسؤوليات التفكير والعمل من أجل مجتمعهم، وهي وسيلة لأن الناس يدركون أهميتها، من خلال مجالاتها، ويعتادون طرائقها وأساليبها، وتتأصل فيهم عاداتها ومسالكها؛ وتصبح جزءاً من ثقافتهم وسلوكهم.

المشاركة: الاجتماعية والسياسية

تُعَدّ المشاركة في الحياة السياسية، هي العصب الحيوي لممارسة الديموقراطية وقوامها الأساسي؛ والتعبير العملي الصريح لسيادة قيم الحرية والعدالة والمساواة في المجتمع؛ فضلاً عن كونها مؤشراً قوياً على مدى تخلّف المجتمع ونظامه السياسي أو تطوُّرهما؛ وما يعنيه ذلك من اقتران وثيق بينها وبين جهود التنمية، ونظراً إلى أهمية المشاركة في المجتمع الديموقراطي، اهتم علماء السياسة بالإشارة إلى ظاهرة غير المشاركين، أو غير المبالين بشؤون المجتمع، والذين سمّاهم الباحثون المشاهدين Spectators، أيْ قليلي الانغماس في الحياة السياسية؛ واللامبالين Apathetics، أيْ الذين تخلوا عن العملية السياسية، وأكد علماء السياسة أن هؤلاء، يمثلون أشد الظواهر خطراً على المجتمع الحديث.

يرى علماء الاجتماع والسياسة، أن هناك درجات متعددة للمشاركة: الاجتماعية والسياسية:

أ. تقلد منصب سياسي أو إداري.

ب. السعي نحو منصب سياسي أو إداري.

ج. العضوية الناشطة في التنظيم السياسي.

د. العضوية في التنظيم السياسي.

هـ. العضوية الناشطة في التنظيم شبه السياسي.

و. العضوية العادية في التنظيم شبه السياسي.

ز. المشاركة في الاجتماعات العامة.

ح. المشاركة في المناقشات السياسية غير الرسمية.

ط. الاهتمام العام بالسياسة.

ي. التصويت.

إن تقلد منصب سياسي أو إداري، يقع على رأس الهرم، بمعنى أنه يمثل أقصى درجات المشاركة، ثم يأخذ مستوى المشاركة في الهبوط والتناقص، إلى أن يصل إلى أسفل القاعدة، وهو التصويت، لكونه أدنى مستوى من صوَر المشاركة: السياسية والاجتماعية ووجوهها.

في ضوء ذلك، تصبح المشاركة هي حجر الزاوية في النظام الديموقراطي؛ فالنمو الديموقراطي وتطوُّره رهن بتوسيع نطاق حقوق التصويت وحقوق المرشحين، وتوسيع نطاق المساهمة في تحقيق الأهداف السياسية، وجعلها حقوقاً يتمتع بها كلّ إنسان، وتُعَدّ المشاركة هي الوسيلة الأساسية إلى تحقيق الإجماع أو نمو المعارضة؛ كما تسهم في تعميق الشعور بالمسؤولية لدى الحاكم والمحكوم؛ إضافة إلى إنها تمثل أسلوباً دفاعياً ضد الظلم والطغيان، ومعنى ذلك كلّه أن المشاركة ذات

أهمية بالغة للحكام والمحكومين، وتنظيمات المجتمع، ووسائل الاتصال بين الجماعات المختلفة؛ ما يؤدي إلى تخفيف حدّة الصراعات.

هكذا، تتضح الأهمية الكبرى التي تحتلها عملية المشاركة الاجتماعية، ولا سيما إذا كانت على المستوى القومي العام؛ فهي لا تقتصر على مجال دون آخر، وهي رهينة بالوعي والإدراك، المقترنَين بمتغيرات عديدة في المجتمع، مثل: قضايا الإنتاج والتنمية والتوزيع وبناء القوة، وقضايا الحرية والديموقراطية.

وقد أكد لين Lane عدداً من الحاجات والدوافع: الشعورية واللا شعورية، التي يمكن أن تشبعها المشاركة في الحياة: الاجتماعية والسياسية، وتتضمن الحاجات: الاقتصادية والمادية، والصداقة، والعاطفة، والتخفيف من حدّة التوترات النفسية، والحاجة إلى فهْم العالم، وإشباع الحاجة إلى ممارسة القوة على الآخرين، ثم الدفاع عن تقدير الذات والعمل على تحسينها.

بناء على ذلك، أكد بعض الباحثين ضرورة جعل المشاركة جزءاً أساسياً من فلسفة التعليم؛ وأن يدعم المبدأ، الذي يذهب إلى أن هناك أهمية يجب أن توجه إلى الجوانب الإنسانية للتنمية؛ والحاجة إلى إستراتيجية شاملة للتعبئة، وإلى طرح شعارات، يمكن أن تتحقق في ضوء الاقتناع بها، وتعبيرها عن حاجات فعلية.

الفساد الإداري Administration Corruption

تُشير كلمة "فساد" في اللغة العربية إلى العطب، وتأتي من الفعل: فَسَدَ، وهو بمعنى أعطب أو أنتن اللحم أو اللبن أو نحوهما، وتفاسد القوم أي تدابروا وقطعوا الأرحام، والفساد هو التلف والعطب والاضطراب والخلل وإلحاق الضر ، أما الفساد في اللغة الإنجليزية فيعني التلف وتدهور التكامل والفضيلة ومبادئ الأخلاق، وأيضاً الرشوة، وهكذا يتضح أن مفهوم الفساد في اللغة الإنجليزية يشير إلى السلوك الفعلي، الذي ينطوي على التلف والتدهور الأخلاقي.

وتأسيساً على ما سبق، يمكن القول إن الدلالة اللغوية لكلمة الفساد تعني: الإتلاف وإلحاق الضرر والأذى بالآخرين.

والتعريفات التي تناولت مفهوم الفساد عديدة ومتنوعة، وتختلف من باحث إلى آخر، وربما يرجع هذا التعدد إلى أن الفساد مفهوم مركب ومطاط وينطوي على أكثر من بعد؛ فضلاً عن غياب تعريف واحد متفق عليه بين جمهرة الباحثين، علاوة على أن هذا المفهوم يختلف من عصر إلى آخر، ومن مكان إلى آخر. كذلك يمكن أن تختلف النظرة إلى السلوك الذي تنطبق عليه خاصية الفساد طبقاً لدلالته؛ فالمحسوبية والمحاباة، على سبيل المثال، ربما يُنظر إليها على نحو مختلف تماماً في المجتمعات التي بها التزامات قرابية، فضلاً عن صعوبة وضع معايير عامة تنطبق على ظاهرة الفساد في كل المجتمعات؛ لأن المعايير الاجتماعية والقانونية إذا انطبقت في بعض الجوانب، فإنها قد تكون متعارضة تماماً في جوانب أخرى في عديد من الدول والأمم المختلفة. في هذا الإطار يمكن تحديد أهم الاتجاهات الأساسية في تعريف الفساد على النحو الآتي:

1. الاتجاه الأول: الفساد هو إساءة الوظيفة العامة، من أجل تحقيق مكاسب خاصة:

يؤكد أنصار هذا الاتجاه أن الفساد هو وسيلة لاستخدام الوظيفة العامة من أجل تحقيق منفعة ذاتية سواء في شكل عائد مادي أو معنوي، وذلك من خلال انتهاك القواعد الرسمية والإجراءات المعمول بها، ومن هذه التعريفات على سبيل المثال، تعريف كريستوفر كلافان، الذي عرّف الفساد بأنه "استخدام السلطة العامة من أجل تحقيق أهداف خاصة"، وأن تحديد هذا المفهوم ينشأ من خلال التمييز بين ما هو عام وما هو خاص.

ويأتي في هذا الإطار، أيضاً، تعريف كوبر Kuper بأن الفساد الإداري هو "سوء استخدام الوظيفة العامة أو السلطة للحصول على مكاسب شخصية أو منفعة ذاتية، بطريقة غير شرعية".

وقد سار على المنوال نفسه كثير من الباحثين في ربط الفساد الإداري بإساءة استخدام الوظيفة العامة؛ فيرى روبرت بروكس Brooks أن الفساد الإداري هو "سلوك يحيد عن المهام الرسمية لوظيفة عامة بهدف الحصول على منافع خاصة؛ أو أنه الأداء السيئ المقصود، أو تجاهل واجب محدد معروف، أو الممارسة غير المسموح بها للسلطة، وذلك بدافع الحصول على مصلحة شخصية مباشرة بشكل أو بآخر، وهكذا يتبين أن هذا الاتجاه يوضح أن السلوك المنطوي على الفساد ليس بالضرورة مخالفاً لنصوص القانون، وإنما يعني استغلال الموظف العام سلطته ونفوذه لتحقيق مكاسب خاصة، وذلك من خلال تعطيل نصوص القانون، أو من طريق زيادة التعقيدات البيروقراطية في تنفيذ الإجراءات، أو انتهاك القواعد الرسمية.

2. الاتجاه الثاني: الفساد هو انتهاك المعايير الرسمية والخروج على المصلحة العامة:

يركّز هذا الاتجاه على أن السلوك المنطوي على الفساد هو ذلك السلوك الذي ينتهك القواعد القانونية الرسمية، التي يفرضها النظام السياسي القائم على مواطنيه. ويُعد جارولد مانهايم Manhiem من أهم العلماء المعبرين عن هذا الاتجاه القانوني.

عرف مانهايم الفساد بأنه "سلوك منحرف عن الواجبات والقواعد الرسمية للدور العام، نتيجة للمكاسب ذات الاعتبار الخاص (سواء شخصية أو عائلية أو الجماعات الخصوصية)، والتي تتعلق بالثروة أو المكانة. أو السلوك الذي ينتهك الأحكام والقواعد المانعة لممارسة أنماط معينة من التأثير والنفوذ ذي الطابع الشخصي الخاص".

وكذلك تعريف هينتجتون للفساد الإداري بأنه "سلوك الموظف العام الذي ينحرف عن القواعد القانونية السائدة، بهدف تحقيق منفعة ذاتية".

وعلى الرغم من أهمية هذا النوع من التعريفات للفساد، إلا أنها لا تعبر بالضرورة عن كل أشكال الفساد عن الخروج على القانون؛ إضافة إلى أن التعريفات القانونية للفساد غير كافية؛ لأن المميزات المحددة غالباً ما تحدد من خلال العرف الاجتماعي والعكس بالعكس؛ فضلاً عن ذلك فإنه من الصعب وضع معايير عامة للسلوك المقبول، خاصة في الدول الأكثر عرضة للتغير السياسي والاجتماعي.

3. الاتجاه الثالث: الفساد كأوضاع بنائية هيكلية:

ينظر هذا الاتجاه إلى الفساد بوصفه نتيجة مجموعة من الاختلالات الكامنة في الهياكل الاجتماعية والاقتصادية والسياسية للمجتمع، وعلى هذا الأساس فلكي

يتم الكشف عن أسباب الفساد ومظاهره داخل المجتمع، يجب تحديدها داخل البناء الاجتماعي الشامل، ومن أهم التعريفات التي تمثل هذا الاتجاه تعريف عبد الباسط عبدالمعطي، الذي يرى أن الفساد "أسلوب من أساليب الاستغلال الاجتماعي المصاحب لحيازة القوة الرسمية داخل التنظيمات الإدارية، وهو نتاج لسياق بنائي قائم على العلاقات الاستغلالية التي تؤثر في صور هذا الفساد ومضموناته وموضوعاته وأطرافه، التي يُستغل فيها دوماً من لا يحوزون القوة والسلطة بجوانبها المختلفة، خاصة الاقتصادية والسياسية".

وعلى هذا يُلاحظ وجود علاقة جوهرية بين الفساد البنائي والفساد السلوكي؛ فوجود النمط الأول يزيد من احتمالات حدوث النمط الثاني بالضرورة، إذْ إن السعي إلى تغيير البناء الاجتماعي يرتبط غالباً بمجموعة من التوترات والاختلالات، التي تتضمن ألواناً عديدة من الفساد السلوكي داخل المجتمع.

بعد عرض الاتجاهات الثلاثة السابقة في تعريف الفساد بشكل عام، يمكن تحديد مفهوم الفساد الإداري بوصفه "استغلال رجال الإدارة العاملين في كافة أجهزة الدولة ومؤسساتها للسلطات الرسمية المخولة لهم والانحراف بها عن المصالح العامة، تحقيقاً لمصالح ذاتية وشخصية من أجل الحصول على مزيد من المكاسب بطريقة غير مشروعة".

والفساد الإداري بهذا المعنى ينطوي على صور عديدة، أهمها:

- استغلال المنصب العام للصالح الخاص، أو ما يُسمى: الفساد الذاتي لرجال الإدارة Auto- Corruption.
- تقاضي الرشوة Bribe.
- العمولات Commission.

- الاختلاس Misappropriation.
- محاباة الأقارب Nepotism.
- المحسوبية Patronage.
- التهرب من الضرائب.
- بيع المناصب العامة نظير مقابل مالي.

إن هذه الصور المعبِّرة عن الفساد الإداري، توجد على مستويات مختلفة في كل النظم، سواء في المستويات العليا من السلطة التنفيذية، أو بين موظفي الجهاز الإداري، أو في جميع المستويات العليا والوسطى والدنيا من الجهاز البيروقراطي، بل وفي جميع الأنشطة الحكومية المختلفة، ويتسم الفساد، عامة، بخاصية أساسية، وهي الممارسة السرية الماكرة للسلطة الرسمية، في ظل التظاهر بالقانونية أو الشكل القانوني؛ فالغرض الحقيقي لسوء استخدام السلطة يظل دائماً سراً خافياً.

أسباب الفساد الإداري ومنابعه الأساسية

ترجع الأسباب الأساسية للفساد الإداري إلى شبكة معقدة من العوامل الإدارية والاقتصادية والاجتماعية والثقافية والسياسية، التي توحد هذه العوامل المسببة للفساد معاً في مُركَّب واحد، تتداخل عناصره وأبعاده على المستوى الواقعي، بحيث يصعب التمييز بينها تمييزاً واضحاً. ومن أهم هذه الأسباب:

1. الأسباب الاقتصادية للفساد الإداري:

تلعب العوامل الاقتصادية السائدة في بعض المجتمعات دوراً مؤثراً في انتشار قيم الفساد وتغلغلها في أحشاء المجتمع، وتزداد فاعلية هذه العوامل، بصفة خاصة، في الدول التي تتبنى سياسة إنمائية رأسمالية محورها التركيز على اعتبارات النمو الاقتصادي الحر، دون الاهتمام بتحقيق عدالة في التوزيع، ويترتب على ذلك ظهور

شرائح اجتماعية جديدة تملك الثروة دون أن يكون لها نفوذ سياسي، عندئذ تلجأ تلك الشرائح إلى استمالة أصحاب النفوذ السياسي باستخدام أساليب فاسدة، كالرشوة والعمولات والإغراءات المختلفة التي تُقدم للمسؤولين، بهدف الحصول على تأثير سياسي مباشر يتمثل في عضوية المجالس النيابية.

2. الأسباب السياسية للفساد الإداري:

يتفق أغلب الباحثين على أن أكثر النظم إفرازاً للفساد الإداري ومظاهره هو النظام الديكتاتوري الأبوي Patrimonial Rule، الذي يتركز في شخصية حاكم مستبد مستنير يتمتع بسلطة مطلقة تصل عادة إلى حد الاستبداد الكامل وتحيط به نخبة محدودة من أهل الثقة، الذين يتصفون بالولاء الكامل لشخصه، ويعملون على إجهاض روح المبادرة والرقابة الشعبية والإدارية، ممّا يشجع على ظهور صور الفساد المختلفة، والهدف الأساسي للفساد هو القضاء على الشفافية والمنافسة، وخلق شريحة أو فئة محظوظة ومسارات داخلية سرية. والفساد بهذه الصورة مضاد للديموقراطية؛ فكما يقولون: السلطة المطلقة مفسدة مطلقة.

3. الأسباب الاجتماعية والثقافية:

تُعد العوامل الاجتماعية والثقافية سبباً له أهميته الخاصة في نشأة الفساد الإداري وانتشاره داخل المجتمع، وتؤكد بعض القيم الثقافية التقليدية السائدة في الدول النامية على فكرة العائلة الممتدة، وارتباط الفرد بعائلته وأقاربه وأصدقائه وأبناء قريته التي ينتمي إليها؛ ولذلك يتوقع منه في حالة توليه منصباً إدارياً مهماً في الجهاز الإداري بالدولة، أن يقدم خدماته لهؤلاء الأفراد الذين تربطه بهم صلات خاصة، وتتمثل هذه الخدمات في إيجاد الوظائف وفرص التعليم والحصول على مزايا عينية وأدبية، ويصل الأمر إلى مخالفة القانون أو مبدأ تكافؤ الفرص، من أجل محاباة الأهل والأصدقاء، ممّا يترتب عليه ظهور قيم الفساد بكافة صوره في ممارسة الوظيفة العامة.

4. الأسباب الإدارية والقانونية للفساد الإداري:

يحدث الفساد الإداري في كثير من الأحيان، نتيجة لاعتبارات إدارية وقانونية، تتمثل في غياب الأبنية والمؤسسات، فضلاً عن عدم وجود القوانين الرادعة للفساد، ويؤدي هذا إلى إطلاق يد العناصر البيروقراطية وخاصة العناصر العليا منها في تنفيذ ما تراه محققاً لمصالحها الخاصة، مستخدمة في ذلك الأساليب المتنوعة للفساد الإداري، وهذا ما يؤكده أرثر لويس قائلاً: "إن الشخص حينما يكون متقلداً منصباً وزارياً في الدول النامية، تكون لديه فرصة حياته لتكوين الثروة من خلال اللجوء إلى الفساد واستغلال النفوذ"؛ إضافة إلى اتجاه القادة الإداريين لاستغلال مناصبهم العامة في تحقيق مصالحهم الذاتية، وتكديس الثروات وتقاضي الرشاوى والعمولات، أو من خلال الأساليب التي يلجأ إليها أصحاب رؤوس الأموال الخاصة المحلية والأجنبية لحماية مصالحهم وتجاوز الإجراءات الروتينية المعقدة للإدارات البيروقراطية، بتقديم الرشاوى والعمولات إلى مديري تلك الإدارات. ويترتب على هذه الأوضاع ظهور الفساد في ممارسة الوظيفة العامة، ويصدق هذا الوضع على الدول النامية؛ فكما يقول جونار ميردال في تحليله للفساد الإداري في دول جنوب آسيا، فإن "الرشوة صارت من الحقائق الثابتة في الأجهزة الإدارية في هذه الدول، حيث تعاني كل الإدارات الحكومية والوكالات والشركات العامة ومكاتب التصدير وإدارات الضرائب، من انتشار الرشوة على نطاق واسع، بحيث يمكن القول إنه متى أُعطيت السلطة لأي موظف، سيكون هناك مجال للرشوة، والتي من دونها لا يسير دولاب العمل الإداري".

وهكذا، فإن البُعد الإداري بمعنى ضعف الأنظمة الإدارية والقانونية في مواجهة الفساد، فضلاً عن عدم الاتساق بين النظام الإداري ومتطلبات الحياة الاجتماعية، يمكن أن تكون من مسببات الفساد المهمة داخل المجتمع.

ولا شك في أنَّ انتشار صور الفساد الإداري، وما يـرتبط بهـا مـن ضـعف الانـتماء والشـعور بالهويـة الوطنيـة، يقـود إلى عـدة احـتمالات، مثـل: قلـة الكفـاءة في الأداء، وإضعاف القواعد القانونية، واهتزاز صورة الشرعية القانونية، وتقليـل قـدرة المؤسسـات على ممارسة وظائفها عـلى الوجـه الأكمـل، كـما أنـه في ظـل ممارسـات الفسـاد تتراجـع معايير الكفاءة والقدرة عـلى الأداء، كشرط لشـغل المناصـب داخـل المؤسسـات، نتيجـة لانتشار المحاباة والمحسوبية، ويصل إلى المؤسسات مَن لا يتمتعون بالمهارات والكفـاءات المطلوبة، ما يؤدي إلى انخفاض قدرة المؤسسات وكفاءتها.

ومن هنا يربط بعض الباحثين بين انتشار قـيم الفسـاد وعـدم الكفـاءة، وانتشـار المحسوبية والمحاباة، وظاهرة هجرة الكفـاءات العلميـة والفنيـة، التـي تُعـرف بظـاهرة "نزيف العقول" Brin Drain.

أهمية الاحتكاك أو الاتصال الاجتماعي

يؤكد علـماء الاجـتماع أن الاتصـال الاجتماعـي ضرورة اجتماعيـة ونفسـية لحيـاة الأفـراد والجماعـات داخـل المجتمـع، فمـن دون الاتصـال الاجتماعـي لا توجـد حيـاة اجتماعية، ولا علاقات اجتماعية متفاعلة بين الأفراد. لـذا، يلعـب الاتصال دوراً مهـماً في بناء المجتمع، وتقويـة أواصر العلاقـات الاجتماعـات بـين الأفـراد والجماعـات المختلفـة، وتوطيد أسس النسيج الاجتماعي، سواء بين الأفراد أو الجماعات أو المجتمع ككل.

ومعنـى ذلـك، أن الاتصـال الاجتماعـي شرط أسـاسي لتكـوين الجماعـة والحيـاة الاجتماعية. فقد أكد علماء الاجتماع على أن الجماعة نسق من الأفـراد يتفاعـل بعضـهم مع بعض، ما يجعلهم مرتبطين معاً بعلاقات اجتماعية، مبـاشرة أو غـير مبـاشرة، ويكـون كل منهم على اتصال ومعرفة بالأعضاء الآخرين.

بناء على ذلك يساعد الاحتكاك أو الاتصال الاجتماعي، على تحقيق مجموعة من النتائج المهمة للفرد والجماعة على النحو التالي:

1. من خلال احتكاك الفرد مع الجماعة، التي يعيش فيها، يكتسب الأنماط السلوكية المختلفة والمعارف والمهارات، التي يحتاج إليها في حياته اليومية داخل المجتمع.

2. نمو الشخصية ورفع مستواها الثقافي إلى مستوى ثقافة الجماعة، التي يتفاعل معها، يؤدي إلى الوصول أو الاقتراب من الشخصية الاجتماعية المطلوبة.

3. تنمية قيم الانتماء، فمن خلال اتصال الفرد بالآخرين ومعايشته المستمرة للجماعة ينمو لديه حب الأرض والوطن الذي يعيش فيه، والاعتزاز بقيم الجماعة والانتماء إليها.

4. صقل الثقافة العامة للمجتمع، فمن خلال احتكاك الفرد بأعضاء الجماعات والثقافات الأخرى والتأثر بها والتأثير فيها، تُصقل ثقافته ويتحسن كثير من عناصرها.

5. تحقيق التكيف الاجتماعي، فعندما يتصل الفرد بأفراد مجتمعه خلال مراحل حياته، يتعرف إلى عاداتهم وتقاليدهم وقيمهم وأنشطتهم الحياتية المختلفة، ويتشرب تلك الأنماط فتصبح جزءاً من شخصيته، ويصل إلى حالة من التكيف والتلاؤم معهم، فلا يشعر بالعزلة أو الغربة.

6. تحقيق الراحة النفسية، فعندما يتفاعل الفرد مع أفراد المجتمع الذي يعيش فيه، يأخذ منهم ما يحتاجه من أسباب العيش، ويقدم لهم كل ما يقدر عليه من خدمات، فإنه يشعر بحبهم له ويحقق الراحة النفسية في تعامله معهم.

العوامل المؤثرة في الاحتكاك الاجتماعي

يظهر الاحتكاك الاجتماعي في عمليتين:

الأولى: هي الاتصال حيث يؤثر كل فرد في الآخر ويتأثر به.

الثانية: فهي التصادم أو الصراع بين الفرد والآخر، ولا يخلو أي مجتمع من عمليتي التصادم والاتصال، ولكن أشكالهما واتجاهاتهما تتحدد باختلاف المحتوى الثقافي الذي تظهر فيه، وقد يُعرف التصادم بأنه الصراع بين فرد وآخر، أو آخرين، نحو هدف أو قيمة معينة؛ أما الاتصال الاجتماعي، فهو الجهد الجماعي لتحقيق ذلك الهدف أو تلك القيمة، إن كل ما يتنافس عليه الأفراد في مجتمع ما، يتحدد وفق معايير ثقافة ذلك المجتمع.

يتأثر الاحتكاك الاجتماعي بمدى التجانس أو التشابه بين ثقافة الأفراد داخل المجتمع الذي يعيشون فيه؛ فكلما زاد التجانس الثقافي بين الطرفين، زاد الاتصال الاجتماعي بينهما. فاتصال الفرد العربي مع أخيه العربي يكون أكبر من اتصال الفرد العربي مع الفرد الغربي، والعكس صحيح.

ويتضمن الاحتكاك الاجتماعي، الذي يكون بين الفرد والجماعة، القدرة على التوقع Expectation، فالفرد عندما يسلك سلوكاً معيناً داخل الجماعة، فإنه يتوقع استجابة ما، وهذا التوقع، مهما كان نوعه، يزيد من الاتصال كي يحقق الفرد ما يريده.

ويحدد الاحتكاك الاجتماعي داخل الجماعة السلوك الفردي المميز للأشخاص، والمحصلة العامة لاستجابات الأفراد في المواقف الاجتماعية، ومن ثَم يتحدد النمط الشخصي لكل فرد في إطار الجماعة، ومعنى ذلك أن الاحتكاك الاجتماعي بين الأفراد يكَوِّن نوعاً من الالتزام لسلوك كل فرد، وعلى ذلك، فإنه يمكن التنبؤ بهذا النوع من السلوك.

ومن العوامل التي تؤثر في الاحتكاك أو الاتصال الاجتماعي بين الأشخاص الوقت Time، والمكان Space، ويمثل الوقت شكلاً من أشكال الاتصال، ويقصد بذلك أنه يُعامل في كثير من الثقافات بوصفه شيئاً، فالإنسان يكسب وقته، ويخسر وقته، ويمنح وقته للآخرين، والوقت سلعة نادرة في بعض الثقافات، والمحافظة عليه موضع احترام شديد في معظم تلك الثقافات. بل توجد صلة وثيقة بين الوقت ونماذج السلوك المختلفة، حيث يتحاشى الناس الإتيان بنماذج سلوكية معينة في أوقات معينة، بينما يمارسونها في أوقات أخرى، ففي أوقات القحط أو المجاعة مثلاً قد يُباح للناس السرقة، لكن هذا السلوك محرم تماماً في الأوقات العادية التي يمر بها المجتمع.

ويؤثر المكان أو الحيز في الاحتكاك بين الأشخاص بطرق مختلفة، فقد أكدت الدراسات، التي أُجريت على العلاقة المكانية، أن إدراك الإنسان للمكان أو الحيز هو نتيجة لظروف وعوامل ثقافية، أكثر منها وراثية أو بيولوجية، والإنسان يحب أن يتملك المكان، ويُعده امتداداً له؛ فتلك حجرة الرئيس، وهذا مكتب المدير فضلاً عن أن المكان يُعد رمزاً اجتماعياً للتفوق أو السلطة أو الهيبة أو النفوذ أو القوة. فعندما يلعب فريق كرة القدم (على أرضه)، فإنه يمارس سلوكه في مكانه الذي يملكه، وليس ثمة شك في أنه يستشعر الأمن والثقة والطمأنينة أكثر مما لو لَعِبَ على أرض فريق آخر. كما يلجأ الناس في كثير من الأحيان إلى منطقة محايدة عندما يقومون بعملية صلح بين طرفين متخاصمين، أو إبرام اتفاقية أو حل مشكلة معينة، وذلك لما للمكان من تأثير تجاه القائمين على حيازته أو شاغليه، فضلاً عن تأثيره على الغرباء أيضاً.

الفصل الثامن

علم الاجتماع الإسلامي والالتزام الأيديولوجي

علم الإجتماع الإسلامي والالتزام الأيديولوجي

تمهيد

دعوة علم الاجتماع إلى التحرر من الأيديولوجيات الضيقة هي دعوة مستمدة من الإسلام ذاته، فالاسلام لا يرضى لنفسه ولا لأتباعه أي عنوان عنصري أو طبقي صنفي أو محلي، فالمعتنقون للاسلام لا يتميزون عن غيرهم بعنوان معين كالعرب أو الساميين أو الشرقيين أو الغربيين. ولا شيء من هذه العناوين يعتبرها ملاكاً للجماعة الواقعية لأتباعه، إن دعوة علم الاجتماع الاسلامي إلى تجاوز الخلافات الايديولوجية دعوة أصيلة تتأسس على أصول الاسلام نفسه، فقد دعا الاسلام إلى تجاوز التكتلات والتحيزات والاختلافات كما تبين هذه الآيات:

قُلْ يَا أَهْلَ الْكِتَابِ تَعَالَوْا إِلَى كَلِمَةٍ سَوَاءٍ بَيْنَنَا وَبَيْنَكُمْ أَلَّا نَعْبُدَ إِلَّا اللَّهَ وَلَا نُشْرِكَ بِهِ شَيْئًا وَلَا يَتَّخِذَ بَعْضُنَا بَعْضًا أَرْبَابًا مِنْ دُونِ اللَّهِ فَإِنْ تَوَلَّوْا فَقُولُوا اشْهَدُوا بِأَنَّا مُسْلِمُونَ آل عمران: 64، يَا أَيُّهَا النَّاسُ إِنَّا خَلَقْنَاكُمْ مِنْ ذَكَرٍ وَأُنْثَى وَجَعَلْنَاكُمْ شُعُوبًا وَقَبَائِلَ لِتَعَارَفُوا إِنَّ أَكْرَمَكُمْ عِنْدَ اللَّهِ أَتْقَاكُمْ إِنَّ اللَّهَ عَلِيمٌ خَبِيرٌ الحجرات: 13

ويتوعد القرآن بشدة أولئك الذين فرقوا دينهم وكانوا شيعاً وأحزاباً إِنَّ الَّذِينَ فَرَّقُوا دِينَهُمْ وَكَانُوا شِيَعًا لَسْتَ مِنْهُمْ فِي شَيْءٍ إِنَّمَا أَمْرُهُمْ إِلَى اللَّهِ ثُمَّ يُنَبِّئُهُمْ بِمَا كَانُوا يَفْعَلُونَ الأنعام/ 159.

ويحذر القرآن من عواقب التكتلات والتحيزات وما يستتبع ذلك من تفكك اجتماعي وفقدان المنعة: وَأَطِيعُوا اللَّهَ وَرَسُولَهُ وَلَا تَنَازَعُوا فَتَفْشَلُوا وَتَذْهَبَ رِيحُكُمْ وَاصْبِرُوا إِنَّ اللَّهَ مَعَ الصَّابِرِينَ الأنفال/ 46.

ويؤكد القرآن أن التكتلات والتحيزات وصراع المصالح أمر عرضي طارئ وليس أصيلاً في تكوين المجتمعات) ذَلِكَ بِأَنَّ اللَّهَ نَزَّلَ الْكِتَابَ بِالْحَقِّ وَإِنَّ الَّذِينَ اخْتَلَفُوا فِي الْكِتَابِ لَفِي شِقَاقٍ بَعِيدٍ البقرة: 176 ، وَمَا اخْتَلَفَ الَّذِينَ أُوتُوا الْكِتَابَ إِلَّا مِنْ بَعْدِ مَا جَاءَهُمُ الْعِلْمُ بَغْيًا بَيْنَهُمْ آل عمران:19، وَلَا تَكُونُوا كَالَّذِينَ تَفَرَّقُوا وَاخْتَلَفُوا مِنْ بَعْدِ مَا جَاءَهُمُ الْبَيِّنَاتُ عمران: 105.

ويؤكد الوحي على وحدة الانسان والمجتمع من خلال تأكيده على وحدة المعتقد التي تضم تحت لوائها كل الأصناف البشرية من غير تمييز.

كما ورد في الصحيحين عن أبي هريرة (رضي الله عنه) عن النبي (صلى الله عليه وسلم) أنه قال: (أنا أولى الناس بعيسى بن مريم في الدنيا والآخرة والأنبياء إخوة لعلاّت، أمهاتهم شتى ودينهم واحد)، وهي وحدة الهدف التي أكدها القرآن الكريم: شَرَعَ لَكُمْ مِنَ الدِّينِ مَا وَصَّى بِهِ نُوحًا وَالَّذِي أَوْحَيْنَا إِلَيْكَ وَمَا وَصَّيْنَا بِهِ إِبْرَاهِيمَ وَمُوسَى وَعِيسَى أَنْ أَقِيمُوا الدِّينَ وَلَا تَتَفَرَّقُوا فِيهِ الشورى:13، فَأَقِمْ وَجْهَكَ لِلدِّينِ حَنِيفًا فِطْرَةَ اللَّهِ الَّتِي فَطَرَ النَّاسَ عَلَيْهَا لَا تَبْدِيلَ لِخَلْقِ اللَّهِ ذَلِكَ الدِّينُ الْقَيِّمُ وَلَكِنَّ أَكْثَرَ النَّاسِ لَا يَعْلَمُونَ الروم: 30، قُولُوا آمَنَّا بِاللَّهِ وَمَا أُنْزِلَ إِلَيْنَا وَمَا أُنْزِلَ إِلَى إِبْرَاهِيمَ وَإِسْمَاعِيلَ وَإِسْحَاقَ وَيَعْقُوبَ وَالْأَسْبَاطِ وَمَا

أُوتِيَ مُوسَى وَعِيسَى وَمَا أُوتِيَ النَّبِيُّونَ مِنْ رَبِّهِمْ لَا نُفَرِّقُ بَيْنَ أَحَدٍ مِنْهُمْ وَنَحْنُ لَهُ مُسْلِمُونَ البقرة: 136.

ومن جهة أخرى، فقد تميز الحوار الايديولوجي بين المدارس والنظريات الاجتماعية المتصارعة بالحدة والتحيز إلى جانب الذات وتأكيد المواقف الشخصية والمصالح الذاتية وتبرير الاحتكار والاستغلال وتعميق الحقد الطبقي والطائفي بين شعوب العالم، وبالمقابل فإن الحوار الايديولوجي الذي يدعو إليه علم الاجتماع الاسلامي هو حوار مؤسس على مذهبيته العقائدية التي تهدف إلى بناء وحدة المجتمع الانساني من خلال التأكيد على وحدة العقيدة والتي تهدف إلى التقليل من الفواصل الموجودة بين الشعوب، فيدعو القرآن إلى الحوار البناء الذي يهدف إلى تحقيق المزيد من التفاهم.

كما تؤكد ذلك هذه الآيات الكريمة: ادْعُ إِلَى سَبِيلِ رَبِّكَ بِالْحِكْمَةِ وَالْمَوْعِظَةِ الْحَسَنَةِ وَجَادِلْهُمْ بِالَّتِي هِيَ أَحْسَنُ إِنَّ رَبَّكَ هُوَ أَعْلَمُ بِمَنْ ضَلَّ عَنْ سَبِيلِهِ وَهُوَ أَعْلَمُ بِالْمُهْتَدِينَ النحل: 125، وَقُلْ لِعِبَادِي يَقُولُوا الَّتِي هِيَ أَحْسَنُ إِنَّ الشَّيْطَانَ يَنْزَغُ بَيْنَهُمْ إِنَّ الشَّيْطَانَ كَانَ لِلْإِنْسَانِ عَدُوًّا مُبِينًا الإسراء:53.

فالحوار القرآني حوار ايديولوجي عقائدي ولكنه يرفض تعميق الفواصل الطبقية بقدر ما يرفض الذوبان والانمحاء وسط الايديولوجيات كما يؤكد الجزء الأخير من الآية إِنَّ رَبَّكَ هُوَ أَعْلَمُ بِمَنْ ضَلَّ عَنْ سَبِيلِهِ وَهُوَ أَعْلَمُ بِالْمُهْتَدِينَ ، فدعوة الجماعات التي تخالفنا عقائدياً أمر مطلوب ومؤكد ولكن الحفاظ على استقلالية عقائدية القرآن وضرورة تميزها أمر مطلوب وبحدّة.

مبادئ النهوض الاجتماعي

ولكي تنهض الأُمّة وتنطلق لابدّ من أن تتوفر الشروط الانسانيّة الاتية:

1- احترام العقل وإعطاؤه الدور اللاّئق.

2- المنهج.

3- الوعي.

4- الثقة بالنفس والشعور بدور الأُمّة.

5- إرادة التغيير.

6- الحرِّيّة وإحترام إرادة الانسان وحقّه في الحياة.

7- المبادئ.

8- الطليعة (القادة).

1- احترام العقل وإعطاؤه الدور اللاّئق:

ونعني باحترام العقل هنا استخدام العقل في تحصيل العلم وفهم الموجود، فهم الذات والعالم الخارجي، والتعامل مع الاشياء تعاملاً عقليّاً.

فالعقل هو المنطلق الأوّل لحركة النهوض والانعتاق، وهو جوهر الانسانيّة، والقوّة المدركة لعالم الطبيعة والانسان، والأداة الفعّالة في صنع الحضارة والمدنيّة ، وعندما ينطلق العقل حرّاً، يفكِّر ويتأمّل، ويتعامل مع الرسالة الإلهيّة والطبيعة والحياة والاشياء، وفق نظام نظري وعملي متقن الأداء، تكون الأُمّة قد وضعت أقدامها على مسار التغيير والانطلاق.

وحين يُقمع العقل، ويتسلط الارهاب الفكري، وتُشلّ حركة الابداع وقوى الانسان العقلية عن ممارسة دورها الموكول إليها في الحياة، فلن تخرج الأُمّة من كارثة التخلّف وظلمات الجهل والركود.

لذا إنطلق القرآن بالعقل يقوده من نصر إلى نصر، ويفتح به آفاق الوجود من فتح إلى فتح . يدعوه إلى فهم عالم الطبيعة والوجود، كما يدعوه للانفتاح على ما فيه من قيم ومبادئ وعقيدة وأفكار وشريعة:

أَفَلَا يَتَدَبَّرُونَ الْقُرْآنَ أَمْ عَلَى قُلُوبٍ أَقْفَالُهَا محمد: 24.

إِنَّ فِي ذَلِكَ لَآيَاتٍ لِقَوْمٍ يَتَفَكَّرُونَ الزمر: 42.

وعلى إمتداد تاريخ البشريّة كانت المعركة بين العقل والخرافة والتخلّف سجالاً وملاحم متواصلة.

لقد أسّس القرآن الحياة والحضارة والمدنيّة على أساس العقل، حتّى صحّ أن نقول أنّ الحضارة الاسلاميّة حضارة عقليّة، وأوّل أُسس هذا البناء هو العقيدة الاسلاميّة، فقد خاطب القرآن العقل، ودعا إلى التفكّر والتأمّل والفهم والاستنتاج، ورفض الخرافة والاساطير والتقليد الاعمى.

واعتمد القرآن في كلّ ذلك الدليل والبرهان الحسّي والعقلي لاثبات وجود الخالق والتعريف به سبحانه.

وإنطلاقاً من هذا المنهج، منهج البرهنة والاستدلال، قال علماء الاسلام بأنّ الايمان بالعقيدة الاسلاميّة لا تقليد فيه، بل يجب على الانسان أن يؤمن إيمان دليل وبرهان عقلي، وبغضّ النظر عن مستوى هذا الدليل والبرهان.

2- المنهج:

ونعني بالمنهج طريقة فهم الاشياء والتعامل معها، أي منهج تحصيل المعرفة، وطريقة فهم الحياة، بكل ما في المعرفة والحياة من مفردات المادّة والطبيعة والفكر والرسالة الالهيّة والمجتمع والتاريخ ، وليس بوسع العقل البشري أن يعمل، وتوظّف كلّ طاقاته بشكل منتج ومتنام، إلاّ إذا استخدم منهجاً علمياً موصلاً إلى نتائج علميّة.

وحين ينتكس الفكر ويسيطر المنهج غير العلمي، سواء في مجال البحث وتحصيل المجهول المعرفي والعلمي، أو في الفهم وطريقة التعامل مع موجودات الحياة، يدخل العقل والجهد والامكانات في متاهات وضياع متناقض، ولا يمكن للانسان أن يحقّق نتائج علميّة، أو يصنع حياة صحيحة متطوِّرة.

وإذاً فالعنصر الثاني من عناصر النهوض بعد العقل هو المنهج.

المنهج الّذي يستخدمه العقل للوصول إلى أهدافه في فهم الطبيعة والمجتمع والرسالة الإلهيّة، وقيم الحياة.

النهضة ومنهج فهم النصّ الشرعي

في البدء قد يُثار سؤال : ما علاقة فهم النص الشرعي بالنهضة والحركة والتطوّر البشري؟

من المسلّم أنّ القانون والقيم والاعراف، وطريقة فهم الحياة، لها تأثيرها البالغ، سلباً أو إيجاباً في نهضة الأُمّة أو تخلّفها . وفهم النص الشرعي هو منطلق إيجاد القانون والقيم والاعراف وفهم الحياة.

وقبل الحديث عن كيفيّة التعامل مع (النص الشرعي)، ينبغي لنا أن نعرِّف (النص) كما نعرِّف (الاجتهاد) الذي هو أداة النهضة الفكريّة، كما ينبغي أن نعرِّف

بالمرجعيّة الفكريّة في حال التعامل مع النص، ونعدِّد حالات الفهم والاستفادة عن طريق الاجتهاد ومحاولة إسباغ الوصف الاسلامي، أو الشرعي على ما يُستفاد ويُستنبط من النص، وبالتالي تحديد ما هو إلهي، وما هو بشري من القضايا المستفادة من النص أو تفسيره.

النص في الاصطلاح : «هو اللّفظ الدال على معنى غير محتمل للنقيض بحسب الفهم»

والنص ما لا يحتمل إلاّ معنى واحداً، أولا يحتمل التأويل . ومنه قولهم : لا اجتهاد مع النص ، وعند الأُصوليين : الكتاب والسنّة.

النص : «هو اللفظ الّذي لايحتمل بحسب نظام اللّغة وأساليب التعبير، سوى إفادة مدلول واحد، إفادة يقينية، أو باعثة على الاطمئنان» .

إن دراسة وتحليل المعنى المختزن في الصيغة البنيويّة للنص الديني، هي علم له أُصوله ومناهجه ودراساته الخاصّة في (علم أُصول الفقه).

وبهذا العلم يسلم النص من العبث والتلاعب والذاتية ليخضع للمنهجية العلميّة، وليعطي النتائج العلميّة المطلوبة.

وإذاً فالاجتهاد في الشريعة، هو بذل الجهد العلمي لاستخراج الاحكام والقوانين الشرعيّة من أدلّتها التفصيليّة ، والشخص المؤهّل لاستنباط الاحكام الشرعيّة من أدلّتها (الكتاب والسنّة) هو الفقيه، بما توفّر لديه من إحاطة وأدوات علميّة.

وللاجتهاد دور أساس في نهضة الأُمّة، وحركة وعيها الفكري والسياسي، ذلك لانّ الاجتهاد يساهم في استنباط الاحكام الشرعيّة والمفاهيم الاسلاميّة الّتي يحتاجها الفرد والدولة والمجتمع في شتّى المجالات التعبديّة والاقتصاديّة والسياسيّة والاجتماعيّة وغيرها

وبقدر ما يسير الاجتهاد وفق فهم عصري للموضوعات والقضايا والحاجات الانسانيّة، يساهم هذا العمل في تطوير الحياة، وإيجاد النهضة في الأُمّة ، ذلك لانّ القانون المتطوِّر هو أحد أركان نهضة الأُمّة، وهو القانون الّذي يستوعب حركة الحياة ومستجدّاتها، ويعمل على دفع عجلة الحياة إلى الامام.

ويُساهم الاجتهاد مساهمة أساسيّة في استنباط تلك القوانين والاحكام الّتي يحتاجها المجتمع المعاصر، كالعلاقات الدولية، وأحكام البنوك والشركات والمال والنقد وحماية البيئة، ومستجدّات الطب والصحّة، وتنظيم الأُسرة، ونظم الاعلام المعاصر والتكنولوجيا . . . الخ.

3 - **الوعي:**

إنّ المشكلة الكبرى الّتي يعاني منها الانسان على إمتداد الاجيال والحقب هو فهمه للحياة ووعيه لحقيقة ما يجري فيها، إن معظم مشكلاته النفسيّة، والشخصيّة والاجتماعيّة والسياسيّة والاقتصاديّة، متأتية من فهمه الخاطئ للحياة ووعيه السطحي، أو غير السليم لها.

لقد انتهى الفهم المضطرب بالانسان إلى فلسفة اللاّمعنى للحياة وإلى فلسفة الرّفض، والتشاؤم والعبثية والقلق، وكانت كلّ هذه الانعكاسات مصدر الشقاء والعذاب للانسان.

كما فهم آخرون الحياة بأ نّها المغنم الّذي يجب احتكاره وحرمان الاخرين منه، وأنّها منتهى وجود الانسان، ففيها يعيش ويفنى، وليس بعدها من حياة أُخرى، فنشب الصراع والحروب والاستعباد والشقاء البشري نتيجة لهذا الفهم والتعامل مع الحياة.

إنّ وعي الحياة وفهمها على حقيقتها ترتبط به حركة الانسان وموقفه، كما يـرتبط به شقاؤه وسعادته.

ولهذا الفهم أثره البالغ في اليقظة والنهوض، ونمط البناء الحياتي والتنموي ، حيث ان:

إنّ النهضة البشريّة لا تتم بالعنصر المادّي وحده، بل تسير على خطّين متوازيين؛ هما البُعد المادّي، والبُعد الانساني، وما لم يحدث التغيير في الجانب الانساني من الانسان، فليس بوسع التحوّلات المادّيّة، ولا القانون الشكلي أن يحدثا التغيير في حياة الانسان.

إنّ فهم الحياة، أو وعيها، فهماً ووعياً سليماً، يرتبط بوعي وفهم عدّة عناصر هي:

1- فهم مبدأ الوجود، فهم المآل والنهاية والغاية الّتي ينتهي إليها الوجود، فهم الذات، فهم الموجود في عالم الحياة.

2- فما لم يفهم الانسان العالَم، المحيط به، وكيف وُجِدَ، وإلى أين يسير، والغاية من وجوده لا يستطيع أن يفهم ذاته.

3- وما لم يفهم ذاته لا يفهم الحياة، وما لم يفهم الموجود من المال ومُتع الحياة وخيراتها لا يستطيع أن يتعامل معها تعاملاً سليماً.

4- إنّ الفهم ذا البُعد الواحد، البعد المادّي، لا يوفّر وعياً سليماً للحياة ، لقد انتهى هذا الفهم بكارثة الشقاء والعذاب النفسي- للانسان، وبالتالي فإنّ النهوض المادّي صاحبه تخلّف مُروِّع في الجانب الانساني.

5- فإنّ الاحصاءات تفيد أنّ التقدم التقني الهائل صاحبه هبوط مُروِّع في الجانب الانساني، وإن عذاب الانسان وشقاءه ازداد مع هذا التقدّم التقني.

6- وإذاً ففهم الحياة يـرتبط بشـكل أسـاس بالايمـان بـالله، وعلاقـة الوجـود بـه ، أوالتنكر لذلك، وإنعكاس هذا الارتباط أو الانفصام على طبيعة الفهم.

7- الانسان عندما يفهم أنّـه يُخاطَـب مـن قبـل خـالق الوجـود، ويتلقّـى البيـان والتعريف عن وجوده في هذا العالَم، إنّما يتلقّى المعرفة الحقّة، والوعي الحق عن ذلك الخالق العظيم.

وعندما يفهم الانسان ذلك، يُدرك أنّ الحياة الدُّنيا مرحلة في حيـاة الانسـان، وأنّـه يعمل لعالم البقاء ; لذا فهو يتعامل مع الحياة وما فيها من مُتـع ولـذّات ومـال وسـلطة وجاه وقوّة وعلم ومشكلات على أنّها عرض زائـل، ويتعامـل مـع هـذا العـرض بقـدر مـا يحقّق له البقاء السليم، وأنّه جزء من هذه الانسانيّة، كـما أنّـه جـزء مـن عـالم الطبيعـة يحيى على هذه الارض، ليرحل عنها **هُوَ أَنْشَأَكُمْ مِنَ الْأَرْضِ وَاسْتَعْمَرَكُمْ فِيهَا** هود: 61.

4 - الثقة بالنفس والشعور بدور الأُمّة:

عندما يفقد الانسان ثقته بنفسـه إنّـما يلغـي وجـوده، ويخسرـ قيمتـه في الحيـاة، ويتحوّل إلى كم مهمل أمام نفسه، وبهذا الشعور السلبي الهدّام، الشعور بالنقص، يكـون قد أخرج نفسه من الحياة، فهو لا يرى نفسه جديراً يتحمّل المسـؤوليّة أو الاعتماد عـلى النفس، وغير قادر على إنجاز الاعمال بمفـرده، فلا يسـتطيع أن يفكّـر ويخطّـط ويعمـل مستقلاً، وتلك مشكلة نفسيّة وتربويّة، لها جذورها من النشأة الأُسريّة، وتجربة الطفولة الأُولى، كما لها جذورها الاجتماعيّة والسياسيّة.

وقد حرصت قوى الاستكبار والطاغوت، ودول الاسـتعمار العـالمي عـلى أن تكـرِّس هذا المفهوم لدى الشعوب المقهورة، وتكوِّن لديها عقدة الشعور بالنقص،

والاعتماد على ما ينتجه المسيطرون والمستعمرون من فكر وثقافة وصناعة وعلوم وتقنيّة ونظم حياة، وتعميق الشعور بالعجز عن التفوّق، واسترداد الذات السليبة.

وقد أغنى القرآن الكريم روح الانسان المسلم بشعور الثقة بالنفس، والاعتزاز بالذات الاسلاميّة وتعميقها في نفس الانسان المسلم ووعيه، لينطلق من قاعدة نفسيّة صلبة في خوض معترك الحياة، ومجابهة التحدِّيات.

وأوضح القرآن للأُمّة المسلمة دورها الحضاري الرائد بقوله:

وَكَذَلِكَ جَعَلْنَاكُمْ أُمَّةً وَسَطًا لِتَكُونُوا شُهَدَاءَ عَلَى النَّاسِ وَيَكُونَ الرَّسُولُ عَلَيْكُمْ شَهِيدًا وَمَا جَعَلْنَا الْقِبْلَةَ الَّتِي كُنْتَ عَلَيْهَا إِلَّا لِنَعْلَمَ مَنْ يَتَّبِعُ الرَّسُولَ مِمَّنْ يَنْقَلِبُ عَلَى عَقِبَيْهِ وَإِنْ كَانَتْ لَكَبِيرَةً إِلَّا عَلَى الَّذِينَ هَدَى اللَّهُ وَمَا كَانَ اللَّهُ لِيُضِيعَ إِيمَانَكُمْ إِنَّ اللَّهَ بِالنَّاسِ لَرَءُوفٌ رَحِيمٌ البقرة: 143.

فالقرآن يحدِّد للأُمّة مكانتها في هذه الآية، إنّها أُمّة قائدة وشهيدة على الأُمم بما تحمل إليها من مبادئ، وتدعوها إليه من قيم الحق والعدل والحرّيّة والاخلاق، وما تنتهجه من منهج العلم والعقلانية، بل ويوضّح القرآن للأُمّة المسلمة أنّها خير أُمّة اخرجت للناس، وعليها أن تكون في الطليعة من موكب البشريّة تعتزّ بمكانتها الحضاريّة الرائدة ولا يتسرّب إليها الشعور بالنقص، أو بتفوّق غيرها عليها ; وإن قُهرت آناً من الزمن وسبقها البعض في فترة من التاريخ.

كُنْتُمْ خَيْرَ أُمَّةٍ أُخْرِجَتْ لِلنَّاسِ تَأْمُرُونَ بِالْمَعْرُوفِ وَتَنْهَوْنَ عَنِ الْمُنْكَرِ وَتُؤْمِنُونَ بِاللَّهِ وَلَوْ آمَنَ أَهْلُ الْكِتَابِ لَكَانَ خَيْرًا لَهُمْ مِنْهُمُ الْمُؤْمِنُونَ وَأَكْثَرُهُمُ الْفَاسِقُونَ آل عمران:110 وعندما يعيش هذا الشعور في أعماق الأُمّة، و هذا الاعتزاز بالشخصيّة العقيديّة، تكون الأُمّة قادرة على تجاوز العقبات، ولديها القدرة على النهوض.

5 - **إرادة التغيير:**

لكي يمضي الانسان بمشروعه وأهدافه في الحياة، يجب أن يكون ذا إرادة وتصميم وعزيمة لا تلين ، ويتجسّد دور الارادة وأهميّتها في الموقف البشري في عمليّة الصِّراع، وعمليّة التحدِّي ومواجهة الصِّعاب والاخفاقات، والانسان الّذي يحمل الارادة القويّة الصادقة يحقِّق أهدافه، ويكرّس جهده واهتمامه وطاقاته من أجل تحقيق الاهداف.

إنّ مهمّة التغيير في الأمّة له مهمّة صعبة، وتحتاج إلى إرادة وعزيمة، فالأمّة الّتي لا تحمل إرادة التغيير، ولا تحمل روح الرفض للواقع المتخلّف، وترضى بالعيش تحت الظروف الّتي ألفتها من الظلم والفساد والفقر، ولا تنزع إلى وضع أفضل، ومستقبل زاهر، لَهيَ أُمّة فقدت إرادة التغيير، ولا يمكن أن تحقِّق النهوض والتحرّر من التخلّف والظلم والفساد السياسي والاجتماعي، ولن تحقق التنمية الاقتصاديّة والتقدّم العلمي.

إنّ التغيير الّذي ينشده الاسلام، هو التغيير الجذري الشامل الّذي يبدأ من أعماق النفس البشريّة، منطلقاً من تغيير المحتوى الذاتي للانسان، فتغيير الوضع الفكري والروحي والسلوكي للانسان، هو منطلق التغيير الاجتماعي والسياسي والاقتصادي والقانوني:

وقد وصف الله سبحانه إرادة المصلحين والمغيِّرين بالعزيمة، وبذا وصف صفوة الانبياء بأ نّهم أُولو العزم، لأَنّهم أُولو إرادة قويّة لا تلين ولا تتراجع . حملوا الرسالات بقوّة، وتحمّلوا مشاق التغيير والصراع بأشدّ صورها ، وبذا خاطب سيِّد المرسلين محمّداً (صلى الله عليه وسلم) فقال:

فَاصْبِرْ كَمَا صَبَرَ أُولُو الْعَزْمِ مِنَ الرُّسُلِ وَلَا تَسْتَعْجِل لَّهُمْ الأحقاف:35 ومن هذا المنطلق خاطب الله نبيّه يحيى بقوله: يَا يَحْيَى خُذِ الْكِتَابَ بِقُوَّةٍ مريم:12 إحمل رسالة التغيير بقوّة وعزيمة وإرادة لا تلين.

6 - الحرِّيّة واحترام إرادة الانسان:

الحرِّيّة : هي القدرة على الاختيار، والبحث في الحرِّيّة يقود إلى تقسيم الحرِّيّة إلى قسمين:

أ - الحرِّيّة الداخلية : أو حرِّيّة الارداة والاختيار الباطني عند الانسان ، وهي الّتي دار البحث حولها من قِبَل علماء العقيدة (علماء الكلام) والفلاسفة والمفكِّرين الاسلاميين، وغير الاسلاميين، وانتهى البحث فيها إلى مذاهب وآراء شتّى، فذهب فريق أمثال الاشعري وغيره، إلى أن الانسان كائن مُجبَر، لا يملك القدرة على الاختيار ; فالافعال تجري عليه كما يجري الماء في النهر . فنحن نقول : جرى الماء في النهر، وليس للماء حرِّيّة ولا إرادة في إختيار الجريان في النهر، بل يجري بقوّة قاهرة خارجة على ذات الماء

وكذا الافعال الّتي ننسبها إلى الانسان، فهي أفعال الله تجري بواسطة الانسان، وليس الانسان هو الفاعل الحقيقي لتلك الافعال، وفسّروا دور الانسان بالكسب. وهكذا جرّدت هذه النظريّة الانسان من الحرِّيّة والاختيار، في حين ردّت آراء إسلاميّة أُخرى على هذا الاتّجاه، واعتبرته معارضاً لعقيدة التوحيد الّتي تؤمن بعدل الله سبحانه، وتنزّهه عن الظّلم، فكيف يُجرِّد الخالق سبحانه الانسان من الاختيار، ويُجري عليه أفعاله، ثمّ يُحاسبه عليها، وهو لا يملك القدرة على الفعل والترك فيما فرض عليه، بل ما قيمة الامر والنهي من قِبَل الله تعالى إذا كان الانسان لا يملك القدرة على الاختيار.

فالانسان وفق الرؤية القرآنية، ومنطق العقل الاسلامي، يجب أن يكون مختاراً وحرّاً، ليكون مسؤولاً، وليجري عالم الانسان وفق عدل الله تعالى، فلا مسؤوليّة بلا حرّيّة، قال تعالى:

وَهَدَيْنَاهُ النَّجْدَيْنِ البلد:10

إِنَّا هَدَيْنَاهُ السَّبِيلَ إِمَّا شَاكِرًا وَإِمَّا كَفُورًا الإنسان:3.

وَقِفُوهُمْ إِنَّهُمْ مَسْئُولُونَ الصافات:24

فَلَنَسْأَلَنَّ الَّذِينَ أُرْسِلَ إِلَيْهِمْ وَلَنَسْأَلَنَّ الْمُرْسَلِينَ الأعراف:6

وهكذا تتلازم الحرّيّة والمسؤوليّة في العقيدة الاسلاميّة، وفي الفكر الاسلامي، وهكذا تكون قيمه الانسانيّة في كونه حرّاً مسؤولاً.

ب - الحرّيّة الاجتماعيّة : وإذا كانت الحرّيّة الداخليّة أو الذاتيّة تتمثّل في القدرة على الاختيار والترك، فإنّ القسم الثاني من الحرّيّة، هو الحرّيّة الاجتماعيّة.

وهي الحرّيّة الّتي يمنحها القانون والاخلاق والمجتمع للفرد، ويُعطى حق ممارستها في المجتمع، ويجب أن تتعامل معه السلطة والمجتمع وفقها، ومثالها حرّيّة الفكر والسياسة والتملّك وغيرها.

والحرّيّة هي منطلق النهضة والتنمية والتقدّم لدى الفرد والمجتمع، فالانسان الّذي لا يملك الحرّيّة لا يستطيع أن يصنع الحياة، والانسان الّذي يشعر بالاضطهاد وسحق إرادته وشخصيّته، لا يتفاعل ولا يستجيب للسلطة، ولا لمشاريعها وسياستها، ولا يستطيع أن يوظّف طاقاته، وبالتالي لا يستطيع النهوض أو التقدّم.

وإنّ من أخطر أسباب تخلُّف عالمنا هو مصادرة إرادة الانسان، وكبت حرّيّته المشروعة، الحرّيّة المسؤولة الّتي لا تنفك عن الالتزام والمسؤوليّة. ولكي تنهض الأُمّة، فهي بحاجة إلى الحرّيّة، بحاجة إلى حرّيّة الفكر، بحاجة إلى أن يُحرّر العقل من

الارهاب الفكري، ويُفسح أمامه المجال واسعاً لينطلق، وليفكّر وليبدع وليمارس دوره الملتزم في مجال المعرفة وتشخيص المسار فإنّ الانسان المكبوت الحرِّيّة هو إنسان مشلول القدرة والارادة، ولا يستطيع أن يوظِّف طاقاته وإمكاناته.

7 - المبادئ:

النهضة هي حركة انتقال من وضع حضاري وإجتماعي إلى آخر، فهي حركة تغيريّة، والتغيير لابدّ له من أن يستند إلى مبادئ وأُسس فكريّة حضاريّة تسلك كدليل للمغيِّرين يوضِّح أهدافهم، ويشخِّص معالم مسيرتهم، ويحدث التغيير على أساسها.

فلا تحدث نهضة في الأُمّة، ولا يحصل تغيير أو انتقال في مسارها، ولا تتوفّر دواعي النهوض والانطلاق، إلاّ إذا كانت لتلك الأُمّة مبادئ وقيم وأفكار تقود نهضتها، ويتحقق الانتقال النوعي فيها على أساسها.

فقد حمل الانبياء والمرسلون الرسالات والمبادئ الّتي دعوا شعوبهم وأُمّمهم إليها لإحداث عمليّة الاصلاح والنهوض من التخلّف والفساد. وكم تحدّث القرآن عن أنّ رسالته هي لإخراج الناس من الظلمات إلى النور، من التخلّف العقيدي والعلمي والفساد الاجتماعي والسياسي والاقتصادي إلى العلم والهدى وعدل السلطة والسياسة واستقرار الحياة.

وتلك المبادئ ما لم يؤمن بها أصحابها، ويعتنقوها بوعي وإخلاص لاتستطيع أن تُحدِث التغيير في نفوسهم، ولاتبعثهم على الحركة والنهوض. إنّ الأُمّة الاسلاميّة بين يديها رسالة القرآن، دليل النهضة، ومشعل النور والهداية، بُعث به الهادي محمّد (صلى الله عليه وسلم) لانقاذ البشريّة، ولتحقيق النهوض الحضاري على أساس العلم والايمان وقيم الاخلاق.

الر كِتَابٌ أَنزَلْنَاهُ إِلَيْكَ لِتُخْرِجَ النَّاسَ مِنَ الظُّلُمَاتِ إِلَى النُّورِ بِإِذْنِ رَبِّهِمْ إِلَى صِرَاطِ الْعَزِيزِ الْحَمِيدِ إبراهيم:1

إنّ الرسالة الاسلاميّة، هي رسالة العلم والحضارة، وقد استوعبت حاجة الانسان الفكريّة التشريعيّة والتربويّة . واستطاعت أن تبعث في البشريّة بأسرها روح النهضة والوعي.

8 - الطليعة (القادة):

إنّ نقطة البداية، ومنطلق النهضة والتغيير في الأُمّة هم الطليعة، والقيادة الرائدة الّتي تتحسّس محنة التخلّف، وتشعر بآلام الانسان، وتكرّس همّها وجهدها للاصلاح، لقد كان طليعة الرّواد والقادة هم الانبياء والمرسلون (عليهم السلام)، كانوا نقطة البداية، ومنطلق التغيير.

ويبدأ الانسان الفرد القائد، ثمّ ينطلق نحو الآخرين فيختار، وينتقي من يراه مؤهّلاً للمشاركة في عمليّة التغيير، وتحدّي الواقع المختلّف ; ليكوّن النواة الأُولى . بادئاً بالتوعية على فساد الواقع وضرورة تغييره، وإيضاح صورة التغيير والمنهج الّذي يدعو إليه المغيِّر.

وهكذا بدأ الانبياء (عليهم السلام)، فكان مع كلّ نبي طليعة هي النواة الأُولى للتغيير والبناء، ثمّ تبدأ عمليّة التعميم والانتشار، حتّى تصبح الدعوة إلى النهوض والتغيير والاصلاح تيّاراً إجتماعيّاً تحرِّكه وتقوده الطليعة الرائدة.

الفصل التاسع
علم النفس الاجتماعي

علم النفس الاجتماعي Social psychology

تعريف علم النفس

هو الدراسة الأكاديمية و التطبيقية للسلوك، و الإدراك و الآليات المستبطنة لها، يقوم علم النفس عادة بدراسة الإنسان ولكنْ يمكن تطبيقه على غير الإنسان أحيانا مثل الحيوانات أو الأنظمة الذكية .

أهمية علم النفس

1- يهتم علم النفس بفهم الإنسان ومحاولة تغيير أو تعديل سلوكه، كما أن الغرض الرئيسي لكل علم ومن بينها علم النفس وصف الظواهر التي يدور حولها مجال بحثه وفهمها وأسباب ظهورها، أي أن هذا العلم يمرُّ بمرحلتين وله جانبان:

2- علم النفس قبل أي علم له ناحية نظرية تتمثل في دراسة الظواهر النفسية التي تتضح في السلوك الخارجي بغرض التوصل إلى القوانين العامة أو المبادئ التي تحكم هذه الظواهر.

3- من ناحية تطبيقية تتمثل في الاستفادة من هذه القوانين في التحكم في السلوك الإنساني وتغييره وتوجيهه التوجيه السليم.

ومن بين اهتمامات علم النفس تصميمه لمقاييس السلوك العادي في مقابل السلوك المرضي ووضع حلول لكثير من المشكلات اليومية.

تعريف علم النفس الاجتماعي

هو العلم الدي يدرس العلاقة بين الفرد والجماعة (مثل : التنشئة الاجتماعية – سيكولوجية الجماهير – تماسك الجماعة – الأدوار الاجتماعية - الدعاية – الرأي العام – الشائعات – القيادة)، ويدرس الانحرافات والأمراض الاجتماعية .

او هو الدراسة العلمية للإنسان ككائن اجتماعي، يهتم هذا العلم بالخصائص النفسية للجماعات وأنماط التفاعل الاجتماعي والتأثيرات التبادلية بين الأفراد، مثل العلاقة بين الأباء والأبناء داخل الأسرة والتفاعل بين المعلمين والمتعلمين.

نشأة وتطور علم النفس الاجتماعي

نشأ علم النفس الاجتماعى فى بدايات القرن العشرين كرد فعل للطبيعة غير الاجتماعية التي تميز بها علم النفس العام ، وعادة ما يعتبر عام 1908 هو سنة ميلاد هذا العلم إذ ظهر فيها أول كتابين عنه ، ويرجع البعض بدايات العلم إلى منتصف القرن التاسع عشر عندما وضع أوجست كونت تصنيفه للعلوم الاجتماعية وقدم فكرة الوضعية . ويجدر بنا هنا أن نقدم تلخيصاً للفلسفة الوضعية التي نادى بها أوجست كونت (1798 - 1857) إذ يعتبرها المؤرخون بداية علم الاجتماع الحديث . ولقد ظهر أول مرة عام 1844 ، وهي مذهب فلسفي معاصر يرتكز على دراسة الظواهر دراسة علمية ، أو وصفية او تحليلية للوصول إلى القوانين والقضايا والأحكام العامة التى تخضع لها هذه الظواهر ، وقد طبق هذا المبدأ على الظواهر الاجتماعية لأنه كان يرى أن ظواهر المجتمع تخضع لقوانين لا تختلف فى طبيعتها وثباتها عن قوانين العلوم الأخرى .

والوضعية في نظر كونت تمثل المرحلة الأخيرة التي يستقر عندها الفكر الإنساني في تطويره ، وقد مر الفكر الإنساني بحسب نظريته في ثلاث مراحل هي : المرحلة اللاهوتية (الثيولوجية) والمرحلة الميتافيزيقية ، والمرحلة الوضعية تقابل كل مرحلة منها وجهة نظر معينة إلى العالم . وفي المرحلة الأولى (اللاهوتية) يذهب العقل في تفسيره للظواهر بنسبتها إلى قوى غيبية خارقة ، اما المرحلة الثانية (الميتافيزيقية) ففيها يفسر العقل الظواهر بنسبتها إلى معانٍ وقوى مجردة غير مشخصة، واخيراً المرحلة الوضعية حيث يفسر العقل الظواهر عن طريق ربطها

بالقوانين التى تخضع لها وقسم كونت العلوم فى مبلغ خضوعها للفكر الوضعى إلى قسمين : قسم وصل إلى الوضعية وهو العلوم الرياضية والطبيعية والبيولوجية وقسم لم يصل بعد وهو الدراسات المتصلة بالإنسان والمجتمع . ورأى انه يفضِّلُ إنشاء علم يدرسها وهو علم الطبيعة الاجتماعية وسماه بعد ذلك علم الاجتماع ويحقِّق للفلسفة الوضعية العمومية والكلية وتصبح قادرة على أن تحل محل التفكير اللاهوتي والميتافيزيقي في تفسير الكون وما يشمله من الظواهر المختلفة . وبدا في أول الأمر أن مهمة علم النفس الاجتماعي ستكون تطعيم علم النفس العام بالمصل الاجتماعى ، وإخضاع دراسة المجتمع لسمات الشخصية ، لذلك اتبع العلم في بدايته الأسلوب التجريبى بمعنى إجراء التجارب على الجماعات والأفراد. وذلك في الفترة ما بين الحربين العالميتين ، ولكن تمخض ذلك الاتجاه عن مجرد معالجة البيئة الاجتماعية لاكتشاف أثرها على سلوك الفرد فى ظروف المعمل ، وادى هذا إلى ابتعاد النتائج عن الواقع المعاش ونشأت أثر ذلك ونتيجة للتركيز على الطريقة التجريبية ، أزمة في علم النفس الاجتماعى بين الستينات والسبعينات من القرن العشرين . حيث ظهرت بدائل متعددة لدراسة التأثير الاجتماعى ، خاصة فى دراسة الجماعات الصغيرة واللجوء إلى الملاحظة الواقعية والتخلص من الدراسات العمليَّة الضيقة .

تطور علم النفس الاجتماعي :

أولاً : في القرن الرابع قبل الميلاد أنتج الفكر اليوناني نظما فلسفية متكاملة ، ونجد هنا ان فلاسفة اليونان قد عنوا بدراسة النفس : تكونها ، معناها ، مادتها ، مكانها للعالم المادي ، الوظائف النفسية والعقلية وطريقة اثبات كل ذلك ، كذلك عنوا بدراسة الصلة بين الفرد والمجتمع ومحاولة التحكم في هذه الصلة ، وتوجيهها الوجهة السليمة وتسمى هذه المرحلة بمرحلة التفكير الفلسفي ، وتعتبر محاولات الفلاسفة اليونان أكثر انتظاماً وأقرب إلى روح التفكير المنطقي القابل للتعميم ،

وربما كان أبرز من ساهم في تطور علم النفس الاجتماعي من الفلاسفة الأغريق أفلاطون وأرسطو، فقد تكلم أفلاطون عن أول مبدأ لتكوين المجتمعات وذلك عندما تكلم عن (المدينة الفاضلة) ، فهو يعتبر أن الميل للاجتماع ظاهرة طبيعية ناشئة من تعدد حاجات الفرد وعجزه عن قضائها بمفرده ، ولذلك تآلف الناس أولاً في جماعات غفيرة تعاونت على توفير المأكل والملبس ثم تزايد العدد وكونوا المدينة . فهذه المدينة الأولى ليس لها حاجات إلا الضرورية وهي قليلة يتسنى إرضاؤها بلا عناء، ولكن سرعان ما تختفى هذه القناعة وتظهر حاجات جديدة فتضيق الأرض بمن عليها فتنشب الحروب بين الشعوب .

أما ارسطو فقد ناقش آراءه في تكوين الجماعات وذلك في كتابه (السياسة) وفيه يعتبر الجماعة الأولى هي الأسرة ، ويعتبر أن تحقيق دوافع الفرد وحمايته من الأخطار هي الغرض الأول من الجماعة سواء أكانت أسرة أو قرية أو مدينة . وتتألف الأسرة من الزوج والزوجة والبنين والعبيد . الزوج هو رب الأسرة لأن الطبيعة حبته بالعقل الكامل ، أما المرأة فأقل عقلاً ووظيفتها العناية بالمنزل والأولاد تحت إشراف الرجل ، اما العبيد فهم ضرورة اجتماعية وهم أقل قدرة من حيث الذكاء الفطري ، اي أن ارسطو يؤمن بوجود فروق بين الجماعات وبين البنين والبنات وبين السادة والعبيد، كذلك يؤمن بوجود فروق بين الشعوب، فشعوب الشمال الجليدى شجعان لهذا لا يكدر عليهم أحد صفوة حريتهم ولكنهم عاطلون من الذكاء ، لهذا كانوا عاجزين عن السيطرة على جيرانهم ، أما الشرقيون فيمتازون بالذكاء ولكنهم خِلْوٌ من الشجاعة ، أما الشعب اليوناني فيجمع بين ميزتي الذكاء والشجاعة.

ثانياً : وقد نشأت فى البلاد الغريبة فى العصور الوسطى كذلك وبعد ظهور الدين الإسلامي حضارة إسلامية متقدمة وازدهرت العلوم والفلسفة وحفظ نتاج الفلسفة اليونانية من الضياع بترجمته إلى اللغة العربية ، ووضع فلاسفة العرب

مؤلفاتهم متضمنة جوانب عن النفس ، وجوانب تتضمن الصلة بين الفرد والمجتمع. وهذه الجوانب بلا شك كان لها تأثير في تطور علم النفس الاجتماعي ، ومن أبرز الشخصيات العربية والتي كان لها اسهام واضح في تطور علم النفس الاجتماعي : الفارابي ، ابن سينا ، الغزالي .

(أ) **الفارابي :** يعتبر الفارابي أن الدافع للاجتماع هو وجود حاجات فطر عليها الانسان لقوام معيشته ووجود أعمال ضرورية لا يمكن أن يقوم بها كلها هو وحده بل يحتاج إلى عدد من الناس يقوم له كل واحد منهم بشئ .

وهو يتكلم عن تماسك الجماعة والعوامل التي تؤدي إليها مثل تشابه الخلق والشيم الطبيعية والاشتراك في اللغة واللسان . وكذلك يشير إلى الصفات الضرورية للزعامة، فالزعيم يجب أن يكون كامل الأعضاء سليم الجسم ، جيد الفهم والتصور، جيد الحفظ، جيد الفطنة ، محباً للصدق وأهله، كبير النفس، محباً لكلامه. وهذه مشكلات يهتم بها علم النفس الاجتماعي الحديث ويحاول دراستها ولكن منهجه مختلف عن منهج الفارابي وامثاله.

(ب) **الغزالي :** اهتم الغزالي بتكوين المجتمع وبدراسة دينامياته وكل ذلك بهدف فهم الدوافع لتكوين المجتمع والعمل على إصلاحه وهديه إلى الطريق القويم طريق الدين وتعاليمه ، وقد اعتبر أن تكوين المجتمع ضرورة لضمان بقاء الفرد وسلامته، وبقاء الفرد وسلامته شرطان لسعادته، ووجود المجتمع ضرورة لتوفير الحاجات الضرورية التي لا يستطيع إنسان العيش بدونها .

ويتوقف بقاء الإنسان على إشباع دوافعه العضوية ، ولكنه عاجز عن توفيرها وحده ، لذا يتحتم التعاون بين الناس لتوزيع العمال، فنشوء المجتمع جاء نتيجة لعجز الفرد وعدم قدرته على الحياة بمفرده، لذلك خلق الله في كل إنسان رغبة للتجمع فطرية ، ولكن عندما يتعقد المجتمع تظهر مشكلات جديدة فى التعاون والعلاقات الإنسانية ، ونمو المجتمع وتطوره يخلقان حاجات جديدة مثل

حب الجاه والسيطرة ولكن الإنسان الذى يطمح إلى تحقيق السعادة بمعرفة الله عليه ان يختار الطرق التي توصله إلى تحقيق غايته ، أي أن الإنسان نتيجة لوجوده في مجتمع ما يحتاج إلى أشياء معينة ضرورية له ، ولكن عليه ان يحدد أهدافه حتى لا ينشغل عنها بأهداف أخرى .

ولما كنت سعادة رجل الدين في معرفة الحق والتوصل إليه فإنه قد يجد نفسه في صراع مع متطلبات البدن والمجتمع، ومتطلبات العلم والدين ومرحلة النمو والنضج التي يمر بها لها تأثيرها كما أنها تغير من أهداف الشخص ، ويعتبر الغزالي أن رغبة الإنسان في تحقيق الأهداف الاجتماعية وإشباع الدوافع التي تخلقها الحياة في مجتمع معين غاية إلهية لاستمرار الحياة الاجتماعية والعضوية والدنيوية .

ثالثاً : وقد شهدت العقود الأخيرة تزايداً مذهلاً في الدراسات النفسية إلى الحد الذي يصعب معه معالجة هذا التزايد، ونعرض في هذه الفقرة من تطور علم النفس الاجتماعي للفترة من عام (1939 – 1964) . فقد عملت الاضطرابات الاجتماعية التي صاحبت الحرب العالمية الثانية والصراعات المستمرة بين الدول والأيدولوجيات التي سيطرت منذ ذلك الوقت على مسرح الأحداث إلى تعميق الاهتمام بعلم النفس الاجتماعي وأن تستحدث امتداداً عظيما في هذا الفرع من فروع الدراسة . فقد دفعت الحرب عديداً من علماء النفس للتصدي لمسؤولياتهم فيما يختص ببحث أوجه التوتر الاجتماعي .

الفروع التي يدرسها علم النفس الاجتماعي

(أ) الصور المختلفة للتفاعل الاجتماعي أي التأثير المتبادل بين الأفراد بعضهم ببعض، والجماعات بعضها ببعض، وبين الأفراد والجماعات، وبين الآباء والأبناء، بين التلاميذ والمدرس، بين العمال وصاحب العمل، وبين المعالج والمريض.

(ب) ومن صور التفاعل : التعاون والتنافس ؛ الحب والكره ، الارتياب والمحاكاة ، التشجيع ، التعصب والإنحياز .

(ج) كما يدرس نتائج هذا التفاعل ومنها تكوين الأفراد والعواطف والمعتقدات وشخصيات الأفراد .

(د) كما انه يتطرق إلى دراسة العوامل التي تؤثر في ذلك التفاعل . وربما تبرز لدينا من التعاريف السابقة ثلاثة مفاهيم جديرة بالنظر وهي مفاهيم : المواقف الاجتماعية ، والمجال الاجتماعي للفرد ، السلوك الاجتماعي وفيما يلي تحديدٌ بينٌ لها :

(أ) المواقف الاجتماعية : وهي تلك المواقف التي تحتوي على مثيرات اجتماعية في أي نمط من الجماعات أو الثقافات .

(ب) المجال الاجتماعي للفرد : وهو المكان الذي يتميز بوجود آخرين به سواء أكان هذا الوجود مباشراً أو كان ممثلاً بوجود أحداث سيكولوجية مرتبطة بهم مثل المفاهيم والذكريات .

(ج) السلوك الاجتماعي : وهو السلوك الذي يصدر عن الفرد ويتأثر فيه بالآخرين .

علم النفس الاجتماعي والقيم السائدة في المجتمع

لابد للبحث العلمي كنشاط إنساني أن يتفاعل مع أهداف المجتمع والقيم والمعايير السائدة فيه. ويتجلى هذا بوضوح عند اختيار المشكلات البحثية، وعند توظيف نتائج البحوث (قد تكون محاولات معرفة قوانين توجيه السلوك مدفوعة، مثلا، بأهداف تجارية أو صحية أو عسكرية).

والباحثون في علم النفس عموما على وعي بهذه العلاقة الدقيقة بين العلم والقيم. ويتجسد هذا الوعي في التفريق بين محتوى السلوك وعملياته، حيث تقتصر

أسئلة علماء النفس الاجتماعي على البحث في عمليات التأثير على سلوك الفرد ومشاعره وأفكاره.

أهمية مفهوم الاتجاه لعلم النفس الاجتماعي

الاتجاه مفهوم محوري في علم النفس الاجتماعي، كما أن جزءا كبيرا من بنيتنا النفسية عبارة عن اتجاهات، ويرتبط الاتجاه غالبا بمثيرات اجتماعية، ولكي يكون لدى الفرد اتجاه فلابد أن يكون هناك موضوع لهذا الاتجاه، وتفاعل أو خبرة (بالمعني الواسع) مع موضوع الاتجاه.

تعريف الاتجاه والتفريق بينه وبين مفاهيم أخرى (تابع):

والقول بأن الاتجاه حالة داخلية يعني أن الاتجاه لا يمكن ملاحظته بطريقة مباشرة، فهو بناء افتراضي يتجسد في رابطة الذاكرة طويلة المدى بين موضوع الاتجاه وتقييمه، ويتم الاستدلال عليه من آثاره على استجابات الفرد.

ومما يميز الاتجاه كميل نفسي- عن غيره من الميول النفسية هو أنه يتضمن خاصية التقييم (درجة من التفضيل-عدم التفضيل، الإقدام-الإحجام، الحب-الكره).

والاستجابات التقييمية قد تكون ظاهرة وقد تكون خفية؛ صريحة (لا لبس في تفسيرها من قبل الآخرين) أو ضمنية (لا يظهر معناها بوضوح)؛ تلقائية (تحدث بصورة عفوية دون قصد) أو مقصودة (يعيها الفرد). والاتجاه لا يتكون إلا بعد استجابة الفرد لموضوعه، أي من خلال الخبرة (مكتسب أو متعلم)، وكلما تكررت الخبرة زادت قوة الاتجاه.

ويختلف الاتجاه عن السمة في أن الاتجاه له موضوع، أما السمة فليس لها موضوع، وهذا يعني أن الاتجاه أقل عمومية من السمة، حيث أن السمة تؤثر على معظم نشاطات الفرد، بينما يقتصر تأثير الاتجاه على الاستجابات الخاصة بموضوع

الاتجاه، والاتجاه أقل ثباتا من السمة لأنه يمكن تغييره على الرغم من أن بعض الاتجاهات عصية على التغيير، كما أن الاتجاه يشتمل على خاصية التقييم أما السمة فليست لها تلك الخاصية، فهي توجه السلوك عموما، أما القيم فيمكن النظر إليها على أنها عبارة عن اتجاهات مركزية يتكون كل منها من عدد من الاتجاهات المترابطة.

طبيعة الاتجاه: بنيته ووظائفه وتكوُّنه

النموذج الثلاثي لبنية الاتجاه:

والنموذج الثلاثي ليس وصفا تصنيفيا لأنواع الاستجابات، وإنما هو نموذج تفسيري يشرح بناء وعمليات الاتجاه، وليس من الضروري، حسب النموذج الثلاثي، أن يكون هناك ارتباط قوي ودائم بين هذه المكونات الثلاث، فأهمية المكونات الثلاث تختلف حسب نوع الموقف وموضوع الاتجاه، كما أن بينها تأثيرات متبادلة.

وظائف الاتجاهات:

يؤكد التحليل الوظيفي للسلوك على الطبيعة الغرضية والتكيفية للسلوك والفكر الإنساني. والفكرة الرئيسة للنظرية الوظيفية في الاتجاهات هي أنها تخدم وظائف نفسية تمكن الفرد من التعامل مع بيئته الاجتماعية ومتطلباتها، ويرى كاتز أن وظيفة المعرفة أو وظيفة تقييم الموضوع هي أهم أساس وظيفي لتكون الاتجاهات واستمرارها كجزء من البناء الذهني للفرد، ومن الوظائف:

1- الاتجاه كمخطوطة ذهنية للجوانب السلبية أو الإيجابية في الموضوعات يخدم وظيفة المعرفة لأنه يعمل كإطار مرجعي؛ أي أن اتجاهاتنا تؤثر على انتباهنا وتفسيرنا للمعلومات عن عالمنا الاجتماعي، وتحدد استجاباتنا في الحياة

اليومية، وبهذا يبدو عالمنا الاجتماعي منتظما يمكن التنبؤ بأحداثه، والتعامل معها بكفاءة.

2- الاتجاه كمخطوطة ذهنية يؤثر في انتقاء معلومات معينة من البيئة، وفي عملية ترميزها وتفسيرها، سواء كان اتجاها إيجابيا أو سلبيا.

ووجود الأدلة التي تؤكد الوظيفة المعرفية للاتجاه لا يعني أن العمليات الذهنية تحت سيطرة وتوجيه دائمين من اتجاهاتنا، فالعمليات الذهنية تتأثر أيضا بعوامل شخصية وموقفية كأهداف الفرد الحالية، وقوة الأدلة المناقضة للاتجاه، والمعايير الذاتية، والحالة المزاجية والانفعالية. كما يعتمد تأثر العمليات الذهنية بالاتجاه على خصائص الاتجاه نفسه، فهناك اتجاهات قوية أو مركزية وأخرى ضعيفة أو هامشية؛ اتجاهات سهلة الاستدعاء وأخرى أقل سهولة.

3- والاتجاهات نفسها عرضة للتغير في ظروف محددة أو تحت شروط معينة، ويعتبر هذا النموذج تبسيطا لهذه الظاهرة المعقدة إذ أن هناك تفاعلاً بين عناصر الاتجاه نفسها كما يحدث عندما تتأثر المخطوطة الذهنية بتقييم الفرد للموضوع، أو العكس، كما أن الاتجاه ككل يتأثر بالسلوك وبالمعلومات وبما يخبره الفرد من مشاعر في حضور الاتجاه.

4- إن الاتجاه ليس بناء جامداً يوجه أحكام الفرد ومشاعره وسلوكه في الحياة اليومية بطريقة آلية، فهناك نوع من العلاقة الموجبة أو السالبة بين الفرد ككل وموضوع الاتجاه؛ تبرز أحيانا وتغيب أخرى، تقوى أحيانا وتضعف أخرى.

5- الوظيفة الوسيلية أو المنفعية (تقدير الفرد لشخص يمكن أن يسهم في تحقيق أهدافه).

6- وظيفة التكيف الاجتماعي (تعبير المرء عن اتجاهات سائدة في الجماعة التي ينتمي إليها).

7- وظيفة التعبير القيمي (الاتجاهات السلبية نحو قوى الاستعمار لدى من تمثل الحرية قيمة مركزية في بنائه القيمي).

8- وظيفة الدفاع عن الذات (كأن يعبر المحروم من الحرية عن اتجاهات سلبية نحو الحرية بربطها بالفوضى، مثلاً).

طرق قياس الاتجاهات

هناك عدة طرق لقياس الاتجاهات أشهرها طريقة ليكرت وطريقة تمايز المعاني :

ولا يمكن قبول نتائج القياس إلا إذا كانت درجات صدق المقياس وثباته مقبولة أو مرتفعة، والصدق أن يقيس المقياس ما خصص له أو ما يزعم صاحب المقياس أنه يقيسه، والثبات هو أن يعطينا المقياس قراءات متشابهة إلى حد كبير إذا طُبق في فترات زمنية متفاوتة، والصدق ألزم من الثبات إذْ أن المقياس الصادق بالضرورة ثابت والعكس ليس صحيحا، وتشير الموضوعية إلى تحرر المقياس من ذاتية المصحح حيث يحصل المفحوص على نفس الدرجة بغض النظر عن القائم بالتصحيح، هذه الخصائص الثلاث لها الأولوية عند تقييم المقاييس. وهناك خصائص تأتي في المرتبة الثانية في تقييم المقياس منها الاقتصاد في الوقت والجهد والمال والمفاهيم.

ولكي يكون مقياس الاتجاه صادقاً يجب أن يشتمل على بنود تبرز خاصية تقييم موضوع الاتجاه (سلبي أو إيجابي) في أفكار المفحوصين ومشاعرهم وسلوكياتهم.

السلوك العدواني بين الحكم الأخلاقي والوصف الموضوعي:

عندما نقول 'سلوك عدواني' فإننا لا نصف ذلك السلوك فقط، بل نطلق حكما قيميا، ويرى باندورا أن ماهية السلوك العدواني تتحدد من تعريفه اجتماعيا، فالسلوك نفسه قد يوصف بالعدوانية من جماعة أو فرد معين، وقد يوصف بالبطولة من جماعة أخرى أو من شخص آخر.

التعريف الحديث للسلوك العدواني في علم النفس الاجتماعي:

العدوان هو أي شكل من أشكال السلوك الموجه بهدف الإضرار أو الإيذاء لكائن حي يكون مدفوعا لتجنب مثل هذه المعاملة.

فرضية الإحباط- العدوان

ينتج العدوان عند البشر من الإحباط الذي يتراكم بسبب عوائق بيئية تمنع الفرد من إشباع حاجاته، وتؤدي زيادة الإحباط إلى توجيه السلوك العدواني نحو المثير البيئي الذي يمنع إشباع هذه الحاجات، فالسلوك العدواني استجابة آلية للإحباط، وبهذا تضيف هذه الفرضية البعد التفاعلي للسلوك العدواني لكنها صوَّرتْهُ كاستجابة آلية، ولكن هناك دراسات بينت أن الإحباط لا يؤدي دائما ومباشرة إلى العدوان، وقد تحدث له إزاحة، وقد استعمل هذا التعديل في تفسير التعصب.

الذهن الاجتماعي

مُسَلَّمات الذهن الاجتماعي

- عقلانية الفهم الإنساني نسبية، فما هو معقول في نظر شخص قد لا يكون كذلك في نظر آخر.
- ليس للفرد إمكانية الحصول على كل المعلومات المتعلقة بموضوعات القرارات التي يتخذها والأحكام التي يطلقها.
- حتى لو توفرت للفرد كل المعلومات المتعلقة بموضوع القرار الذي يريد أن يتخذه، فليس لديه الوقت ولا القدرة الكافيان لتمحيص هذه المعلومات والخروج بقرار صحيح في كل مواقف الحياة اليومية.
- لا تصل المعلومات من البيئة إلى الفرد كما هي، فالفرد الإنساني ينتقي بعض المعلومات ويُوليها اهتماما أكثر، ويخضع ما انتقاه من معلومات للتفسير في ضوء معلوماته واعتقاداته السابقة، ولا يقتصر نشاطه على مجرد تلقيها.

الهدف العام لدراسات الذهن الاجتماعي

- تهدف دراسات الذهن الاجتماعي لتحقيق الفهم العلمي للعمليات والبناءات الذهنية التي تتعلق باستقبال وتنظيم وحفظ واسترجاع المعلومات الاجتماعية، وعلاقة هذه العمليات والبناءات الذهنية بقرارات الفرد وأحكامه السلوكية في الحياة اليومية.
- تركز بحوث الذهن الاجتماعي على فهم علاقة التأثير المتبادل بين السلوك الاجتماعي من جهة، والعمليات والبناءات الذهنية من جهة أخرى.
- تقع العمليات والبناءات الذهنية في مستوى فردي غير شعوري، وهي التي ينتج عن تفعيلها ما يعيه الفرد غالبا من معرفة وأفكار ومعتقدات.

أهمية دراسة الذهن الاجتماعي

يدرس الذهن الاجتماعي كيف يفكر الفرد ويفهم عالمه الاجتماعي أي الآخرين وسلوكهم والمواقف التي يحدث فيها هذا السلوك. إن دراسة كيفية تكون فهم الفرد وإدراكاته مطلب ضروري لتفسير استجاباته على اختلافها لأن استجاباته تعتمد إلى حد كبير على فهمه وإدراكه للمواقف ولمن يتفاعل معهم ضمنها. كما أن لمفاهيم الفرد وإدراكاته للآخرين ولعالمه الاجتماعي أثر كبير في سلوكه وقراراته ومشاعره، بغض النظر عن المعلومات الموضوعية،

واختلاف فهم الأفراد للمواقف والأحداث يؤدي بالتالي إلى اختلاف قراراتهم وأحكامهم.

النماذج الذهنية في علم النفس الاجتماعي

1) **نموذج الفرد كمقتصد ذهني:**

يفترض هذا النموذج أن معطيات الفرد الذهنية لا تحتمل كل المعلومات التي يتلقاها من بيئته الاجتماعية، ويصور الإنسان على أنه ميال إلى اتخاذ طرق ذهنية مختصرة للوصول إلى قراراته وتكوين انطباعاته وحلوله وأحكامه.

2) **نموذج الفرد كمخطط مدفوع :**

يفترض المفهوم المجازي لهذا النموذج أن الناس في العادة لا يستخدمون الاختصارات الذهنية إلا إذا كانوا مدفوعين لتخطيها، فالمواقف قد تتطلب أحيانا السرعة في الحكم واتخاذ القرار والاستجابة، وقد تتطلب أحيانا التدقيق.

3) **نموذج الفرد كعالم غر:**

يقوم الإنسان حسب هذا النموذج، بتفسيرات سببية لسلوكه ولسلوك الآخرين تضفي على عالمه نوعا من المعقولية وإمكانية التنبؤ به والتحكم فيه.

ليس من الضروري أن تكون تلك التفسيرات دقيقة أو صادقة بالمفهوم العلمي، لكن فهمنا لكيفية قيام الفرد بهذه التفسيرات سيمكننا من فهم سلوكه والتنبؤ به.

على الرغم من رواج نظرية العزو التي تنتمي إلى هذا التوجه، إلا أن نتائج الدراسات الحديثة تبين أن الفرد يتوصل إلى كثير من أحكامه وقراراته السلوكية بسرعة وسهولة أكثر مما يوحي به هذا النموذج.

4) نموذج الفرد كباحث عن الاتساق الذهني :

الإنسان كائن باحث عن الاتساق الذهني، أو كائن يعقلن علاقته بعالمه من أشهر نظرياته نظرية التنافر الذهني لفيستنغر التي تصور الفرد على أنه مدفوع لتجنب التنافر الذهني. وقد فقد هذا التوجه كثيرا من إثارته بعد أن أثبتت الدراسات أن الإنسان يتحمل قدرا من عدم الاتساق الذهني أكبر مما يوحي به هذا النموذج.

أثر المخطوطات الذهنية على معالجة المعلومات

الإدراك عملية كلية بنائية فالفرد ليس مجرد متلق سلبي للمعلومات الواردة إليه من المثيرات، وإنما يقوم بمجرد إدراكه لأي مثير بتفيئته. هذه التفيئة تجعل الانتباه انتقائيا، وتؤثر في تفسير المعلومات المستقبلة عن المثير وفي كيفية دمجها مع معلومات سابقة عنه.

إن إدراكنا لأي مثير نتاج للتفاعل بين:

- معارف الفرد وخبراته السابقة عن المثير (عمليات موجهة بالمخطوطة).
- العمليات الذهنية المختلفة مثل الانتباه والذاكرة والتفيئة.
- المعلومات الواردة عن المثير في الموقف المباشر (عمليات موجهة بالبيانات).

- المخطوطات الذهنية أساس لما يسمى بالعمليات الهابطة في معالجة المعلومات والإدراك، وهي عكس العمليات الصاعدة.

- يشير هذا التمييز إلى الفرق بين معارفنا ومفاهيمنا السابقة عن المثيرات، وتأثير خصائصها الموضوعية على إدراكنا لها.

- ويشير هذا التمييز أيضا إلى ميل الأفراد إلى تبسيط المعلومات الهائلة التي تصلهم من بيئتهم بتخزينها في شكل أبنية تمكنهم من التفاعل مع المواقف المختلفة بفعالية ويسر.

الاستدلال الاجتماعي/ التفكير في الحياة اليومية

تهدف دراسة الاستدلال الاجتماعي إلى اكتشاف الاستراتيجيات التي تظهر أثناء بحث الفرد عن المعلومات وانتقائها وتنظيمها واستخدامها في الوصول إلى أحكام وقرارات وانطباعات عن الآخرين وعن الأحداث الاجتماعية اليومية.

تلك الاستراتيجيات يمكن أن تكون مقصودة وبوعي، ويمكن أن تكون عفوية تلقائية، الاستدلال الاجتماعي يختلف عن الاستدلال العلمي الرسمي. وبغض النظر عن صحة نتائجه، فالاستدلال الاجتماعي، كنشاط عقلي، يغمر حياة الفرد من أبسط المواقف إلى أعقدها.

تأثير عوامل انتظام المعلومات على الاستدلال الاجتماعي

لا يتلقى الفرد الإنساني المعلومات كأجزاء منفصلة، ولكن كوحدات منتظمة في كل موحد،

والطريقة التي تنتظم بها المعلومات أو طريقة تقديمها تؤثر في أحكام الفرد بغض النظر عن محتوى هذه المعلومات أو حجمها أو معناها:

1. أثر الأولية: المعلومات التي تصلنا أولا تؤثر في أحكامنا أكثر من المعلومات التي تصل لاحقا.

2.لا يقتصر أثر الأولية على الصفات، وإنما يؤثر في أحكامنا على سلوك الآخرين، والأفكار التي نتعرض لها.

3.أثر التضاد: يشير إلى أن حكمنا على قيمة أو خصائص أي مثير يعتمد، إلى حد كبير، على المثيرات التي نقارنه بها، وليس على خصائصه منفردا .

4.أثر تأطير القرار: يشير إلى أن القرارات التي نتخذها تعتمد على طريقة تقديم المسائل التي نود أن نتخذ قرارات بشأنها. والقاعدة هي أن الناس يتجنبون المخاطرة عندما يتعاملون مع فوائد محتملة، ويميلون إلى المخاطرة عندما يتعاملون مع خسائر محتملة.

5.أثر الإضعاف: يشير إلى أن التعرض لمعلومات غير تشخيصية يقلِّلُ من إدراكنا للشخص كممثل لفئة أو لسلوك ما.

6.أثر الارتباط الوهمي: يكون الارتباط الوهمي بين مثيرين مع عدم وجود توافق بينهما في الحدوث، وربما يكون مسؤولا عن كثير من الاستدلالات (الأحكام) الاجتماعية الخاطئة.

7.يحدث الارتباط الوهمي بين مثيرين من فئتين مختلفتين إذا كانا بارزين (أو تم إبرازهما عمدا) أو من السهل تمييزهما مقارنة بغيرهما من الأشياء في نفس الموقف. ويفسر بعض الباحثين تكوّن واستمرار الصور النمطية للفئات الاجتماعية بهذا العامل.

تحيزات التفكير والإستدلال في الحياة اليومية

يمكن النظر إلى ما سبق (عوامل انتظام المعلومات والقواعد الحدسية) على أنه قواعد تحكم التفكير والاستدلال في الحياة اليومية مما يؤدي بالتالي إلى عدد من التحيزات:

1) إهمال المستوى القاعدي للمعلومات: يمثل المستوى القاعدي للمعلومات درجة تكرار الأحداث موضوعيا، وهو حالة من حالات الحدس التمثيلي.

2) إهمال قاعدة الارتداد: تشير هذه القاعدة إلى أن الحالات المتطرفة تميل إلى العودة إلى متوسطاتها، لكن هذا لا يتفق مع حاجة الفرد إلى الشعور بالقدرة على توقع أحداث بيئته، والتنبؤ بها وربما التحكم فيها، فإدراك الأفراد لا يتفق مع هذا التذبذب لأنهم يميلون إلى إدراك الأحداث بشكل منتظم يمكن التنبؤ به التحكم به، ولو على حساب دقة تقديراتهم للسلوك وأحكامهم على الأحداث الاجتماعية.

3) أثر التهيئة: هو أي تأثير لخصائص موقف سابق على تفكير أو عاطفة أو سلوك الفرد في موقف لاحق، وذلك لأن مثيرات معينة في الموقف السابق تُفَعِّل أبنية ذهنية معينة تؤثر في انتباهنا وتفسيرنا للمعلومات في موقف لاحق، فالفرد قد يفسر سلوك الآخر ويستجيب له بطرق تختلف من موقف إلى آخر وذلك حسب نوع المفاهيم والمخطوطات الذهنية المستثارة، ليس ذلك فحسب بل إن أثر التهيئة يحدث حتى عندما لا يكون الفرد على وعي بالمثيرات الفاعلة في التهيئة.

4) التفكير ضد الوقائع ومشاعر الندم: الوقائع التي من السهل تخيل عدم حدوثها تثير فينا انفعالات أقوى من الأحداث التي لا يمكن تخيل أسباب تمنع حدوثها، ويقترح أحد التفسيرات أن المهم هو قرب الفرد أو بعده من النقاط الفئوية الفاصلة وهي القيم التي تشكل حدودا نوعية على النتائج الكمية.

5) تحيز التفهم الرجعي: يشير إلى أن الناس يظهرون حكمة في فهم الأحداث بعد وقوعها. فالأفراد يبالغون في صحة توقعاتهم للأحداث التي تقع في بيئتهم، فبمجرد معرفتنا بنتائج معينة فإننا نتفهمها بسرعة وذلك بدمج

معرفتنا بها مع ما نعرفه مسبقا عن الموضوع. وبعد القيام بإعادة التفسير تظهر النتيجة كشيء حتمي للموقف المعاد تفسيره.

6) والناس يقومون بإعادة التفسير دون وعي بحدوثها، ويؤكدون ثقتهم في صحة آرائهم قبل وقوع الحادثة، فعملية الدمج للمعرفة الجديدة مع ما يتناسب معها في عقولنا عملية عقلية عليا لا نعيها، فالتوقع قبل الحادثة موجّه بمنظومة من المعلومات غير تلك التي أثارتها معرفة النتيجة غير المتوقعة، والأفراد عادة ليسوا على وعي بتأثير معرفتهم بالنتائج على عملية إعادة التفسير.

تحيزات ذاكرة المعلومات الإيجابية

إن تخزين المعلومات في الذاكرة ليس عملية آلية تعكس ما يصل إلى الحواس، فهناك:

1. معلومات تصل إلى حواسنا بكل وضوح لكنها لا تعالج إطلاقا، أو أنها تعالج معالجة سطحية تجعل استرجاعها غير ممكن، المعلومات المُخزنة في ذاكرة الفرد تكون في الذاكرة طويلة المدى، والمعلومات الحاضرة في ذهنه في لحظة معينة تكون في الذاكرة قصيرة المدى.
2. يتأثر كم المعالجة الذي تتلقاه معلومات معينة بدرجة الانتباه المُعطى لها (أثر الانتباه الانتقائي)، وبنشاط الفرد الهادف للبحث عن معلومات معينة (أثر التعرض الانتقائي). فاتجاهات الفرد وأهدافه وتوقعاته توجه انتباهه إلى معلومات معينة في الموقف فتتلقى تلك المعلومات معالجة أكثر وتتضمن عمليات عقلية عليا وهذا بدوره يزيد من احتمال دمجها مع معلومات في الذاكرة عن نفس المثير، ويزيد احتمال استرجاعها.

3. تتأثر معالجة المعلومات وبالتالي احتمال تذكرها بالمعنوية، فالمعلومات التي تنتظم في كل تفسير يسهل تذكرها أكثر من المعلومات التي لا رابطة بينها.

4. تتأثر معالجة المعلومات وبالتالي احتمال تذكرها بدرجة تطابقها أو عدم تطابقها مع التوقعات السابقة.

العلاقات الشخصية وأنماطها

العلاقات الشخصية أكثر أنواع العلاقات الاجتماعية دلالة في حياة الأشخاص وأكثرها تأثيراً في أفكارهم ومشاعرهم وسلوكهم.

تمييز العلاقات الشخصية عن غيرها من العلاقات الاجتماعية:

تسمى العلاقات الشخصية كذلك لأنها تحدث بين أشخاص (قرابة-زواج-صداقة، مثلا)، ولتمييزها عن غيرها من العلاقات الاجتماعية كعلاقات جماعة أو فئة اجتماعية بأخرى.

العلاقات الشخصية كظاهرة إنسانية عامة:

يتباين متوسط عدد أصدقاء الفرد من مجتمع إلى آخر، لكن الصداقة ظاهرة إنسانية عامة. ويقال هذا في أنماط وقواعد الارتباط بين أفراد الجنسين، وفي كل أنواع العلاقات الشخصية. والعلاقات الشخصية ليست ظواهر جامدة. فقد تتغير علاقات الشخص عبر حياته، وقد تكون تلك العلاقات مصدر سعادة عظيمة وقد تكون مصدر ضغوط متنوعة، والعلاقة الواحدة قد تكون أحيانا مصدر أهداف الفرد ودافعيته، وهي نفسها قد تكون أحيانا مصدر ألم وشكوك ذاتية لدى أطرافها عن مدى أهميتها، ومع هذا فالناس يعيشون مع بعضهم، ويعتمدون على علاقاتهم الشخصية بطرق مختلفة، ولحاجات متعددة. وهناك اتفاق عام على أن الكثير من نشاطات الفرد يتعلق بتكوين العلاقات واستمرارها.

دور العلاقات الشخصية في الصحة والتكيف

وعلى الرغم من الأسس البيولوجية لبداية خبرات اتصال الفرد الإنساني بـالآخرين، إلا أن علاقاته الشخصية ، وفي سن مبكرة جدا تحكمها البنـاءات والعمليـات النفسـية في مواقف التفاعل.

تتراوح أحداث الحياة الضاغطة من المنغصات اليومية إلى سوء التفـاهم الشخصيـ في محيط الأسرة أو العمل، إلى أعباء المعيشة ومتطلبـات الحيـاة، إلى أحـداث مثـل فقـد الأعزاء أو الطلاق أو الديون أو الطرد من العمل، الخ.

وتشير نتائج دراسات أحداث الحياة الضاغطة وعلاقتها بالمشكلات الجسـمية إلى الآثـار السـلبية لأحـداث الحيـاة الضـاغطة عـلى الصـحة، ودور المسـاندة الاجتماعيـة في التخفيف من تلك الآثار.

وتتأثر صحة المرء العقلية بالعلاقات الشخصية كـما تتـأثر بهـا صـحته الجسـمية، فقد وجدت دراسة لعينة كبيرة أن العلاقات الشخصية التي توفر المسـاندة تخفـف مـن تأثيرات احداث الحياة الضاغطة، فارتباط الفرد مع الآخرين بعلاقات تـوفر لـه المسـاندة في مواجهـة صـعوبات الحيـاة لـه علاقـة قويـة برضـاه عـن حياتـه، وبصـحته الجسـمية ومقاومته للأمراض، وبصحته العقلية وبأدائه كعضو في المجتمع.

الوحدة والجنس والحالة الاجتماعية

الذكور عموما أكـثر شـعوراً بالوحـدة مـن الإنـاث قبـل الـزواج، أمـا بعـد الـزواج فالمتزوجات أكثر شعورا بالوحدة من أزواجهن، بيـنما تكـون درجـة الوحـدة أعـلى عنـد الرجال الـذين لم يتزوجـوا أو طلقـوا أو ترملـوا، والمتزوجـون أقـل شـعورا بالوحـدة مـن العزاب الذين طلقوا أو ترملوا، وعنـدما يعـزل أثـر الطـلاق أو الترمـل فـإن الفـروق بـين المتزوجين ومن لم يتزوجوا إطلاقا غير دالة.

عوامل نشوء الوحدة واستمرارها

يعتمد الفرد عاطفيا ومعلوماتيا على الآخرين بطريقتين مترابطتين، ويتجسد الاعتماد العاطفي فيما يوفره ارتباط الفرد بالآخرين من حاجات جسمية ونفسية، فالطفل يتعلم في سن مبكرة أن يربط بين وجود الآخرين ومشاعر الراحة والطمأنينة والثقة. ويتعلم الربط بين هذه المشاعر الإيجابية وأنماط سلوكية معينة، وتعبيرات لفظية وغير لفظية تظهر في سلوك الآخرين.

ويتمثل الاعتماد المعلوماتي في حاجة الفرد إلى المعلومات التي تؤكد صحة آرائه واعتقاداته عن عالمه الاجتماعي، وكيفية التعامل معه، وعن نفسه وقدراته، فالعلاقات الشخصية التي لا تخدم هذه الوظائف النفسية ستؤدي إلى تنامي مشاعر الوحدة.

ما الذي يؤدي إلى افتقار العلاقات الشخصية لتلك الخصائص؟

هناك مؤشرات قوية على علاقة قوية بين عدد من الأحداث النفسية والوحدة:

1. تغيرات في مفاهيم الفرد وأهدافه في العلاقة الشخصية: فالعلاقات التي لا تتغير فيها أنماط التفاعل بما يتناسب مع تغيرات مفاهيم أطرافها ستزيد مشاعر الوحدة.
2. الطريقة التي يعزو بها أطراف العلاقة مشاعرهم وسلوكهم تؤثر على استمرار مشاعر الوحدة لديهم أو انخفاضها، إن كيفية فهم الفرد لمشاعر الوحدة تؤدي إلى اختلاف ردود فعله لهذه المشاعر وسلوكه المستقبلي حيالها، وقد بينت دراسات عديدة ارتباط برود العلاقات الزوجية بكيفية تفسير ما يثيره أحد الزوجين في الآخر من مشاعر، وكيفية تفسير سلوك الآخر.

3. الطريقة التي يعزو بها أطراف العلاقة مشاعرهم وسلوكهم تؤثر على استمرار أو ارتباط مشاعر الوحدة بتقدير الذات، وتقدير الذات يرتبط بالعزو، كما أن عزو الفرد للأحداث أو المشاعر السلبية يؤثر على تقدير الذات، وتقدير الذات يؤثر على طريقة العزو لهذه الأحداث، وهذه كلها تؤثر وتتأثر بالسلوك الاجتماعي، فمشاعر الوحدة وتأثيراتها تتمثل في علاقات متشابكة بين عدد من الأبعاد النفسية، وأي تغير في جانب من العلاقات يؤدي إلى تغير في جوانب أخرى.

التجاذب بين الأشخاص وأسبابه

تعريف التجاذب ومظاهره

يتعلق التجاذب بنتائج التفاعلات الأولى على نمو العلاقة الشخصية، والمظهر الأساس للتجاذب هو شعور الفرد بالرغبة في استمرار التفاعل مع فرد آخر، أو محاولته تهيئة ذلك. ويتميز التجاذب بالاختيارية.

الألفة والتجاذب

أول عوامل التجاذب بين الأفراد هي الألفة، حيث يميل الفرد إلى الأفراد الذين يألفهم، وقد وجدت بعض الدراسات أن فرصة التفاعل أو المواجهة بين الأفراد هي أكثر العوامل المؤدية إلى نشوء العلاقات، كما اعتمد تكوين الصداقات على القرب بين مساكن الأفراد (المسافة الوظيفية وليست المسافة المكانية).

وقد وجد زاينس أنه كلما زاد مستوى التعرض للمثيرات زادت إيجابية تقييمه من قبل الأفراد، لكن دراسات مجرد التعرض تؤكد فقط أن هذا التأثير لا يمكن تفسيره بغير الألفة، فالألفة بمُثيرٍ ما تزيد من جاذبيته مقارنة بمثير آخر غير مألوف.

كما يمكن أن يحدث هذا الأثر حتى عندما لا يكون الفرد على وعي بالمثير (عندما يكون المثير دون مستوى الوعي)، لكن أثر مجرد التعرض الذي كشفت عنه هذه الدراسات يتوقف عند تهيئة الفرد للتفاعل، ولا تبين أن تكرار التفاعل يؤدي إلى التجاذب، حيث تشير دراسات أخرى إلى أن مجرد تكرار التفاعل لا يرتبط بالتجاذب، فالدراسات تبين أنه كلما قل الرضا عن العلاقة قل التفاعل بين الأزواج.

أثر ظروف التفاعل ونتائجه على التجاذب

القاعدة العامة هي أنه كلما زادت إيجابية ظروف التفاعل ونتائجه زادت رغبة الأفراد في تكراره، ومن ظروف التفاعل ومفهوم الذات ما يلي:

- ينجذب الفرد إلى الآخرين الذين يؤدي تفاعله معهم إلى تقييم ذاته إيجابيا، أو إلى محافظته على تقييم ذاته. ويمكن أن يؤثر تفاعل الفرد مع الآخرين على مفهوم ذاته بطرق مختلفة، كالمقارنة الاجتماعية، والتعزيز اللفظي من قبل الآخرين، والمعلومات الإيجابية التي ينقلونها صراحة أو ضمنا عنه، وليس بالضرورة أن تكون استجابات الآخرين المعززة لفظية، فالناس عموما يميلون إلى من يجعلهم يشعرون بطريقة إيجابية نحو ذواتهم، سواء كان ذلك عن طريق الاستجابات اللفظية كالمديح أو الإطراء، أو غير اللفظية كإظهار الاهتمام بهم.

لكن الإطراء قد يؤدي إلى نتائج عكسية (تقييم سلبي للمادح). وفي هذا الشأن، هناك اقتراحان متعارضان:

الأول: الإطراء يؤدي دائما إلى الانجذاب لمصدره خصوصا عندما يكون تقدير الذات منخفضا، سواء كان حالة أو سمة، وهذه الفرضية تسمى بتحيز الإيجابية.

الثاني: يعتمد أثر الإطراء على تقدير المرء لذاته، فالفرد الذي يقيم ذاته سلبيا سينفر ممن يطريه، والذي يقيم ذاته إيجابيا سينجذب إلى من يطريه، والفرضية الأخيرة تؤكد أهمية الاتساق بين نظرة الفرد لنفسه ونظرة الآخرين له (نظرية التناسب الاجتماعي سيكورد وباكمان من نظريات الاتساق الذهني، والنظرية البديلة لها هي نظرية إثبات الذات- سوان).

حُلَّ التناقض بين نتائج تلك الدراسات في ضوء نظرية العزو التي تؤكد أن العامل الحاسم هو كيفية تفسير الفرد لإطراء الآخر له.

فإذا عزاه إلى أسباب خارجية فسينخفض الانجذاب إلى الآخر، أما إذا أدرك أن الإطراء صادق فإنه سينجذب إليه، وهنا يأتي دور تقدير الذات. فالأفراد ذوو التقدير المرتفع لذواتهم سيعزون إطراء الآخرين لهم على أنه يعكس ما يراه الآخرون فيهم بالفعل، ولذلك سينجذبون إليهم.

أما ذوو التقدير المنخفض لذواتهم فسيعزون إطراء الآخرين لهم على أنه نتيجة لضغوط خارجية، أو كنوع من المجاملة أو الاستهزاء، ولذلك فإنهم سينفرون منهم.

وقد بينت دراسات مبكرة أن الناس يوظفون التقارب الجسدي عندما تكون أهداف التفاعل حميمة، كما بينت أنه يختلف من ثقافة إلى أخرى، لكن أثر تخطي الآخرين للحيز الشخصي على مشاعر الفرد الموقفية نحوهم يعتمد على نوع التفاعل، فإذا كان سلوك الآخر وديا فإن تخطيه للحيز الشخصي يزيد من جاذبيته، والعكس إذا كان سلوكه سلبيا، وهذا يعني أن شعور الفرد بتخطي الآخر لحيزه الشخصي يكثف أثر المشاعر التي يستثيرها الموقف، سلبا أو إيجابا، ولكنه لا يحدد نوع هذه المشاعر، وهذا ينطبق على التحديق العيني.

الاستثارة في موقف التفاعل والتجاذب

دور الاستثارة الفسيولوجية في التجاذب يعتمد على دلالة الموقف وسلوك الآخر بالنسبة للفرد (تأثير مشابه لتأثير تخطي الحيز الشخصي).

الجاذبية الفيزيقية والتجاذب

المظهر الخارجي أكثر خصائص الشخصية بروزا في التفاعل بين الأشخاص، ومن المنطقي أن تكون هناك علاقة موجبة بين الجاذبية الفيزيقية والتجاذب الشخصي. فالتقييم الأولي قد يؤثر على خصائص أخرى أقل بروزا ووضوحا، أي

قد تحدث توقعات متحيزة لدى الفرد عن الخصائص السلوكية والشخصية للفرد موضوع التقييم مما يؤدي إلى زيادة جاذبيته.

وقد دلت الدراسات أن للجاذبية الفيزيقية أثر دال على إدراك الفرد لخصائص الآخرين، وهو ما سمي بالصورة النمطية للجاذبية الفيزيقية. فالناس يدركون علاقة وهمية بين المظهر الخارجي والخصائص الشخصية، ومن الأحرى أن تفهم هذه النتائج في ضوء ثلاث نقاط مهمة:

1. تؤكد الدراسات أن العلاقة بين الجاذبية الفيزيقية والتجاذب ليست دائما علاقة ذات وجهة أحادية، فالانجذاب لشخص ما غير جاذبيته الفيزيقية، والألفة به، قد تؤديان إلى زيادة تقدير درجة جاذبيته الفيزيقية.
2. تخضع الجاذبية الفيزيقية للخصوصية الفردية والثقافية والمجتمعية.
3. قد تكون الجاذبية الفيزيقية مؤثرة في التفاعلات الأولى، ولكن سرعان ما يبدأ تأثير عوامل أخرى قد تقلل وقد تزيد من أثر الجاذبية الفيزيقية.

الدراسة التجريبية لتأثير تشابه الاتجاهات على التجاذب

توصل بيرن من خلال دراساته التجريبية المضبوطة إلى صياغة قانون تشابه "الاتجاه، التجاذب" حيث يتوقع وجود علاقة طردية بين تشابه اتجاهات الأفراد ودرجة تجاذبهم، فعندما كانت اتجاهات شخص مجهول مشابهة لاتجاهات المفحوصين، كانت درجات تقييمهم لذكائه وأخلاقه ورغبتهم في التعرف إليه وتوقعاتهم حول مدى استمتاعهم برفقته أكبر منها عندما كانت اتجاهاته مناقضة لاتجاهاتهم، سواء كانت اتجاهاتهم نحو موضوعات مهمة أو غير مهمة، ولكن بدرجة أقل.

مقارنة أثر التشابه في الاتجاهات والتشابه في القدرات

وجد ميللر وسولز أن تشابه اتجاهات وقدرات الفرد مع اتجاهات وقدرات آخرين يزيدان درجة تفضيله أو رغبته في العمل معهم، إلا أن تأثير التشابه في الاتجاهات أكبر، كما بينت دراسة أخرى لهما أن أثر تشابه قدرات الفرد مع قدرات الآخرين على انجذابه لهم يعتمد على تشابه اتجاهاته مع اتجاهاتهم، فقدرات الآخرين تكون مؤثرة على درجة انجذابه لهم في حال أدرك أنهم يشبهونه في الاتجاهات، والذي يبدو أن تفاعل الفرد مع أشخاص يشبهونه في الاتجاهات أهم من الناحية النفسية من قدرتهم على الإسهام في عمل مشترك، وهذا يدعم بقوة نظرية المقارنة الاجتماعية في تكون العلاقات الشخصية ووظائفها.

الفصل العاشر
علم الاجتماع العائلي

تعريف الأسرة

هي الجماعة الإنسانية المكونة من الزوج، والزوجة، وأولادهما غير المتزوجين، الذين يعيشون معهما في سكن واحد، وهو ما يعرف بالأسرة النواة.

عرَّف الإعلان العالمي لحقوق الإنسان الأسرة في البند السادس عشر منه بأنها:

الوحدة الطبيعية الأساسية للمجتمع، ولها حق التمتع بحماية المجتمع والدولة.

وظائف الأسرة

أولاً : التنشئة الاجتماعية :

تعتبر وظيفة التنشئة الاجتماعية والتي تعني نقل الموروث الثقافي للمجتمع عبر الأجيال من أهم وظائف الأسرة لم تتغير، فما زالت الأسرة في كل المجتمعات تمارس هذه الوظيفة لاسيما وأن الأطفال بعد ولادتهم يبقون مع أسرهم لسنوات عديدة .

فهي المعلم الأول ويقع عليها عبء كبير من خلال هذه الوظيفة، ولو أن بعض المؤسسات الاجتماعية بدأت تشاركها هذا الدور مع تقدم أعمار الأطفال، ولكنها لا تزال تقوم بدور المتابعة لما يتعلمه الأبناء خارج المنزل في المدارس وغيرها، وإذا سلمنا بارتفاع المستوى التعليمي للأب والأم في الوقت الحاضر نجد أن هذا الدور أصبح مضاعفاً والتأثير مهماً، ولعل الأسرة ومن خلال علاقتها بالمجتمع ومن خلال هذه الوظيفة ودورها في حفظ أمن المجتمع تكون صمام الأمان.

ثانياً : المراقبة :

تعتبر هذه الوظيفة في نظري امتدادا لوظيفة التنشية الاجتماعية والتي لا تتوقف ولا تتقيد بمرحلة عمرية معينة ، فالأبناء حتى وإن كبروا فلا يزالون بحاجة

إلى توجيه وتوعيه من قبل الأسرة فدور الأسرة في التنشئة الاجتماعية لا يتوقف حتى وإن تزوج الابن وأستقل عن الأسرة فهو لا يزال يستعين بالأسرة لتوجيهه في كثير من المواقف.

ثالثاً : التعاون مع مؤسسات المجتمع :

يتضح تعاون الأسرة مع المؤسسات الاجتماعية الأخرى من خلال تهيئة جميع أفراد الأسرة ليكونوا أعضاء فاعلين في المجتمع وتجنيد كل الطاقات والإمكانيات واستثمار كل القدرات من أجل صالح المجتمع ، إن قياس علاقة الأسرة بغيرها من مؤسسات المجتمع ومكانتها الاجتماعية يظهر جلياً بالقدر الذي تسهم به من خلال أفرادها في :

1) خدمة المجتمع: حسب تخصصات الأفراد ومدى فعاليتهم في تحقيق الأهداف الاجتماعية المنشودة لهذه المؤسسات ، ولأن الأسرة الوحدة الاجتماعية التي ترتبط بكل مؤسسات المجتمع وهيئاته كون أفرادها يعملون في هذه المؤسسات كان لزاماً عليها أن تقوم بهذا الدور كما يجب .

فالأسرة ومن خلال التنشئة الاجتماعية السليمة تمد المجتمع بالأفراد العاملين، والذين يؤدون أعمالهم واضعين نصب أعينهم إرثاً ثقافياً ومنهجاً تربوياً تعلموه من أسرهم ، ويمكن أن نتلمس هذه العلاقة التعاونية الأسرية في صلتها ببعض مؤسسات المجتمع.

رابعاً : التعاون مع المؤسسات الأمنية في المجتمع :

تعتبر الأسرة جزءاً من مؤسسات المجتمع التي لا يمكن أن يتم الأمن أو يستتب في المجتمع دون تعاونها مع جهات الاختصاص الأمني ، فتعاون هذه المؤسسات يمثل الدعم القوي لكبح الجريمة والتقليل من العدوان في المجتمع، وتستطيع الأسرة

أن تقوم بدور شرطي المجتمع الأول ، فتحافظ على أمن المجتمع بتعاونها مع الجهات الأمنية ومتابعتها لمدى التزام أبنائها وتطبيقهم للوائح والأنظمة في المجتمع .

ويتعزز هذا الدور بتكثيف الجانب التوعوي واللقاءات المنظمة بين الأسر وأفرادها ومسؤولي الأجهزة الأمنية في المجتمع بين فترة وأخرى ، إلى جانب ما يتم عبر مؤسسات التعليم المختلفة والزيارات المتبادلة مع القطاعات الأمنية المختلفة ، هذه اللقاءات التي تعرف الأبناء باللوائح والأنظمة والجوانب الأمنية المختلفة فينشأ الأبناء وهم على دراية وعلم بما يضبط السلوك والأفعال في المجتمع وما هو الصحيح والخطأ من التصرفات، وكيف يمكن لأبناء المجتمع على اختلاف مستوياتهم وأعمارهم المساهمة في أمن المجتمع ورعايته ، ومن المعروف أن أجهزة الأمن بمفردها غير قادرة على مكافحة الجريمة ولابد من تعاون ومؤازرة مؤسسات المجتمع الأخرى بما فيها الأسرة، ويتضح دور الأسرة في تفعيل مساهمة أفرادها في أمن المجتمع والمحافظة عليه من خلال تعاونها مع المؤسسات الأمنية.

إن تأثير الأسرة على الطالب تشمل الأدوار التي تقوم بها أسرة التلميذ ومجموعة الأقران ومجموعة من الأشخاص الآخرين ذوي الشأن بما فيهم شخصيات البيئة المحيطة به .

2) الدور الذي تقوم به الأسرة في تهيئة الطفل اجتماعيا: ونظراً لذلك فأن تأثير الدين والأخوة والأخوات وغيرهم من أعضاء الأسرة الأقربين على سلوك الطفل في المدرسة قد يكون قوياً جداً، فمن والديه وأقرانه يكتسب كثيراً من الاتجاهات الأساسية نحو المدرسة ونحو العملية التربوية، وفي حالات تعارض معايير مجموعة الأقران وقيمها مع مبادئ التربية تكون مؤازرة الأسرة لدور التلميذ ذات أهمية خطيرة في إقرار علاقة مثمرة بين الطالب والمدرس.

ولقد لاحظ عدد من علماء الاجتماع وعلم النفس أن الخلفية الثقافية لمجموعة العائلة التي ترجع بدورها ألى أصولها العنصرية والعرقية والجغرافية

ذات تأثير بارز على ممارسات تنشئة الطفل ومن ثم على المواقف الناشئة إزاء التربية والسلطة.

أهمية الأسرة كمؤسسة اجتماعية

تعتبر الأسرة اللبنة الأولى في كيان المجتمع ، وهي الأساس المتين الذي يقوم عليه هذا الكيان.

لذى فأن اصلاح الأساس يصلح البناء ، وكلما كان الكيان الأسري سليماً ومتماسكاً كان لذلك انعكاساته الإيجابية على المجتمع ، إن الأسرة التي تقوم على أسس من الفضيلة والأخلاق والتعاون تعتبر ركيزة من ركائز ذلك المجتمع الذي سيكون مجتمعاً قوياً متماسكاً متعاوناً ، يسير في ركب الرقي والتطور.

وتكتسب الأسرة أهميتها كونها أحد الأنظمة الاجتماعية المهمة التي يعتمد عليها المجتمع كثيراً في رعاية أفراده منذ قدومهم إلى هذا الوجود وتربيتهم وتلقينهم ثقافة المجتمع وتهيئتهم لتحمل مسؤولياتهم الاجتماعية على أكمل وجه، والعلاقة بين الفرد والأسرة والمجتمع علاقة فيها الكثير من الاعتماد المتبادل ولا يمكن أن يستغني أحدهم عن الآخر ، فالأسرة ترعى شؤون الأفراد منذ الصغر، والمجتمع يسعى جاهداً لتهيئة كل الفرص التي تمكن هؤلاء الأفراد من أداء أدوارهم الاجتماعية، وتنمية قدراتهم بالشكل الذي يتوافق مع أهداف المجتمع كما تتضح هذه العلاقة في أوقات التغير الاجتماعي .

فعندما يتغير المجتمع فإن الأسرة تتأثر بهذا التغير وتستجيب له وتحاول أن تتكيف مع الأوضاع الاجتماعية الجديدة بتغيير الوظائف أو البناء ، ولعل الأسرة هي النظام الاجتماعي الوحيد الذي يرتبط بكل أنظمة المجتمع إذ إنَّ أن الأفراد الذين يمثلون أنظمة المجتمع المختلفة ينتمون إلى أسر كان لها الأثر في تهيئتهم

ووصولهم إلى ما وصلوا إليه ، فالكيانات الأسرية التي نعيشها في وقتنا الحاضر ليست تلك التي عاشت في الزمن الماضي ، فالبناءات تغيرت والوظائف تحولت .

معرفة البيئة الأسرية من تعبير الطفل الحر

المعلم لا يستطيع في كثير من الحالات معرفة البيئة الأسرية إمّا لضيق الوقت وإما بسبب رفض الوالدين غير المبالين، وفي هذه الحالة يستطيع أن يلجأ إلى ما يمكن أن يخبره به الطفل من خلال نشاطه التلقائي أو تعبيره الحر، والمعلمون الذين يطبقون الطرق الناشطة الايجابية يعرفون وسائل التعبير الحر التي يمكن ان تكون الرسم والتشكيل والتحرير الحر واللعب وسرد الأحلام، ومن النفسانيين والأطباء من يحرمون على المعلمين هذه الوسائل للوصول إلى المعلومات، وفي رأينا أن هذا اتجاه احتكاري.

المدرسة:

كانت المدرسة في المفهوم القديم للمنهاج منفصلة تماماً عن المجتمع حولها بما يتضمن من مؤسسات ونظم عدة ومن أهمها الأسرة، فكان دورها معرفياً مجرداً بعيدا عن احتياجات المجتمع أو الفرد مقتصراً على الكتاب المدرسي، وقد نظرت الأسرة للمدرسة في إطار هذا المفهوم على أنها مؤسسة منفصلة لا يجوز التدخل في أيٍ من قضاياها, فلم يكن هنالك أي صورة للتعاون بينهما، مع العلم بأنهما معاً يشكلان أهم مؤسستين تربويتين في المجتمع.

وأما اليوم فإننا سنجد وضمن الفلسفات الحديثة التي يقوم عليها المنهج المدرسي ضرورة وجود علاقة وثيقة وتكاملية تربط ما بين المدرسة والبيت، لما لذلك من مردود تربوي كبير على الأجيال القادمة.

والمقصود هنا بالمدرسة ليس مجرد مؤسسة تعليمية مستقلة، وإنما هي المؤسسة المسؤولة عن الجانب الرسمي من التربية والتي تستخدم المنهج المدرسي كأداة رئيسة لتحقيق أهدافها، أما البيت فليس المقصود فيه المكان الفيزيقي الذي يعيش فيه الطفل وإنما المناخ التربوي الذي يعمل على تنشئة الفرد ونقله من مفهوم الفرد إلى مفهوم الشخصية عبر سنوات عمره الأولى ويستمر في عملية التنشئة غير الرسمية في المراحل الأخرى من حياة الفرد، من هنا نلاحظ أن البيت والمدرسة على السواء مسؤولتان عن عملية التنشئة الاجتماعية بجانبيها الرسمي وغير الرسمي، وعليه يصبح من الضروري التركيز على حالة التكامل والتعاون التي يجب ان تربطهما معاً, ومن جهةٍ أخرى فان ضعف العلاقة سينعكس ربما على ضعف الطالب تحصيليا أو عدم القدرة على حل مشكلات الطالب الشخصية أو الصحية أو النفسية بشكل صحيح.

تعريف المدرسة:

يعرف فرديناند بويسون المدرسة بأنَّها : مؤسسة اجتماعية ضرورية تهدف إلى ضمان عملية التواصل بين العائلة والدولة من أجل إعداد الأجيال الجديدة، ودمجها في إطار الحياة الاجتماعية.

ويعرفها فريدرك هاستن بأنها نظام معقد من السلوك المنظم، الذي يهدف إلى تحقيق جملة من الوظائف في إطار النظام الاجتماعي القائم.

وينظر أرنولد كلوس إلى المدرسة بوصفها نسقا منظما من العقائد والقيم والتقاليد، وأنماط التفكير والسلوك التي تتجسد في بنية المدرسة، وفي أيديولوجيتها الخاصة.

ويرى شيبمان ان المدرسة شبكة من المراكز والأدوار التي يقوم بها المعلمون والتلاميذ، حيث يتم اكتساب المعايير التي تحدد لهم ادوارهم المستقبلية في الحياة الاجتماعية.

الوظيفة الاجتماعية للمدرسة في المجتمع المعاصر:

إنَّ المدرسة بوصفها إحدى المؤسسات في المجتمع تعتبر وحدة بنائية في انساق المجتمع وهي قد نشأت بِنيِّة الاستمرار والدوام بهدف تحقيق إشباع الحاجة الأساسية لدى المجتمع.

ومن ذلك فان دور المدرسة يتحقق وفقا وفي ضوء وظائف المنظمات الأخرى الموجودة في المجتمع على أساس انه رغم تميزه إلا أنه يتكامل مع بقية وظائف المنظمات الأخرى، ولفظ كلمة وظيفة مرادف لكلمة مدرسة, ولا تزال ترتبط برباط وثيق بوظيفة الأسرة وتتممها.

ولذلك عندما قامت الأسرة تتخلى عن أهم وظائفها أو تصبح عاجزة عن القيام بهذه الوظيفة الأساسية ألا وهي وظيفة التنشئة الاجتماعية أصبح لزاما على المدرسة أن تغير من وظائفها لكي تكمل ما تنازلت عنه الأسرة .

وظائف التعليم :

1- **الوظيفة الاقتصادية :**

ويعني ذلك أن التعليم يعتبر المصدر الأول لتوفير الأيدي العاملة المدربة والتي لديها العديد من المهارات لدعم النظام الاقتصادي في المجتمع.

2-الوظيفة السياسية:

ويسهم التعليم في تفهم الأفراد لدوافع القرارات السياسية التي يتخذها واضعو السياسة وفق الأيدلوجية التي يسير عليها المجتمع.

3- الوظيفة الاجتماعية:

يساعد التعليم الأفراد على أن يكون سلوكهم متسقا مع انساق المجتمع وأبنيته الاجتماعية، ذلك لان التعليم سوف يساعد الفرد على فهم كل ما يحيط به وفي نفس الوقت يحدد له كيفية إيجاد فرص التغيير من خلالها.

4- الوظيفة الثقافية:

الهدف من وراء هذه الوظيفة هو نقل ثقافة المجتمع وحضارته من جيل إلى آخر بما تحتوييه من قيم ومعايير واتجاهات.

المدرسة وترابطها مع الأسرة:

إذا كان ترابط المجتمع البنائي وتساند مؤسساته الوظيفي من شأنه النهوض بالمجتمع والإسراع بنمائه فإن أقرب هذه المؤسسات جميعها للمدرسة هي الأسرة إذ أن وظيفتهما متداخلتان ومتشابكتان في جوانب متعددة أهمها تربية النشْء وتعليمه وإعداده للحياة، وقد سبق القول بان الأسرة القديمة كانت تقوم بكل هذه الوظائف وحدها حين كانت تنقل لأبنائها تجارب الماضي وتراثه الثقافي ولكن ظهرت المدرسة كمؤسسة اجتماعية أقامها المجتمع لمقابلة الاحتياجات المتزايدة للأفراد والجماعات.

ولم يكن يقصد بذلك نقل وظيفة التربية والتعليم كليا من الأسرة إلى المدرسة وأنما أُرِيدَ أن تشارك الأسرة بعد أن أعجزها التطور عن أداء وظائفها السابقة بعد أن زادت مسؤولياتها وتعقدت أدوارها وناءت بهذا العبء الكبير.

أهمية التعاون بين البيت والمدرسة والمجتمع:

إن إقامة العلاقات الطيبة بين البيت والمدرسة والمجتمع يتيح للجمهور الفرصة للتعرف إلى ما يدور في المدرسة وما تقوم به من أعمال تربوية وما تقدمه لأبنائهم من مناهج تعليمية وحينئذ لا يدخر جهده في التعاون معها، والاشتراك في نشاطها في سبيل النهوض بالطلاب والارتفاع بمستواهم التربوي لما تؤديه من أعمال تربوية ولما تتحمله من المشاق في سبيل إنجازها لأغراضها.

وليست المدرسة مركز حياة التلميذ فقط بل هو وأسرته وأصدقاؤه ومنزله وشارعه وحيه وقريته وعلاقاته التي تتضمن كل ذلك، وان أي نظام تعليمي أو منهج يعزل التلميذ من مصادر خبراته وانفعالاته يدين نفسه بنفسه، ذلك لان الكائنات البشرية لا يمكن أن تنمو نموا طبيعيا إلا من خلال اتصالاتها الفكرية والوجدانية مع أقرانها في نطاق المجتمعات المختلفة التي تنتمي إليها بطبيعتها أو التي تتصل بها بحكم الضرورة أو التبعية.

أسس التعاون بين البيت والمدرسة:

1) **التعاون من أجل تحقيق الأهداف التربوية:**

تختلف كل من الأسرة والمدرسة في تحديدها الأهداف التربوية، وتبعا لذلك تختلف كل منهما في تحديدها لوسائل تحقيق ذلك، فالأسرة ترى أن الهدف الأساس من ذهاب أبنائها الى المدرسة هو تحصيل العلم والنجاح في الامتحان آخر العام .

2) **التعاون من أجل تحقيق النمو الشامل المتكامل :**

إن مساعدة التلميذ على تحقيق النمو الشامل المتكامل في شخصيته يتطلب التنسيق بين كل من الأسرة والمدرسة فالجذور الأولى لشخصية الطفل تتجسَّدُ في الأسرة.

3) **التعاون من أجل القضاء على الصراع :**

ينشأ الصراع عادة عندما يجد الفرد نفسه في موقف تتجاذبه قوتان متكافئتان تتجه كل منهما اتجاها مضادا للأخرى.

4) **التعاون من أجل التقليل من الإهدار التربوي:**

يقصد بالإهدار التربوي عدم تحقيق عائد يتناسب مع النفقات والجهد إلى ما يتطلبه برنامج تربوي في فترة زمنية معينة.

5) **التعاون من أجل التكيف مع التغير الثقافي.**

6) **التعاون من أجل التكيف مع المتغيرات العالمية.**

مجالات التعاون بين البيت والمدرسة والمجتمع:

1- **نظام اليوم المفتوح:**

نظام اليوم المفتوح ما هو ألا تعبير صادق عن الثقة المتبادلة بين الآباء والمدرسين وبين البيت والمدرسة وبين المدرسة و المجتمع والمجتمع الكبير.

2- الاجتماع الشهري للآباء :

تتم هذه الاجتماعات في الفصول الدراسية حيث يلتقي الطلاب بأولياء أمورهم ومدرسيهم وتدور الأمور للتعرّف إلى مدى تقدّم الأبناء.

3- برامج تثقيف الآباء والأمهات:

تساعد البرامج التثقيفية التربوية في تحديد الوسائل السليمة للتعامل مع أبنائهم وتؤدي إلى معرفة خصائص نموهم في المراحل المختلفة.

4- تبادل الزيارة مع أولياء الأمور:

يبين للمعلمين أنهم يحصلون على فهم التلاميذ نتيجة زياراتهم المنزلية .

5- مجالس الآباء والمعلمين:

إن الهدف من مشاركة الآباء في هذه المجالس هو تحسين أداء الطلاب في المدرسة كما أثبتت مجموعة من الدراسات.

مجالس الآباء والمعلمين:

تعد مجالس الآباء حجر الزاوية وضرورة قصوى لا سيما في ظروفنا الراهنة نتيجة لتطور المجتمع وتطور التربية والتعليم وانتشار مجالس الآباء والمعلمين في نظامنا التعليمي وقيام هذه المجالس التي تمثل المدرسة والمجتمع. وإن الهدف من مشاركة الآباء في هذه المجالس هو تحسين أداء الطلاب في المدرسة، وكذلك تيسير التكامل الاجتماعي حيث المدارس تقوم بمساعدة الأسر على الانخراط في المجتمع من خلال دمج القادمين من خارج المدن، وفي اجتماعات الآباء والمعلمين فرصة طيبة لتوضيح البرنامج التربوي للمدرسة .

عوائق تعاون المعلم مع الأسرة:

يوزع الطفل في سن المدرسة حياته بين بيئتين مختلفتين هما:

الأسرة والمدرسة، بذلك تعامل مع ضربين من المعلمين ولكل بيئة من هاتين فعل مختلف، ومن الأجدى أن تحتفظ كل منهما باستقلالها، وقد قلنا آنفا أن المدرسة ينبغي أن تتيح الراحة من الأسرة، وان الأسرة ينبغي أن تتيح الراحة من المدرسة، ومعنى هذا انه ليس للوالدين أن يقوما بدور الأستاذ، وكذلك المعلمون ليس لهم أن يحلوا محل الوالدين.

وما من أحد ينكر اليوم ضرورة هذا التعاون بين المعلمين والوالدين، ولكن مصاعب كثيرة يمكن أن نجعله عسيراً أو عميقا غير مثمر، وقد تصدر هذه الصعوبات عن المعلمين أنفسهم، وكثيرا ما تصدر عن الوالدين أو عن التلاميذ الذين يسعون إلى تكدير العلاقات بين المربين، وكذلك انتقاد الوالدين لطرق عمل

المعلم أو ضبطه للنظام، وكذلك الطابع الوجداني المشبوب لتدخل عديد من الوالدين.

أسباب ضعف العلاقة بين المدرسة والبيت:

هناك العديد من الأسباب التي تقلل من عملية التواصل ما بين البيت والمدرسة، نورد فيما يلي أهمها :

1. قلة الوعي الثقافي لدى معظم الأسر (الأم والأب) بأهمية التواصل مع المدرسة.
3. ثقة العديد من الأسر بشكل مطلق بالمدرسة والمعلمين وعدم التواصل مع المدرسة لمناقشة موضوعات لها علاقة بالابن.
4. المشكلات الأسرية: مثل انفصال الوالدين، عدم التفاهم بينهما، وهي تؤدي إلى التشتت الأسري فيصبح معها الطالب بعيداً عن العناية اللازمة والمراقبة المستمرة.
5. عمل الأبوين خارج المنزل: مما يزيد في كثير من الأحيان أعباءً إضافية على حساب احتياجات الأبناء ومتابعتهم بالشكل اللازم.
6. تعامل العديد من المواطنين مع المؤسسات التربوية أو التعليمية بشيء من الرهبة تجاه أنظمتها، أو حتى الشعور بتعقيد هذه الأنظمة وعدم قدرتهم على التعامل معها، وآليات تحقيق التواصل والتعاون ما بين البيت والمدرسة: تختل أحياناً من مجتمع لآخر ومن فلسفة لأخرى، ونستطيع بشكل عام ان نتطرق إلى بعضها فيما يلي:

1. تفعيل التواصل ما بين المدرسة والمجتمع وذلك عن طريق نسج علاقات خاصة ما بين أولياء الأمور والإداريين والمعلمين في

المدرسة، وهذا سيتيح المجال الأكبر لهم جميعاً للاشتراك بحرية في المعلومات الخاصة بالطلاب، ويمكنُ يترجم ذلك بالآليات التالية:

أ. اشتراك أولياء الأمور في أنشطة المدرسة.

ب. استمرارية المراسلات المختصرة "والملاحظات المستمرة" ما بين المعلم وولي الأمر.

ج. اللقاءات المستمرة بين فترة وأخرى ما بين المعلم وولي الأمر أو على الأقل المكالمات الهاتفية.

د. زيارة المعلمين للأسر إن أمكن للتعرف إلى واقع الطالب المعيشي بشكل أوضح، للمعلم دورٌ كبيرٌ في تعميق التعاون بين البيت والمدرسة، فالمعلم باتصاله بمجتمع الطالب واهتمامه بظروف حياته يستطيع التقرب إلى الطلاب ومعالجة مشكلاتهم، وكلما كان بعيداً عن طلابه والاهتمام بهم وعدم اتصاله بعائلاتهم كان مقصراً في معرفة ما يهمهم وبالتالي مقصراً في أداء وظيفته كمعلم.

2. تفعيل دور مجالس الآباء والمعلمين: كثيراً ما نلاحظ وجود مثل تلك المجالس في مدارسنا، ولكن ما مدى فاعلية هذه المجالس في تحقيق التواصل المنشود ما بين البيت والمدرسة، ان مثل هذه المجالس قد تتمكن من توطيد العلاقات ما بين الطرفين وإيجاد أوجه التفاعل المختلفة الممكن استغلالها لخدمة الطالب وتحقيق الأهداف التربوية بفعالية

الفصل الحادي عشر

علم الاجتماع الاقتصادي

تعريف علم الاقتصاد

مثلما هو الإنسان يصعب التنبؤ بسلوكياته أو تحديدها ، فإن تعريف علم الاقتصاد أيضا اختلف فيه المفكرون رغم اتفاقهم على ماهيته بشكل عام، فمنهم من عرفه بأنه دراسة الثروة، ومنهم من عرفه بأنه دراسة النشاطات الإنسانية المتعلقة بالإنتاج والتبادل والاستهلاك، ومنهم من قال هو دراسة الندرة .

تعريف علم الاجتماع الاقتصادي

هو التطبيقات المستخدمة للأنماط العامة والمراجع والمتغيرات ونماذج لشرح السوسيولوجية لدراسة مجموعة من الأنشطة المتعلقة بالإنتاج والتوزيع والتبادل والاستهلاك للبضائع والخدمات النادرة .

العلاقة بين علم الاجتماع وعلم الاقتصاد في القرن التاسع عشر

- الأفكار والتصورات عبرت بوضوح عن واقع التغيرات الاجتماعية والاقتصادية والسياسية، فظهرت أفكار مدرسة التجاريين والطبيعيين حيث ظهرت في كل من فرنسا وانجلترا لتعبر عن الواقع الاجتماعي والاقتصادي .

نشأة علم الاجتماع الاقتصادي وتطوره في القرن العشرين والحالي

- يعتبر علم الاجتماع الاقتصادي أحد فروع علم الاجتماع ومن الفروع الرئيسية، وتعتبر النشأة الحقيقة لعلم الاجتماع الاقتصادي منذ القرن التاسع عشر- وتأسست خلال القرن العشرين . كما نشأ علم الاجتماع الاقتصادي على ثلاث مراحل وهي :

- المرحلة الأولى بدأت في عام 1900م وانتهت في عام 1930م.

- المرحلة الثانية بدأت في عام 1930م وانتهت في عام 1960م.
- المرحلة الثالثة بدأت في عام 1960م وانتهت في عام 1994م.

علاقة علم الاجتماع الاقتصادي بالعلوم الأخرى

علم الاجتماع الاقتصادي له علاقة بكثير من العلوم ومن أبرز ارتباطات علم الاجتماع الاقتصادي، نذكر هذه العلوم :

1. التاريخ.
2. السياسة.
3. الانثروبولوجيا.
4. علم النفس.
5. الجغرافيا.

1- علاقة علم الاجتماع الاقتصادي بالتاريخ :

كشف علماء التاريخ عن علاقة الاقتصادي بالتاريخ من حيث توزيع الدخل والثروة وتنمية النشاط الإنتاجي، وتحديد الملكية العامة والخاصة وتنظيم استغلال الأراضي غير المزروعة وعلاقة البيع والشراء .

2- علاقة علم الاجتماع الاقتصادي بالسياسة :

تحليل تراث العلوم الاجتماعية وتطورها وضح علاقة علم السياسة بكل من علم الاقتصاد والاجتماع بصورة مميزة .

3- علاقة علم الاجتماع الاقتصادي بالانثروبولوجيا :

أشار علماء الانثروبولوجيا إلى وجود علاقة بين الاقتصاد والانثروبولوجيا، كما أسهمت الانثروبولوجيا إسهامات ايجابية في تطور علم الاجتماع الاقتصادي، كما أن الانثروبولوجيا مشتركة في بعض المجالات مع علم الاجتماع الاقتصادي .

1- علاقة علم الاجتماع الاقتصادي بعلم النفس :

علاقة علم الاجتماع الاقتصادي بعلم النفس لا تبتعد كثيراً عن علاقة علم النفس بعلم الاجتماع إذْ أنهما يلتقيان في بعض الاهتمامات .

2- علاقة علم الاجتماع الاقتصادي بالجغرافيا :

نجد أن الجغرافيا تعالج مجموعة من الاهتمامات المشتركة بينها وبين علم الاجتماع الاقتصادي، كما نجد أن العلاقة تتكون بين الجغرافيا الاقتصادية وعلم الاجتماع الاقتصادي .

إسهامات العلماء في علم الاجتماع الاقتصادي وفي المدرسة السوسيولوجية الأوروبية الحديثة

أهم العلماء الذين ساهموا في علم الاجتماع الاقتصادي وساهموا في المدرسة السوسيولوجية الأوروبية التقليدية هم :

أ- العالم ماكس فيبر .

ب- العالم فلفر يدو باريتو .

ج- العالم ثور شتاين فيبلن .

أ- إسهامات العالم ماكس فيبر في علم الاجتماع الاقتصادي في المدرسة السوسيولوجية الأوروبية التقليدية:

تدخل آراء ماكس فيبر في اهتمامات علم الاقتصاد، كما تناول ماكس فيبر عمليتي التجارة والتبادل في عصر ما قبل الرأسمالية، كما أنه عالج كثيراً من القضايا والمشكلات الاقتصادية في إطارها السوسيوتاريخي وتحدث ماكس فيبر عن الكثير من الصناعات مثل صناعة القطن في انجلترا.

ب- إسهامات العالم فلفر يدو باريتو في علم الاجتماع الاقتصادي في المدرسة السوسيولوجية الأوروبية التقليدية :

تناول فلفر يدو باريتو مشكلة توزيع الدخل ومعالجة قضية القيمة والاشتراكية وعلاقتها بالاقتصاد، كما أنه درس مشكلة الدخل عن طريق الدراسات الإحصائية التي تميزت بها تحليلاته .

ج- إسهامات العالم ثور شتاين فيبلن في علم الاجتماع الاقتصادي في المدرسة السوسيولوجية الأوروبية التقليدية :

يعتبر ثور شتاين من علماء الاقتصاد المرموقين الذين وجدوا في علم الاقتصاد مجالاً خصباً ليسموا بأفكارهم ، ولم يفصل ثور شتاين بين علم الاجتماع وعلم الاجتماع الاقتصادي، كما أن إسهامات ثور شتاين مميزة في المدرسة السوسيولوجية الأوروبية التقليدية .

د- إسهامات العالم جوزيف شومبيتر في علم الاجتماع الاقتصادي وفي المدرسة السوسيولوجية الأوروبية الحديثة :

يعد جوزيف شومبيتر أحد العلماء القلائل الذين يصنفون من رواد النخبة أو الصفوة العلمية إذْ أنه ترك تراث فكرياً مميزاً يسهم بصورة واضحة في تطور علم الاجتماع الاقتصادي .

أهم العلماء الذين ساهموا في علم الاجتماع الاقتصادي وفي المدرسة السوسيولوجية الأوربية الحديثة .

إسهامات العلماء في علم الاجتماع الاقتصادي وفي المدرسة السوسيولوجية الأمريكية الحديثة

أهم العلماء الذين ساهموا في علم الاجتماع الاقتصادي وفي المدرسة السوسيولوجية الأمريكية الحديثة .

أ- العالم تالكوت بارسونز.

ب- العالم نيل سملسر.

ا- إسهامات العالم تالكوت بارسونز في علم الاجتماع الاقتصادي وفي المدرسة السوسيولوجية الأمريكية الحديثة :

تعتبر إسهامات تالكوت في علم الاجتماع الاقتصادي من أبرز إسهامات المدرسة السوسيولوجية الأمريكية الحديثة، والسبب يرجع إلى تنوعها وتناولها العديد من القضايا والمشكلات الاقتصادية والاجتماعية الهامة والمندرجة تحت مجالات علم الاجتماع الاقتصادي.

ب- إسهامات العالم نيل سملسر في علم الاجتماع الاقتصادي وفي المدرسة السوسيولوجية الأمريكية الحديثة :

عالج العالم نيل سملسر قضايا ست في المدرسة السوسيولوجية الأمريكية الحديثة ومازال يسهم في معالجة القضايا حتى وقتنا الحاضر .

أهم القضايا التي عالجها تالكوت وسملسر :

- علاقة الاقتصاد بالمجتمع.
- التكاليف والرفاهية.
- البناء النظامي للأسواق.
- تحليل العمليات الاقتصادية.
- النمو والتغير الاقتصادي.
- النظرة الاقتصادية وعلاقتها بالنظرية العامة للأنساق الاجتماعية.

أهم القضايا التي عالجها العالم نيل سملسر :

- العلاقة بين علم الاقتصاد والاجتماع في ضوء التغيرات الحديثة.

- الاقتصاد والبيئة السياسية والاجتماعية والثقافية.
- العمليات البنائية والاقتصادية المختلفة للأسواق.
- التغير والتنمية الاقتصادية.
- اقتصاديات التعليم العالي.
- النظام الاقتصادي العالمي الجديد.
- الماركسية المحدثة : الماركسية المحدثة تعد نقطة اهتمام رئيسية في العلاقة بين علم الاجتماع الاقتصادي والمجتمع .

المداخل الأساسية في علم الاجتماع الاقتصادي الحديث "الجديد"

أهم المداخل الأساسية في علم الاجتماع الاقتصادي الحديث "الجديد" ما يلي:

1- المدخل الاقتصادي.
2- المدخل البنائي الفردي.
3- مدخل علم الاقتصاد السياسي الجديد.
4- المدخل السوسيواقتصادي.

1- المدخل الاقتصادي :

المدخل الاقتصادي يركز على ضرورة انفتاح علماء الاقتصاد على علم الاجتماع خاصة ، كما أن النظرية الاقتصادية لم تعد تتلاءم مع طبيعة دراسة الظواهر والمشكلات الاجتماعية والاقتصادية ، كما يمكن الاستعانة بتحليلات علماء الاجتماع والنظرية السوسيولوجية .

2- المدخل البنائي الفردي :

ظهر المدخل البنائي الفردي في بداية السبعينيات ووجد اهتماما كبيراً في الثمانينيات من علماء الاجتماع الأوروبيين المعاصرين، ولا سيما في ألمانيا وهولندا حيث كانوا يهدفون أساساً لتطبيق النموذج الاقتصادي في التحليلات السوسيولوجية ، كما تبناه علماء الاجتماع في الولايات المتحدة الأمريكية في السنوات الأخيرة .

3- مدخل علم الاقتصاد السياسي الجديد :

يركز مدخل علم الاقتصاد الجديد على تحليل الأنماط للسلطة السياسية القومية والعالمية والقوة في تشكيل العمليات الاقتصادية على المستويات المحلية والدولية، كما أن هذا المدخل أوضح تحليلات علماء الاجتماع الاقتصادي والاقتصاد .

5- المدخل الاجتماعي الاقتصادي " المدخل السوسيواقتصادي ":

يوضح المدخل السوسيواقتصادي العلاقة الجديدة بين علم الاجتماع والاقتصاد والتقارب الشديد الذي حدث بين العلمين خلال العقد الماضي بصفة خاصة .

تعريف الشركات متعددة الجنسيات ونشأتها وأهم مظاهرها

هي الشركات التي تملك كل الانتاج أو جزءاً منه, وتتحكم وتدير أسهمها في أكثر من دولة أو بلد واحد.

وتكمن النشأة التطورية للشركات متعددة الجنسيات فيما يلي:

- تبدأ النشأة التاريخية لهذه الشركات منذ أواخر القرن التاسع عشر .

أهم المظاهر الحديثة للشركات متعددة الجنسيات :

1- الشركات العالمية لدول العالم الثالث .

2- الشركات العالمية الحمراء .

1- الشركات العالمية لدول العالم الثالث :

هذه الشركات ظهرت بصورة ملحوظة خلال عقد السبعينيات كما يمكن تقسم أنواع الشركات الأجنبية لدول العالم الثالث إلى قسمين هما :

1- الدول النامية الاستثمارية الكبرى :

وترأس هذه المجموعة هونج كونج حيث بلغ إجمالي استثمارها أكثر من 2 بليون دولار، ويأتي بعدها بالمرتبة الثانية البرازيل حيث بلغ إجمالي استثمارها 1 بليون دولار وفي المرتبة الثالثة تأتي شركات سنغافورة .

2- الدول النامية ذات الدخل المتوسط :

وهذه الدول تصنف حسب حجم استثمارها في الخارج والذي يتراوح بين 50-100 مليون دولار .

2- الشركات العالمية الحمراء :

أطلق عليها الاسم نسبة إلى الشركات الاشتراكية سواء التي ظهرت في الاتحاد السوفيتي سابقاً أو غيرها .

أهم نظريات الشركات متعددة الجنسيات

- نظرية المصنع.
- نظرية التحول نحو العالمية " الاستدماج ".
- نظرية سياسة التنمية.
- نظرية التبعية.

أهم الانتقادات للشركات متعددة الجنسيات

- إسهامات الشركات متعددة الجنسيات ضئيلة جداً .
- الشركات متعددة الجنسيات تهدف إلى زيادة أباحها عن طريق إنتاج السلع غير الضرورية للطبقات الفقيرة والسلع الكمالية للطبقات الغنية .

أهم الإدارات للشركات متعددة الجنسيات

- الإدارة الوطنية.
- الإدارة الإقليمية.
- الإدارة العالمية.

الصعوبات والقيود التي تواجه الشركات متعددة الجنسيات

- قيود الدول المضيقة لهذه الشركات .
- قيود الدولة الأم "الأصلية" لهذه الشركات .

العالم الثالث

1) **مفهوم العالم الثالث :**

هي البلدان التي تخلفت عن طبيعة النظامين الاقتصادي والاجتماعي اللذان كانا يسودان العالم .

2) **أقسام العالم الثالث :**

بعد الحرب العالمية الثانية انقسم العالم إلى ما يسمى بالبلدان الرأسمالية والتي تعتمد على الملكية الخاصة واقتصاديات السوق، والبلدان الاشتراكية التي تعمم الملكية ووسائل الإنتاج.

3) **خصائص دول العالم الثالث :**

- السكان.
- الدخل القومي الفردي.
- الصحة والتعليم.
- التضخم والبطالة.
- الفقر.

موجز عن علم الاجتماع ودراسة الأسواق

ترجع أهمية دراسة الأسواق من قبل علماء الاجتماع الاقتصادي إلى اعتبارها من الظواهر الاقتصادية الهامة التي تكشف عن عمليات وميكانزيمات متعددة . فالأسواق تعتبر انعكاساً هاماً لطبيعة الحياة الاقتصادية والاجتماعية والسياسية في المجتمعات .

علم الاجتماع الاقتصادي الكلاسيكي :

تعكس اهتمامات علم الاجتماع الاقتصادي الكلاسيكي المزيد من الاهتمامات لدراسة ظاهرة الأسواق ودورها في تغيير أنماط المجتمعات التقليدية إلى الحديثة .

أهم العلماء الذين ساهموا في دراسة الأسواق :

1- العالم ماكس فيبر.
2- العالم تالكوت بارسونز.
3- العالم نيل سملسر.
4- العالم هاريسون وايت.

1- أهم إسهامات العالم ماكس فيبر في الأسواق :

تعد إسهامات العالم ماكس فيبر حول الأسواق من التحليلات المميزة عن غيرها من التحليلات التقليدية إذْ إنه تناول فكرة التطور للأسواق ليس فقط خلال العصور الحديثة ولكنه أهتم بدارسة الأسواق خلال العصور القديمة والوسطى .

2- إسهامات تالكوت بارسونز ونيل سملسر في الأسواق :

من إسهامات تالكوت ونيل أنهم صنفا الأسواق إلى ستة أصناف وهي :

1- أسواق العمل : وهي مكونة من التعاقد للعمل ودور النقابات العلمية.

2- أسواق خدمات الإدارة التنفيذية : وهي التي تقوم بعمليات توزيع خدمات فئة المديرين

3- الأسواق المهنية : وهي التي تتضمن كافة الفئات المهنية والوظيفية مثل المهندسين والفنيين .

4- أسواق المستهلك : وهي أسواق البضائع وعمليات البيع والشراء .

5- أسواق رأس المال : وهي التي تشير إلى البنوك والمؤسسات المالية .

6- الأسواق الإنتاجية : ويقصد بها المؤسسات السياسية والاقتصادية الحكومية والمالية .

3- إسهامات هاريسون وايت في الأسواق :

وضع هاريسون وايت نموذجاً للأسواق يطلق عليه نموذج (y ، w) مستخدماً بعض التحليلات الرياضية والمداخل السوسيولوجية المتعددة ، كما أن نموذج هاريسون وايت ركز على نقطتين أساسيتين هما :

1- استخدام المداخل السوسيولوجية في دارسة وظائف الأسواق .

2- تحليل كيفية عمل الأسواق .

تقسم الأسواق الاقتصادية العالمية إلى ثلاثة أقسام وهي :

1- الأسواق الرأسمالية.

2- الأسواق الاشتراكية "مرحلة التحول".

3- أسواق العالم الثالث.

أقسام الأسواق في المجالات الحديثة في سوسيولوجية الأسواق :

- الأسواق والتنظيمات المالية العالمية.

- أسواق العمل.

- أسواق حديثة أخرى.

من المنظمات الاقتصادية العالمية غير التابعة للأمم المتحدة، والتي تلعب دورا رئيساً في الوقت الحاضر في تشكيل أنماط وسياسات النظام الاقتصادي العالمي الجديد هي :

- البنك الدولي للإنشاء والتعمير.

- صندوق النقد الدولي.

أهم اتحادات ومنظمات التعاون الإقليمي التي ظهرت في ظل النظام الاقتصادي العالمي هي :

- السوق الأوروبية المشتركة : حيث تضم ست دول أوروبية .

- المجلس الاقتصادي للمساعدة المتبادلة سابقاً : حيث أسس هذا المجلس كرابطه اقتصادية .

- منطقة التجارة الحرة في أمريكا اللاتينية : حيث كانت الاتفاقات فيه محدودة لإزالة الرسوم الجمركية .

- السوق العربية المشتركة : هذا السوق لم يأخذ حيز التنفيذ والنشاط كغيره من المنظمات الاقتصادية والإقليمية .

- مجلس التعاون الخليجي : وهو يضم دول الخليج وأخذ هذا المجلس أهدافاً سياسية واقتصادية .

- منظمة دول جنوب أسيا "آسيان" : وهذه المنظمة تعد أهم المنظمات الاقتصادية نشاطاً في الوقت الحاضر .

التفريق بين النظريات الاقتصادية والأفكار الاقتصاديّة

فالعلم عموماً تبنيه النظريات المكونة له، أما الأفكار فإنها وان كانت تشكل تمهيداً للعلم إلا إنها لا ترقى إلى العلم المستقل ولذا فإنه بتتبع الأفكار التي تتصل بالاقتصاد بشكل أو بآخر ، نجد أنها تظهر في معظم الكتابات والآراء التي تركها لنا الفلاسفة والمفكرون وحتى الأنبياء والرسل ، أي أنها قديمة قدم التفكير الإنساني نفسه ، ولكنها غالبا ما وردت في شكل أفكار ومواعظ وآراء تخص الإنسان في حياته الاقتصادية.

فمنذ أفلاطون وحتى في الكتابات التي سبقته في الحضارات الفرعونية والهلال الخصيب ، وردت شذرات أفكار اقتصادية، وتعزز ذلك من خلال الديانات الثلاثة السماوية وعلى الأخص الإسلام التي وردت بها أكثر من غيرها المواعظ والأفكار في القواعد الاقتصادية ممّا يكفى لبناء هيكل فكرى اقتصادي لتنظيم الحياة الاقتصادية لبنى البشر ، إن المفكر الاجتماعي الكبير ابن خلدون هو أول من تكلم عن الاقتصاد بشكل واضح، وأساس علم الاجتماع الحديث علمي وموضوعي بشكل منفصل عن بقية العلوم الاجتماعية والدينية إلا انه لم يتم استكمال ما بدأه ابن خلدون خاصة وانه اتجه إلى كتابات في علم الاجتماع.
وعلى هذا فقد توقفت الكتابات الاقتصادية العلمية، وعلى هذا بنى المفكرون

أفكارهم ونظرياتهم حتى وصلوا إلى ابن خلدون إلى أن جاء في القرن الثامن عشر وبالتحديد عام 1776 ادم سميت وكتابه الشهير ثروة الأمم الذي درس فه كيفية تنمية وإدارة ثروة الدولة وبذلك سمي بواضع علم الاقتصاد الحديث لأنه منذ ذلك التاريخ أصبحت الكتابات الاقتصادية تتسم بسمتين أساسيتين تميزان العلم وهى انفصالها عن بقية الأفكار والنظريات من العلوم ذات الصلة ، وكذلك تناولها بشكل موضوعي وعلمي ، وبذلك نشأ علم الاقتصاد كعلم مستقل . بقى أن نذكر أن تأخر نشأة علم الاقتصاد إلى هذا التاريخ ليست من قبيل المصادفات وإنما بسبب ارتباط علم الاقتصاد بالمشكلة الأساسية التي ذكرناها سابقا وهى مشكلة الندرة .

ذلك أن كل الموارد كانت تتوافر بشكل يكفى لأي تخفى ندرتها حتى جاءت الثورة الصناعية في أوربا وحاز الإنتاج بأخذ شكل الإنتاج التجاري مما سبب في إيضاح مشكلة الندرة لكثير من الموارد، وبالتالي ظهرت الحاجة إلى علم الاقتصاد .

ولعله من المفارقات أن يتزامن ظهور علم الاقتصاد كعلم مستقل مع وضوح مشكلة الندرة مما وسم علم الاقتصاد بسمة ظلت تلاحقه حتى الآن، فسمي بالعلم الكئيب، إذ إنَّ أوائل المفكرين الاقتصاديين، وضعوا نظريات أوصلتهم إلى نتائج تتسم بالكآبة، فألفرد مارشال يرى أن الموارد الاقتصادية تنمو بنسب حسابية أو بمتوالية عددية أي تتضاعف على شكل (2 ،4 ، 8 ، 16)، أما الرغبات الإنسانية والتي يمثلها تزايد عدد السكان فإنها تنمو بشكل أسرع وبمتوالية هندسية أي بالتربيع على شكل (1 ، 2 ، 4 ، 16)، وهكذا نجد انه من الصعب التوفيق بين هذه وتلك، وهو ما يقود إلى نتائج سلبية فتحدث الحروب أو المجاعات أو الكوارث أما حتميةً لتنافس بنى البشر أو ضرورية لتخفيض عددهم بما يتوافق مع الموارد المتاحة .

إلا أن النظرة المتشائمة للتطور الاقتصادي لم تلازم الفكر الاقتصادي دائما ، فظهرت نظريات وأفكار كثيرة رأت إمكانية التطوير في الموارد المتاحة وحتى إدارتها

واستغلالها وتحسين نظرة بنى البشر للبيئة ومواردها مما ساهم في فتح آفاق تفاؤلية أمام الفكر الاقتصادي فيما بعد ، وهو ما شطر التفكير الاقتصادي إلى فرعين أساسيين من حيث أساس التفكير في حل المشكلة الاقتصادية، أو ما يسمى بالايديولوجيا، وهما التفكير الاقتصادي الليبرالي أو الرأسمالي أو ما يسمى بالحر، والذي يعتمد على ترك الأفراد وشأنهم في كل الأمور الاقتصادية يديرونها بشكل يكفل لهم مصالحهم حتى تتحقق مصلحة المجتمع ككل، وذلك اعتماداً على أن مصلحة المجموع هي مجموع مصالح الأفراد ويقتصر دور الدولة على حفظ النظام والأمن وضمان حرية الحركة للجميع .

والفرع الآخر المناقض له التفكير الماركسي- أو الشيوعي، ويعتمد على سيطرة الدولة على كافة وسائل الإنتاج لضمان توفر المصلحة العامة بالشكل الذي تراه الدولة، وليس للأفراد في هذا النظام إلا أن يقدموا الجهد ويؤجروا عليه حسبما ترى وتحدد الدولة ، وبدون الخوض في تفاصيل وحجج وآراء كلا النظامين، فإن كلا منهما لم يتمكن من إثبات جدوى الحلول المقدمة للمشكلة الاقتصادية ووقع كلاهما في مطبات التقصير في نواحٍ عدة بل في كل الأساسيات التي يجب عليه أن يجيب عنها وهى الإنتاج والتوزيع .

فالسلوك الاقتصادي هو سلوك إنساني وهو سلوك مكتسب ينتقل بالتعليم والتربية والإعداد للحياة، حيث أن ظواهر الاقتصاد لا تظهر فجأة وهي ليست شيئاً فطرياً أو إفرازاً طبيعياً أو إنتاجاً غريزياً وإنما ينبغي النظر إلى الظواهر الاقتصادية على أنها أشياء اجتماعية يتوصل إليها الإنسان بفضل كفاحه الدائم وصراعه العنيد مع بيئة فيزيقية صارمة وباستخدام طاقاته العقلية وقوته الفكرية.

ولقد اخترنا العلاقات الاقتصادية عنواناً للبحث بدلاً من التعاون لأن هذا المصطلح يعبر خير تعبير عن الرابطة القوية بين الأفراد اقتصادياً مثل العلاقة بين الجماعة والرابطات فيها والعلاقة بين الدولة وسائر الرابطات.

والنظم الاقتصادية ليست موجودات معزولة بذاتها " كما ذكر الدكتور أحمد السيف " بل تتداخل تداخلاً قوياً مع بقية النظم الاجتماعية ، لذلك ينبغي علينا عند التعرض لأي مظهر من مظاهر النظام الاقتصادي أن ندرس علاقته بالبناء الاجتماعي.

للعلاقات الاقتصادية تأثيرٌ على الأفراد منذ القدم سواء في العمل أو خارجه، وهي طريقة لتوثيق العلاقات الاجتماعية بين الأفراد وتقوية أواصر المحبة ، وتتضح صور العلاقات الاقتصادية في المناسبات الكبرى مثل الزواج أو منزل جديد، والإنسان عندما يقدم معونة اقتصادية لأخيه لا يتوقع المردود لها، وأن الخدمة الاقتصادية يجب أن تكون متناسبة مع ظروف المهدى إليه اقتصادياً . أن العلاقات الاقتصادية منتشرة في جميع المجتمعات سوءا كانت مجتمعات بدائية أو حديثة، ولقد تميزت المجتمعات البدائية بالبساطة وعدم التعقيد في حياتها الاقتصادية.

ولا شك في أنّ للنظام الاقتصادي في المجتمعات البدوية كما في غيره من المجتمعات الحضرية والريفية دورٌ بارزٌ هامٌ في حياة الأفراد والجماعات، وأن الاختلاف يعود إلى عدم وجود أساس الاقتصاد الحديث في المجتمعات البدوية .
وقد تنوعت الأنشطة الاقتصادية في المجتمعات البسيطة ومنها :

1 - الزراعة :

لقد لعبت الزراعة دوراً مهماً في اقتصاديات بعض المناطق ونجد زراعة النخيل مازالت تنتشر في مناطق عديدة وتعتبر هي الغلة الرئيسية لأنها أكثر المحاصيل تحملاً لظروف الجفاف.

ويرتبط اصل الزراعة بتدجين النباتات ويطلق على النظام الزراعي البسيط الذي ساد في أوائل عهود تطور الزراعة " بالزراعة الأولية " وهي تعتمد على زراعة النباتات المدجنة للحصول على الغذاء أو لأغراض اخرى ولكن بدون استعمال المحراث ، كذلك يعني هذا المصطلح الاستعانة بالعصا لعزق التربة.

وظلت بعض الجماعات البدائية تمارس هذا الشكل إلى هذا الوقت ، ومعروف أن المزارعين الذي يمارسون هذا النوع البدائي من الزراعة يضمنون سد جزء من حاجاتهم الغذائية عن طريق الفلاحة ، فالتكنولوجيا الموجودة عندهم لا تختلف كثيراً عن تلك الموجودة عند جماعات الجمع والالتقاط ، والمعروف عن الجماعات الزراعية أن القسط الأكبر من العمل الزراعي فيها يقع على عاتق النساء.

غير أن المهام الزراعية تنتقل إلى الرجال شيئاً فشيئاً مع تطور الزراعة وتحويلها من نظام بدائي إلى نظام أكثر تطوراً وقادرٍ على تلبية كافة الحاجات ودعم التنظيم الاقتصادي دعماً متكاملاً

2 - الرعي :

يعتبر الرعي وسيلة للعيش وهي أكثر تقدما من القنص وهو يتمثل في توفر المراعي والحيوانات آكلة العشب، وتنقسم حرفة الرعي إلى نوعين رئيسيين :

أ - الرعي التقليدي المتنقل .

ب - الرعي التجاري الحديث .

أ - الرعي التقليدي المتنقل :

يسود في الأقاليم الفقيرة في أعشابها حيث يصعب قيام الزراعة أما لنقص الأمطار أو قصر فصل النمو بسبب شدة البرودة أو لوعورة السطح وشدة الانحدار، وتتميز المجتمعات الرعوية بقلة عدد سكانها وتنقلهم المستمر مع قطعانهم سعياً وراء

الكلأ ، ومعظم الإنتاج الرعوي التقليدي لا يدخل ضمن النشاط الاقتصادي الدولي إلا في صورة محددة مثل إنتاج الصوف أو الجلود أو الألبان ، ويختلف الرعي التقليدي في أنه يقتصر على العالم القديم بينما يسود الرعي التجاري العالم الجديد وتعيش جماعات الرعي المتنقل في خيام وتنتقل في مجموعات قبلية وراء العشب والماء في هجرات فعلية ، بينما الرعي التجاري يتميز بالاستقرار حيث يعيش الرعاة في بيوت مجهزة .

ب - الرعي التجاري الحديث :

حرفة رئيسية في مناطق واسعة من أقاليم الحشائش المعتدلة ويهدف الرعي التجاري إلى إنتاج اللحوم والأصواف والجلود وتصديرها أو تصدير الحيوانات الحية.

3 - الجمع والالتقاط :

لازمت مرحلة الجمع والالتقاط نشأة الإنسان المبكر ، وكان الإنسان في هذه المرحلة يحصل على طعامه من جمع الجذور وثمار الطبيعة، وهذا النظام يمثل البداية الأولى للحياة الاجتماعية ولا يزال سائداً حتى الآن في مجتمعات بدائية كثيرة منها الأقزام في افريقيا وغيرها.

فأساليب الجمع والالتقاط التي مارسها الإنسان القديم لم تختلف كلياً في عالمنا الحديث بل استمرت بعض الجماعات في ممارستها ، ولجمع الغذاء دور في اقتصاديات جماعات الصيد باعتباره الأسلوب الأقدم للإنسان فمعظم جماعات الجمع المعاصر تستثمر بشكل اساسي الثمار والحبوب والبذور والجذور .

4 - مرحلة القنص :

هذه المرحلة هي التي تشكل الأساس الاقتصادي لجماعات بدائية مثل البوشمان في صحراء كلهاري الإفريقية.

5 - مرحلة صيد السمك :

تعتبر حرفة صيد الأسماك من الحرف التي كانت وما زالت من الأهمية بمكان لأنها تتفق مع ظروف البيئة، ورغم انصراف السكان عنها في الوقت الحاضر إلا أنها ظلت محتفظة بأهميتها التي تتناسب مع البيئة.

وتعد من الحرف الواسعة الانتشار في العالم حيث يمارسها السكان في كل المناطق الساحلية تقريباً وفي البحيرات الصغيرة والكبيرة، وفي الأنهار والنهيرات وحتى في القنوات والبرك [وهناك عدة أدوات لصيد الاسماك يستخدمها الإنسان ومنها السنانير والشباك والرماح المسننة " النحالة. وعندما تطورت المجتمعات وانتشرت الزراعة أصبح هناك فائض في الإنتاج وأخذ هذا الفائض عدة أشكال في التبادل الاقتصادي :

1) التبادل " المقايضة " :

إن وسائل ونظم التبادل في معظم المجتمعات البدائية لم تتطور كثيراً إلى درجة ظهور الفوائض الاقتصادية الكبيرة نسبياً ، والهدف سد الحاجات الأساسية بصورة محدودة، وأن هذه النظم قد ارتبطت بواقع هذه المجتمعات القائم على اشتراك أعضائها بالمردودات الاقتصادية مما حال دون ظهور الفروق.

ومن آثار المقايضة :

1 - أنه قضى على الإلزام الذي كان موجوداً في نظام الهدايا الملزمة .

2 - شجع على ظهور تخصصات جديدة اعتمدت اساساً على ما يتوفر في البيئة المحلية .

3 - أدى تحسين الفائض وتنوعه إلى صعوبة الاعتماد على نظام المقايضة وحدة كأساس لتبادل السلع .

2) النقود :

نشأ هذا النظام ليغطي عيوب النظامين المقايضة والهدايا التي ظهرت في ذلك الوقت وحتى يكون وسيطاً عادلاً في عملية التبادل أو عملية الشراء ، بتعبير أدق حيث يصبح في إمكان أي فرد أو جماعة أن شراء ما يلزمه أو بيع ما يُستغنى عنه بوسيط يرتضيه كل من المشتري والبائع.

طبيعة الاقتصاد البدوي المعاصر

يحيا البدوي تحت ظروف قاسية يستخلص رزقه بالجهد والعرق، وهو كذلك قد يمتهن عدة حرف متنوعة تكفل له في النهاية الحياة دون أن يكون هناك نظام لتقسيم العمل بين الأفراد في المجتمع القبلي ، والبدوي في ممارسته للعديد من الحرف التي ترتكز على أساس الاستفادة من الإنتاج الطبيعي دون تدخل كبير في طرق الإنتاج ، وعلى كل فإن الحرف السائدة عند البدو هي حرف تقليدية متوارثة لا يغيرها البدوي إلا في الأحوال الاضطرارية، ومن هنا نرى أن الحيوان والتجارة والآبار والعيون هي العوامل الرئيسية العامة المحددة الملامح لاقتصاديات المجتمعات البدوية:

1 - الحيوان :

يحدد دوره تجوال القبيلة كلها فضلاً عن أنه عنوان مكانتها بين سائر القبائل، وهو الميزان الذي توزن به قيمة البدوي الحقيقية في كثير من المجتمعات البدوية .

2 - الآبار والعيون :

وهي ذات أثر حيوي وفعال في الاقتصاد البدوي فهي مصدر تزويد القوافل المسافرة بالمياه، فضلاً عمّا تلعبه هذه الآبار والعيون من دور هام في تحديد تيارات المجتمع والترحال بأشكاله المختلفة، وقديماً كانت القبائل البدوية تعتبر العيون والآبار أحد مصادر الدخل الهامة .

3 - **التجارة :**

نظراً لحاجة القوافل أثناء عبورها لمسارات صحراوية موحشة وقاحلة إلى الحياة والحماية احترفت قبائل عديدة عملية حماية مرور القوافل وتزويدها بالمياه طوال فترة وجود تلك القوافل في مناطق القبيلة، وذلك نظير أجر معين يختلف تبعاً لوعورة الطريق وتبعاً لمكانة القبيلة الحارسة وبطشها من جهة أخرى،

ولقد تعقدت الظاهرة الاقتصادية وتبدلت وتحولت ثم تخلت عن بساطتها البدائية المعهودة بفضل التطور والتاريخ، وأصبحت الظواهر الاقتصادية هي إنتاجاً تاريخياً لعمليات مستمرة صدرت عن ذلك الركام الثقافي الناجم عن جهود البشر أو التاريخ. ولم يستمر الوضع السابق نظراً للتغيرات الاقتصادية والاجتماعية وتغير نمط الاستهلاك الذي ترتب على ظهور النفط وارتفاع دخل الفرد.

كان الفرد أثناء الفترة المستقرة في المجتمع يعمل في حياته الاقتصادية من أجل العائلة بوصفها كلاً لا يتجزأ حيث يتعاون جميع أعضاء العائلة في المهن المختلفة، وقد تنوعت المساعدات في هذه الفترة فهي، إما على صورة مبالغ نقدية أو هدايا وعناية بالأولاد في غياب العائلة عن المنزل أو تقديم مساعدة في المناسبات المختلفة ، كالزواج والولادة أو أثناء الأزمات كالمرض أو الوفاة.

علاقة علم الاجتماع بقضايا التنمية

وهو يدرس هذه القضية فى ضوء حقيقتين:

الأول: يرمي منهما إلى غايات نظرية تتلخص في الوقوف على طبيعة الظواهر الاجتماعية والنظم، وكيفية نشوئها وتطورها، إضافة إلى ما تؤديه من وظائف في إطار البنية الاجتماعية العامة.

الثاني : ويرمي إلى الكشف عن طريق الاستفادة من القوانين الاجتماعية الطبيعية في تحقيق المنافع المادية والمعنوية لمجموع السكان المقيمين الذين يؤلفون بمجملهم المجتمع المعني. والثاني هو ما يعرف عادة بالجانب التطبيقي لعلم الاجتماع، أو ما يسميه بعضهم علم الاجتماع التطبيقي، غير أن هذه التسمية قد تؤدي إلى ملابسات نظرية تجعل من الجانب التطبيقي لعلم الاجتماع ميداناً خاصاً من ميادينه المتعددة، كعلم الاجتماع الريفي والصناعي وغير ذلك. وحقيقة الأمر، أن لكل ميدان من هذه الميادين منحى نظرياً، وآخر تطبيقياً، الأمر الذي يجعل استخدام كلمة «الجانب التطبيقي» أو «المنحى التطبيقي» في علم الاجتماع أكثر سلامة من الناحية المنهجية من استخدام مفهوم «علم الاجتماع التطبيقي».

ويهتم الجانب التطبيقي في علم الاجتماع بدراسة أساليب الانتفاع من الحقائق النظرية والقوانين الاجتماعية الطبيعية في رسم السياسة التنموية وبرامجها من أجل تحقيق النقلة النوعية للمجتمعات والجماعات المدروسة.

ويعتمد المخطط والباحث في علم الاجتماع على محاور عدة، تتلخص بما يأتي:

1- رسم الصورة الاجتماعية لعملية التغيير الاقتصادي والاجتماعي:

ويكون ذلك بتحديد وجهة التغير الاجتماعي، وكذلك التغيرات المقصودة المزمع إحداثها في البيئة الاقتصادية والتركيب الاجتماعي، إن تحديد الأهداف

الاستراتيجية لعملية التنمية من الأمور التي يجب أن يعنى بها عالم الاقتصاد والاجتماع والسياسة. فالاختيار بين التصنيع والنشاط التجاري، أو التحول من أحدهما إلى الآخر، أو الوصول إلى المزيج الأفضل في مرحلة زمنية معينة، مسائل ترتبط بخلايا اقتصادية واجتماعية على حد سواء، وإن رسم الصورة الاجتماعية لعملية التغير الاقتصادي والاجتماعي تتعدى الأمور الاقتصادية لتتناول نوع الخدمات الاجتماعية، ونسبة زيادة الدخل القومي،وكيفية توزيعه، وسياسة محو الأمية، وتعميم الخدمات التعليمية وتحسينها، وربط التعليم والتدريب بخطط التنمية، وتوفير المناخ الاجتماعي المناسب لتفاعل الناس مع معطيات الشروط الجديدة للتقدم والوصول إلى عملية التشغيل الكامل، أي ضمان حق كل فرد في العمل، والقضاء على البطالة، ورفع مستويات العمالة في كل المناطق، والعمل على توفير الشروط الاجتماعية المناسبة التي تعمل على استقرار قوة العمل الوافدة، ودفعها إلى تكوين شريحة سكانية منصهرة في بوتقة المجتمع المحلي، وذلك في المجتمعات التي تتصف بندرة المهارات الفنية وضيق القاعدة السكانية، وباختصار فإن رسم الصورة الاجتماعية لعملية التغير الاقتصادي والاجتماعي تتمثل بتوفير الاحتياجات الاجتماعية للأفراد وربطها بشروط التقدم المتطورة من خلال رسم استراتيجية عامة للتنمية تتفاعل فيها الأهداف الاقتصادية مع الأهداف الاجتماعية في حركية مستمرة وموازنة دائمة بين الحاجات والإمكانات.

وتؤلف الموضوعات التالية تحديداً للعناصر الأساسية التي يمكن مناقشتها نقاط ارتكاز لبحوث اجتماعية في نطاق المحور الأول: تركيب القوى الاجتماعية الرئيسية في الوطن العربي وخصائصها، ومجتمعات «الأنهار» ومجتمعات «الأمطار»، والعلاقة بين النخبة الزراعية والصناعية، ومنحى التغير الاجتماعي وأنماطه، وتحديد بعض الأهداف الاجتماعية لعملية التغير: ويشمل تحديد الأهداف الاجتماعية لعملية التغير في البلاد العربية: نوع الخدمات الاجتماعية ومستواها،

والعمالة والاستخدام، ومحو الأمية، وتوزيع الدخل ومسألة الموازنة بين العمل والأجر والتكامل الاجتماعي العربي، وتغير العلاقات الإنتاجية في الريف، والإصلاح الزراعي وآثاره الاجتماعية.

2- توضيح الأساس الاجتماعي لعملية التنمية الاقتصادية:

ويتم ذلك بتحليل الأوضاع الاجتماعية اللازمة لعملية التنمية، فالتعليم مثلاً الذي يعد شرطاً ضرورياً لعملية التنمية الاقتصادية يجب أن ينظر إلى تأثره بالوعاء الاجتماعي وتأثيره فيه، وبالتالي فإن سياساته يجب أن تأخذ في حسابها المتغيرات الاجتماعية والسكانية المختلفة التي تميز مجتمعاً من مجتمع آخر، وعند ذكر التعليم تجمل كل المراحل التعليمية ابتداء من دور الحضانة وانتهاء بالدراسات العليا، فهو استثمار، موضوعه الإنسان، يمر بمراحل متصلة تتعاقب آثارها. ويؤكد علماء التربية، والمتخصصون في ميادين التعليم ذلك التلازم بين التعليم والإنتاج تأكيداً يدفعهم إلى حد القول إن الثورة التقنية (التكنولوجية) ترتبط إلى حد بعيد بالثورة التعليمية.

ويتضمن العمل الاجتماعي في مجال التعليم جملة من المسائل أهمها ما يتعلق بسياسة القبول في المعاهد والجامعات، التي يجب أن تستند إلى حاجات النشاطات الاقتصادية والاجتماعية من القوى العاملة من جهة، والأطر الاجتماعية والقاعدة السكانية من جهة ثانية، فقد يرى المخطط مثلاً خفض السن الإلزامية للتعليم وتقصير المراحل التعليمية في مجتمعات تبرز الحاجة فيها لأعداد متزايدة من الخريجين وتؤذيها الموارد البشرية المحدودة والقاعدة السكانية الضيقة. ومن تلك الشروط أيضاً تحديد حاجات التنمية الاجتماعية والتغير الاجتماعي.

فإذا كان للتربية أهداف اقتصادية، فإن لها كذلك أهدافاً اجتماعية وإنسانية تتمثل في تكوين فكر إنساني معتمد على العلم وموجّه نحو الخير والحق، فالتعليم وسيلة أساسية للتفاعل الاجتماعي، وهو أيضاً استثمار للطاقة البشرية التي تمثل

أهم عناصر الإنتاج، ومما لا شك فيه أن لتطور الخدمات التعليمية أثرٌ كبيرٌ في استقرار قوة العمل الوافدة وجذب المزيد منها، لارتباط هذه الخدمات بمستقبل أبنائهم، ومن هنا كان من أهم العوامل الأساسية في تحديد جهة الاستقرار والحركة للقوى العمالية الوافدة هو مستوى الخدمات التعليمية وتطورها: فبقدر ما تمنح الدولة خدمات وتيسر انتساب أبناء الوافدين إلى مدارسها، فإنها تسهم باستقرار قوة العمل الوافدة وانخراطها في المجتمع.

وما ينطبق على التعليم ينطبق كذلك على التدريب المهني وتوفير الخدمات الصحية والترويحية والسكنية وغيرها من الأسس الاجتماعية المهمة لتنشيط العملية الاقتصادية.

إن التنمية الاقتصادية لا تحقق أهدافها الكاملة إلا إذا سايرتها تنمية في مجال الخدمات الاجتماعية تلبي حاجات الاقتصاد من العناصر الفنية المدربة وتخلق قاعدة متعلمة تستوعب التقدم الاقتصادي وتعمقه وتوفر خدمات تضمن الاستقرار النفسي والاجتماعي والصحي لجميع أفراد المجتمع.

ويتم توضيح الأساس الاجتماعي لعملية التنمية بدراسة الأنظمة القائمة في الأقطار العربية في نواح عدة منها: النظم والمؤسسات الاجتماعية، والتربية والتعليم والتدريب المهني، والصحة، والترويح واستغلال أوقات الفراغ، والوعي الاجتماعي والمشاركة الفعالة في النشاطات الحيوية والأساسية.

3- التصدي للعقبات الاجتماعية التي تحول دون عملية التنمية:

هناك عقبات من نوع اجتماعي تحول دون تنفيذ عملية التنمية. ومن ذلك ما في البيئة الاجتماعية من العادات والتقاليد والوظائف المختلفة للتركيبات الاجتماعية التقليدية.

فالبناء الاجتماعي الذي يعتمد على الترابط القوي داخل الوحدة الاجتماعية ترابطاً يحد من التفاعل مع الوحدات الاجتماعية الأخرى يقف عقبة في طريق التنمية الاقتصادية والاجتماعية، إذ إن عملية التنمية هذه تعتمد على التحرك والتغير والتفاعل الاجتماعي بين جميع أفراد المجتمع وإسهامهم البنّاء في رسم صورة المجتمع الحديث.

ومن هنا تبرز مسؤولية المخطط الاجتماعي أو المنظم والعامل في إطار التنمية الاجتماعية في أن يعمل على تغيير تركيب هذه البنية الاجتماعية الموجودة، وتتم عملية التغيير هذه عن طريق التأثير في هذا النظام وتفتيته ومن ثم إيجاد نظام جديد لتلك الهيئة يقوم مقام النظام السابق ويلبي متطلبات التغير الاجتماعي التي تعد أساساً لعملية التنمية.

وتتمثل العقبات الاجتماعية بمستويات متعددة، بعضها يتعلق بالتركيب الاجتماعي، وبعضها بالوظيفة الاجتماعية لذلك التركيب، وبعضها في مستوى العلاقات الاجتماعية والظواهر والتقاليد، ومن تلك العقبات المتعددة والمتنوعة في المجتمع العربي يذكر تركيب العائلة العربية في المرحلة التقليدية، والتشتت السكاني، والتركيب الاجتماعي، وبعض العادات والتقاليد الاجتماعية وانخفاض نسبة مشاركة المرأة العربية في النشاطات الاقتصادية والاجتماعية، وتوزيع الدخل والتخلخل السكاني وبعض الاتجاهات العامة نحو العمل، والوقت.

ولعل التركيز على الموضوعات التالية يعين على فهم بعض العقبات الاجتماعية التي تقف في طريق التنمية في الوطن العربي: البُنى والتراكيب الاجتماعية التي تقف في طريق التنمية، والعائلة التقليدية والتركيب الاجتماعي الطبقي، والتشتت السكاني وتركيبه وتوزيعه، والتفاعل الاجتماعي بين الوحدات الاجتماعية ضمن المدينة والريف وبينهما، والقيم التي تحد من الحراك الاجتماعي،

والحوافز الاجتماعية، وإسهام المرأة في العمل، والظواهر والعادات والتقاليد الاجتماعية التي تؤثر في نمط العلاقات الاجتماعية.

4- مواجهة المشكلات الاجتماعية التي تنشأ عن عدم التوازن بين العلاقات الاجتماعية والتغير في البيئة الاقتصادية:

إن التغيير في البيئة الاقتصادية قد تواكبه مشكلات اجتماعية خطيرة إذا لم يحسن توجيهه، وقد بدأت تظهر في الدول النامية مشكلات اجتماعية ترتبط بنشاطات اقتصادية جديدة، ومن هذه المشكلات ارتفاع نسبة الجرائم، وانحرافات الأحداث، والطلاق. ويكون في جملة الطرائق التي تعتمد في مواجهة مثل هذه المشكلات القضاء على الظروف التي تؤدي إليها، وإيجاد الحلول المناسبة للمشكلات التي تنشأ في أثناء عملية التغيير الاجتماعي وبعدها، والعمل على تفادي تلك المشكلات والتصدي لها قبل استفحالها.

وقد أضحت مسائل التكيف الاجتماعي مع التغيرات الاقتصادية والتقنية (التكنولوجية) المتلاحقة مما يثير قلق علماء النفس والاجتماع، إذ إنها تفرض أنماطاً من السلوك المتجدد المتطور، والتغيرات المستمرة في تلك الأنماط قد تخلق اضطرابات تترك لمساتها على شخصية الإنسان واستقراره النفسي والاجتماعي. وقد أوضحت الدراسات المتعددة من أيام ابن خلدون أن مسائل التغير الاجتماعي لها انعكاسات على أنماط السلوك المختلفة تمتد إلى الجوانب السياسية والأخلاقية.

ومن أهم المشكلات الاجتماعية التي يمكن أن تنشأ عن عملية التغير السريع تفكك الأسرة والطلاق، والجريمة وانحراف الأحداث، وسوء التكيف الاجتماعي، وتكوّن أنماط جديدة من الاستهلاك وتلوث البيئة.

5- ضرورة رسم سياسة اجتماعية لتضييق الهوة بين التقدم الاقتصادي والاجتماعي:

إن التقدم الاقتصادي، كما هو معلوم، يسير عادة بخطوات سريعة على خلاف التغير في العلاقات الاجتماعية الذي يحتاج إلى وقت أرحب، فقد يكون من السهل إنشاء مصنع في غضون عام أو أقل، غير أن بناء قيم التصنيع، وما تحتاج إليه وما تقتضيه من سلوك اجتماعي لا يتوافر بمثل تلك السهولة وفي ذلك الزمن المحدود.

التنظيم والنظريات الاجتماعية والادارية والسياسية

تتعدد النظريات في التنظيم وتختلف او تتشابك فيما بينها حول بعض العناصر، الا ان الفكرة الاساسية تظل هي بلورة التجمع لقضايا الخلاف او الائتلاف حول الأهداف والغايات.

لعل من اهم وابرز سمات العصر الحديث، غلبة الطابع التنظيمي عليه وتغلغله في كافة اوجه الحياة الاجتماعية حتى يخيل الى المرء ان هذا العصر قد اصبح عصر التنظيمات ، فلقد شهد هذا القرن نموا تنظيميا واسع النطاق فرضته التغيرات الاجتماعية والاقتصادية والادارية والسياسية الحادة التي اصابت المجتمعات الحديثة، وأعان على هذه التغيرات باشكالها المتعددة بعض الاتجاهات الفكرية التي آمنت بأن التنظيمات الحديثة هي أكثر الاشكال التنظيمية قدرة وكفاءة على تحقيق الأهداف التي أنشئت من أجلها، وأنها هي الناتج الحقيقي للحضارة التي تؤمن بالترشيد والفعالية والكفاءة.

على أن التنظيمات ليست شيئا جديدا ابتدعه الإنسان الحديث، فالإنسان ومنذ فجر حياته، اكتشف انماطا مختلفة من التنظيم كبرت أم صغرت، ولكنها صفة

من صفات التنظيم الحالية الحديثة، وبهذا نستطيع أن نقول إن ظاهرة او نظرية التنظيم موجودة منذ بدء الحياة الانسانية، التاريخ يشهد على ان الحضارات المختلفة قد أقامت تنظيمات عديدة لكي تحقق أهدافا مختلفة.

فالفراعنة انشأوا تنظيمات مكنتهم من إقامة الاهرامات، وأباطرة الصين استعانوا منذ آلاف السنين بتنظيمات أعانتهم على بناء سور الصين العظيم ومشروعات الري الهائلة، والرومان أقاموا تنظيمات تجارية معقدة حققت الأهداف التي كانوا يتطلعون إليها حينئذ كما أن الأباطرة والملوك والسلاطين وعلى مر العصور أقاموا تنظيمات حولهم لحمايتهم وتدعيم حكمهم وفرض إرادتهم، والاسلام أنشا التنظيم الواعي والمدرك الذي مكنه من فرض تعاليمه وبناء الدولة الإسلامية العربية.

في المجتمعات الحديثة، ظهرت التنظيمات لتواجه التباين الشديد الذي شهدته هذه المجتمعات والتنوع الذي أصبح خاصية تميزها، والتغير الذي هو من أبرز صفاتها.

إضافة إلى هذه التغيرات البنائية التي ساعدت على النمو التنظيمي الحديث، هناك تغيرات ثقافية موازية لعبت دورا أساسيا في إحداث ثورة تنظيمية حديثة، ولقد بدت هذه التغيرات الثقافية واضحة في سيطرة قيم ثقافية تؤكد عموما الرشد ووضوح الهدف والفعالية والموضوعية والتخصص وهي قيم تسير مع روح التنظيمات الحديثة وجوهرها.

ولا بد قبل الاسترسال من العودة إلى تعريف التنظيم حسب النظريات المختلفة، الإدارية والاجتماعية والسياسية.

التنظيم في الادارة:

ان أبسط تعريف للتنظيم هو: التنظيم يجعل الافراد يتعاونون بفاعلية لتحقيق هدف، ويقولون ايضا: ان التنظيم يعني وجود شخصين او أكثر يتعاونون فيما بينهم وينسقون أعمالهم لتحقيق الهدف المطلوب، والتنظيم مختلف منه:

- تنظيم اجتماعي.
- عقائدي.
- رياضي. سياسي .

والتعريف العام للتنظيم: هو وحدة اجتماعية يرتبط أعضاؤها ضمن إطار مدروس منظم الفعالية ومحدد الهوية لتحقيق الهدف الموضوع، وعلى أساس هذا التقسيم يكون للتنظيم أربعة عناصر:

1- وحدة اجتماعية:

التنظيمات تتألف من أفراد ومجموعات من الناس، إن البناء الاساسي للنظام الاجتماعي هو الكائن الحي، الناس الاعضاء والافراد يتفاعلون ويتعاونون فيما بينهم ليقوموا بأداء مهمات أساسية في التنظيم.

2- الهدف الموجه:

ينشأ التنظيم من أجل غاية التنظيم، وأعضاؤه يحاولون تحقيق الهدف، إن الأفراد والأعضاء في التنظيم من الممكن أن تكون لهم أهداف مختلفة عن التنظيم. وان المنظمة من الممكن أن يكون لها أيضا عدة أهداف، ولكن التنظيم الذي ينشأ بدون غاية أو غايات لا يمكن أن يستمر.

3- الاطار المدروس والمنظم الفعاليات:

ونعني بتنظيم الفعاليات إن التنظيم يستعمل المعرفة لأداء مهام عمله وواجباته، واجبات التنظيم تعد بشكل مدروس وتقسم الى أطر تنظيمية وهياكل عملية لكي يتم انجازها.

ان الهدف من انشاء التقسيمات والأطر التنظيمية هو تحقيق الفعالية في العمل، وان الهياكل والأطر المعدة والمدروسة سلفا من خصائصها الآلية تنسيق وتوجيه المجموعات والأطر التنظيمية المختلفة.

4- الهوية المحددة:

نعني بالهوية المحددة تلك العناصر التي تعبر في داخل الأطر التنظيمية وتلك التي هي خارج الأطر، وأن العضوية تكون واضحة المعالم وغير مشكوك فيها ومميزة، الأعضاء في العادة يكونون ملزمين بالإسهام في العمل التنظيمي بأشكال مختلفة وقت وجهد ومال... الخ، مقابل مال/ وجاهة/ انتماء/ ولاء/عمل وطني، او اية منافع اخرى.

التنظيم يقوم بتبادل الموارد مع البيئة والمحيط الذي يعيش فيه، ولكن عليه أن يحافظ على وجوده التنظيمي المميز ووضوح المعالم والهوية.

والتعريف العام للتنظيم الاجتماعي:

هو وحدة اجتماعية أو جماعة، يرتبط أعضاؤها فيما بينهم من خلال شبكة علاقات تنظمها مجموعة محددة من المعايير والقيم الاجتماعية.

وهذا التعريف المعنى يشير اليه المفهوم الواسع للتنظيم الاجتماعي، فالتنظيم الاجتماعي يشير الى طائفة من الظواهر الاجتماعية، نتناول بصفة عامة، الطرق والوسائل التي بمقتضاها يتخذ السلوك الانساني طابعا تنظيميا منظما منتظما.

فالتنظيم الاجتماعي يشير إلى الأساليب التي تتضمن انتظام السلوك بالشكل الذي يمكن ملاحظته، وهو انتظام يتوقف على الظروف الاجتماعية التي يعيش في ظلها الافراد والعناصر، وهنا نشير أيضا إلى توافر علاقات اجتماعية بين عدد كبير من الأفراد وتوافر معتقدات مشتركة توحد بينهم وتوجه سلوكهم.

كما أنه من الممكن أيضاً أن نعرف التنظيم الاجتماعي بشكل أعم من هذا فنقول:

التنظيم هو وحدة اجتماعية تقام بطريقة مقصودة لتحقيق اهداف محددة وتتخذ طابعا بنائيا يلائم تحقيق هذه الاهداف.

فخاصية الاهداف الواضحة الصريحة والنشاة المتعمدة المقصودة، هما أبرز ما يميز التنظيم عن كافة اشكال الجماعات والوحدات الاجتماعية الاخرى، ولكي يتحقق للتنظيم الاجتماعي أو السياسي أو الإداري وجوده، عليه أن يصوغ أهدافا محددة وواضحة ترسم أبعاد نشاطاته وتنظيم الامال التي تصبو إلى تحقيقها وتوجهه نحو أمر يتعين عليه أن يكافح من أجلها اذا ما أراد البقاء.

وأهمية هذه الأهداف تكمن في أنها هي السند الذي يبرز وجوده والأساس الذي ينظم معاييره وأحكامه والمحك الذي في ضوئه يمكن قياس فعاليته وقدرته على تحقيق هذه الأهداف بنجاح، هي باختصار علة وجوده ومصدر توجيهه، وعلى التنظيم بعد ذلك أن ينظم نشاطاته بطريقة تضمن أفضل تقسيم عمل ممكن يتولى بمقتضاه كل عضو مهام وواجبات محددة يتعين عليه أداؤها اذا ما أراد الاستمرار في عضويته، ويؤدي هذه الواجبات والمهام أو التكليفات طبقا لقواعد وأسس تنظيم العمليات التي يقوم بها.

الفرق بين التنظيم الاجتماعي

وبهذا التنظيم الاجتماعي والسياسي:

1- التنظيم الاجتماعي:

هو مجموعة أفراد لديهم أهداف واحدة وتجمعهم قواعد متفق عليها ويقومون بعمل مشترك لتحقيق هذه الاهداف.

2- أما التنظيم السياسي:

فهو جماعة موحدة من الأفراد الذين تتوفر فيهم شروط محددة، ويلتزمون بأهداف سياسية مشتركة، ولديهم مفاهيم نظرية متماثلة وتحمهم قواعد متفق عليه، ويمارسون العمل المشترك لتحقيق هذه الأهداف السياسية لجماعتهم.

هذا التعريف ينطبق على جميع التعريفات السياسية، يقال ان سانت سيمون كان أول من سجل ظهور الاشكال التنظيمية الحديثة وحدد ملامحها ودورها في المجتمعات الحديثة، وفي الحقيقة فان أهم وأخطر الجهود النظرية التي جاءت بعد سانت سيمون كانت تلك التي قدمها كارل ماركس. وماكس فيبر، وروبرت ميشليز، فلقد قدموا تحليلات نظرية بالغة العمق وأخذوا بدراسة التنظيم من منظور كلاسيكي واسع مكنهم من دراسة التأثير الذي أحدثته نمو التنظيميات الحديثة على بناء القوة في المجتمع.

والقوة في المجتمع تكون بفعل تراص وترابط مجموعات تستطيع أن تفعل وتحدث تأثيرها الداخلي والخارجي لكي تفرض في النهاية إرادتها، وبناء القوة في المجتمع يعبر عن جوانب ترتبط بجوهر حرية الانسان وصميم وجوده، وما يميز التنظيم الجامع هو خاصية الأهداف الواضحة الصريحة والنشأة المتعمدة المقصودة، ولما كانت المحاولات القديمة لدراسة ظاهرة التنظيم والتعامل معها.

هناك محاولات متعددة، إلا أنها جميعها القديمة او الحديثة تدور حول البحث في العديد من الأسئلة مثل:

1- ما هي طبيعة التنظيمات الانسانية؟

2- كيف تعمل تلك التنظيمات؟

3- كيف تتحرك؟

4- كيف تتطور؟

والتنظيم كما هو معروف ظاهرة اجتماعية وقد اختلفت الآراء في تفسير هذه الظاهرة ورغم تعدد الآراء بهذا الخصوص إلا أنه من الممكن التمييز بين فروض ومبادئ النظرية التقليدية وبين فروض ومبادئ النظرية الحديثة والتي يطلق عليها أحيانا اسم النظرية السلوكية.

النظرية التقليدية:

وهذه النظرية مبنية على نقطتين هما:

1- البيروقراطية:

وهي حكم المكاتب وتعني أيضا مظاهر الجمود والسلبية والروتين، ولها معنى شامل، أكبر وأوسع يرتبط بالمنظمات الكبيرة الحجم والبيروقراطية، وتستهدف إلغاء الطابع الشخصي من حيث توزيع الأعمال أو طرق ادائها أو تقييم الأداء، كما ان البيروقراطية ترتبط بعدم الكفاءة والروتين في الأعمال الكتابية المبالغ فيها.

نموذج ماكس فيبر 4681- 291، الفيلسوف الالماني أسهم في وضع تصور معين في مجال الدراسات التنظيمية أسماء هيكل السلطة.

القيادة البطولية:

تعتمد على السلطة الشخصية للقائد الملهم الروحية الإلهامية.

القيادة التقليدية:

ان أساس السلطة والسيطرة في النموذج التقليدي هو التزام القائد الجديد بخط السير الذي حدده القائد البطلوي، ويصبح تأييد التابعين له مرهونا بهذا الالتزام.

القيادة الشرعية القانونية:

هذا النموذج من القيادة يعتبر قانونيا، لأن السلطة تمارس من خلال النظام القواعد والاجراءات المرتبطة بمركز معين يشغله الشخص العضو القادر في وقت معين.

2- مفهوم التنظيم الرسمي:

فروض ومبادئ التنظيم الرسمي:

ان الفكرة الاساسية للتنظيم الرسمي هي النظرة إلى المنظمات باشكالها المختلفة نظرة هندسية منطقية رشيدة تستهدف الوصول إلى أفضل طريقة لأداء كل خطوة من خطوات المهام والتكليفات الصادرة داخل الإطار الحركي، ثم الربط المنطقي بين الأطر الحركية المختلفة والمتصلة بسلسلة من العلاقات التنظيمية الرسمية المخططة والتي تحدد سلوك وتصرفات الأعضاء كما ينبغي أن تكون، لذلك يعرف التنظيم الرسمي بأنه:

خطة واعية او شعورية تحدد نظاما للمهام والتكليفات والعلاقات بغرض تنسيق جهود الاعضاء لتحقيق الأهداف بفاعلية وكفاءة.

النظرية السلوكية:

النظرية السلوكية بصفة عامة تتهم النظرية التقليدية بالقصور وتدعو إلى تشجيع الاهتمام بمتغيرات أخرى لم تأخذها النظرية التقليدية بعين الاعتبار. مثل الشخصية الإنسانية، سلوك الجماعات، دوافع وحاجات العمل، دراسة الاتجاهات، وغيرها. كما يؤكد خبراء السلوك على أهمية العامل الانساني في التنظيمات والقياس الكمي للعناصر الخاضعة للدراسة واستخدام الوسائل الحديثة في البحث العلمي.

كما يؤكدون على بعض النواحي الخاصة مثل فصل الحقائق عن القيم تنظيم الاستقصاءات والاستبيانات، عزل النواحي الأخلاقية والعاطفية عن نطاق البحث، التمييز بين الحقائق والبديهات وتوخي الدقة والحرص في اختيار أساليب البحث.

كما يحدد السلوكيون المبادئ التي تشتق من الدراسات التجريبية للفروض وليس من الاحساس أو الحكم أو التنبؤ أو البحوث النظرية، وعلى هذا الأساس

فان معتقدي النظرية السلوكية يرفضون النظرية التقليدية لانها ليس نتاج أبحاث علمية بالمعنى المتطور والمقصود لهذه الكلمة.

ويضيف العالم روبرت ميشليز بتحليله حول السياسات الداخلية التي تتبعها التنظيمات الكبيرة الحجم متأثرا بذلك بالكثير من القضايا الميكافيلية. وخاصة المتعلقة منها بسيطرة الصفوة النخبة وما يترتب على ذلك من قلة فرص ممارسة الديمقراطية.

ويكشف ميشليز عن أبعاد مشكلة الديمقراطية في التنظيمات الحديثة الكبيرة الحجم من انه لا بد من ظهور ضبط مركزي يمارسه جهاز إداري وهذا الجهاز يتولى بدوره أمورا خطيرة مثل الانتخابات والمساومات، وكشف ميشليز أيضا عن صعوبة تحقيق الآراء المعبرة عن أعضاء التنظيم، كما أظهر صعوبة ممارسة الديمقراطية في التنظيمات التي تتصارع مع تنظيمات أخرى فمثل هذا الصراع يفرض بطبيعته وجود قيادة حازمة تفرض اتباع الأوامر والتعليمات بدقة متناهية وحدة وطنية... الخ ، وأهم ما توصل اليه ميشليز من خلال دراساته وتحليلاته الواقعية والميدانية، ان الذين يكونون في السلطة أو الحكم يجب أن يكون في ذهنهم دائما مصلحة أولئك الذين وضعوهم في السلطة.

التنظيم في الاسلام:

اتخذ التنظيم في الاسلام بعدا عقائديا واجتماعيا أدى في المقابل إلى سقوط فكر وعقيدة مجتمع الوثنية الذي كان قائما في العصر الجاهلي قبل ظهور الرسول صلى الله عليه وسلم، والتنظيم في الاسلام بني في الأساس على هيكل الخلية الاولى. الرسول (ص) وزوجته خديجة، وابو بكر الصديق، وعلي انطلقوا بالدعوة إلى الدين الجديد الاستقطاب حيث أخذوا الشكل الهرمي في الاتصال، وحيث انتشرت الدعوة من هذا المنطلق وتم تأسيس الجماعة الاولى الشعبة الاولى والتي كانت تلتقي

في بيت ابن الارقم، ويقال إن عدد المسلمين الاوائل كان في حدود الستين ما بين رجل وامراة، منهم حوالي 52 من النساء لحاجة التنظيم هنا إلى إرساء قواعد الإسلام وانتشاره، فنشأ بهذا التنظيم الاسلامي المتعمد والمقصود، واختلفت بعد ذلك أنواع التنظيم الاسلامي وأشكاله ولكن التنظيم بتعريفه المعروف ظل يحافظ على اركانه تحت شتى التسميات، ولا نريد هنا ان ندخل في تفاصيل هذه الأمور، لكن الهدف من ذلك توضيح اشكال التنظيم ضمن النظريات الاجتماعية المختلفة التي تعاقبت ولعل أول من اشار إلى وجوب السلطة والتنظيم داخل المجتمع هو ابن خلدون، حيث يقال بأنه أول من أرسى قواعد علم الاجتماع أيضا.

قائمة المراجع

المراجع العربية

1. محمد الجوهري وآخرون، ميادين علم الاجتماع، دار المعـارف، القـاهرة، 1984، الطبعة السادسة.
2. جهينة العيسي، وكلثم الغانم، علم الاجتماع، دار الأهالي، سورية، ط1، 2000.
3. محمد عاطف غيث، قاموس علم الاجتماع، دار المعرفة الجامعية"، الإسكندرية، 1995.
4. أحمد زكي بدوي، معجم مصطلحات العلوم الاجتماعيـة، مكتبـة لبنـان، بـيروت، 1986.
5. محمد عاطف غيث، قـاموس علـم الاجـتماع، الهيئـة المصريـة العامـة للكتـاب، الإسكندرية، 1979.
6. السيد بدوي، مفهوم التطور، معجم العلوم الاجتماعية، الهيئـة المصريـة العامـة للكتاب، القاهرة، 1975.
7. دنيكن ميتشـيل، معجـم علـم الاجـتماع، ترجمـة إحسـان محمـد الحسـن، دار الطليعة، بيروت، 1981.
8. عبدالباسـط عبـدالمعطي، عـادل الهـواري، علـم الاجـتماع والتنميـة، دراسـات وقضايا، دار المعرفة الجامعية، الإسكندرية، 1985.
9. محمـد الجـوهري، علـم الاجـتماع (النظريـة، الموضـوع، المـنهج) ، دار المعرفـة الجامعية، الإسكندرية، 1998.
10. حامد زهران، علم النفس الاجتماعي، عالم الكتب، القاهرة ط، 4. 1977 .

11. حسين الدريني، الجماعات الصغيرة والإحباط، حولية كلية التربية، جامعة قطر، السنة الثالثة، العدد الثالث، 1984.

12. علياء شكري، التغير والتطور والتقدم، في كتاب التغير الاجتماعي، تأليف محمد الجوهري وآخرون، دار المعرفة الجامعية، الإسكندرية، 1995.

13. سعد عبدالرحمن، أسس القياس النفسي- الاجتماعي، مكتبة القاهرة الحديثة، القاهرة، 1967.

14. السيد الحسيني، مفاهيم علم الاجتماع، دار قطري بن الفجاءة، الدوحة، الطبعة الثانية، 1987.

15. عبد الحميد محمود سعد، دراسات في علم الاجتماع الثقافي، التغير والحضارة، مكتبة نهضة الشرق، القاهرة، 1980.

16. عبدالباسط محمد حسن، علم الاجتماع، مكتبة غريب، القاهرة، 1982.

17. إسماعيل على سعد، مبادئ علم السياسة، دراسة في العلاقة بين علم السياسة والسياسة الاجتماعية، دار المعرفة الجامعية، الإسكندرية، 1992.

18. محمد الجوهري وآخرون، التغير الاجتماعي، دار المعرفة الجامعية، الإسكندرية، 1995.

19. عبد الهادي الجوهري، المشاركة الشعبية والتنمية الاجتماعية، المجلة الاجتماعية القومية، المركز القومي للبحوث الاجتماعية والجنائية، القاهرة، العدد الأول يناير 1978.

20. السيد الزيات، التحديث السياسي في المجتمع المصري، دار المعرفة الجامعية، الإسكندرية 1990.

21. عاطف فؤاد، علم الاجتماع السياسي، دار المعرفة الجامعية، الإسكندرية، 1995.

22. محمد ياسر الخواجة، إيمان شومان، الأحزاب والتنشـية السياسـية في مصر، بحث منشور في كتاب الثقافة السياسية بين الاستمرار والتغير، المؤتمر السنوي السابع للبحوث السياسية، القاهرة، من 4 إلى 7 ديسمبر 1993، المجلد الثاني، مركز البحوث والدراسات السياسية، تحرير كمال المنوفي وحسنين توفيق، القاهرة، 1994.

23. على الحلبي، الشباب والمشاركة السياسية في مجالات علم الاجتماع (أسس نظرية ودراسات واقعية) ، دار المعرفة الجامعية، الإسكندرية، 1985.

24. عدنان السبيعي، نمو اللغة والمعرفة والذاكرة، ط1، دار الفارابي، 2000.

25. جابر عبد الحميد، طاهر عبد الرازق - أسلوب النظم بين التعليم والتعلم - دار النهضة العربية، الدوحة، 1978.

26. دون ديفيز، التعليم والمجتمع، نظرة مستقبلية نحوالقرن الحادي والعشرين، في التعليم والعالم العربي، تحديات الألفية الثالثة، مركز الإمارات للدراسات والبحوث الإستراتيجية، أبوظبي، 2000.

المراجع الاجنبية

1- Kourvetares, G. and Dobratz, B., state and development of political sociology, in Kourvetaris and Dobratz eds Political sociology, New Jersey, 1980.

2- Festinger, L., Theory of Social Comparison Processes, Human Relations, 1954.

3- Torrance, E. P., The Behavior of Small Groups Under Stress Conditions of Survival, American Sociological Review, 1954.

4- Watson, G. & Johnson, D., Social Psychology, New York, J. B. Lappincott Co., 1972.

5- Davis, K., Human Society , Macmillan Co. Press N. Y, 1950.

6- Firth , R., Elements of Social Organization , London ,Pergamon Press, 1961.

7- Moore , W.E. , Social Change , Prentice Hell, New. Jersey, 1963.

8- Goldthrope, J. E., The Sociology of Third World, Cambridge Uni, Press, London, 1973.

9- Senge, Peter and Others, "Schools that learn" A fifth Discipline Resource, New York: Doubleday, 2000.

10- Lemaire, P., Abrégé de psychologie cognitive. Bruxelles, De Boeck Université, 2006.

11- Lunberg,L., Safe school planning , thrust for educational Leadership, 1994.

المراجع الالكترونية والانترنت

1- forum.univbiskra.net/index.php

2- swmsa.net/forum/archive/index.php/t-6896.htm

3- l aculty.ksu.edu.sa/hsharif/Pages

4- forum.univbiskra.net/index.php?action

5- http://www.alhadiah.com/page5.html#_ftn107

6-www.elwardah.com/node. http://pmev.lagoon.nc/bandura.htm

قائمة المحتويات

الفصل الثالث

التعلم الاجتماعي والخدمة الاجتماعية في المجال المدرسي

الفصل الرابع

الاستقرار والتدرج الاجتماعي

الفصل الخامس

الوعي الاجتماعي

الفصل السادس

الثقافة والقِيم

الفصل السابع

الاتصال الجماهيري

الفصل الثامن

علم الاجتماع الاسلامي والالتزام الايديولوجي

الفصل التاسع

علم النفس الاجتماعي

الفصل العاشر

علم الاجتماع العائلي

الفصل الحادي عشر

علم الاجتماع الاقتصادي

Printed in the United States
By Bookmasters